Das finden Sie auf Ihrer CD-ROM

Die beiliegende CD-ROM unterstützt Sie effektiv bei Ihrer Vermögens-planung:

- Sämtliche Checklisten aus dem Buch, direkt zum Ausdrucken und Ausfüllen
- Nützliche Excel-Tools, mit deren Hilfe Sie Ihre Finanzstrategie planen können
- Stichwort Altersvorsorge: Rentenbedarf und Vorsorgelücke einfach ermitteln
- Ihr Versicherungsbedarf auf dem Prüfstand mit dem Versicherungs-check

	A	B	C	D
1	STATUSBERICHT			
2		Wertansatz aktuell	Einnahmen p.a.	Ausgaben p.a.
3	Absicherung			
4	Person 1			
5	Krankenversicherung			
6	Risiko-Lebensversicherung			
7	Berufsunfähigkeit			
8	Haftpflicht			
9	weitere:			
10				
11				
12				
13				
14	Summe Ausgaben für Absicherung		-	-
16	Vorhandenes Vermögen			
17	Geld- und Wertpapiervermögen			
18	Liquidität			
19	Girokonten			
20	Geldmarktanlagen			
21	Wertpapiere			
22	Depot bei			

Nutzen Sie das Excel-Tool „Statusbericht", um Ihre Vermögensbilanz zu erstellen. Sortieren Sie alle Aktiva, d. h. alle Vermögenswerte, am besten nach ihrem Liquiditätsgrad.

ISBN 978-3-8006-3584-9

© 2009 Verlag Franz Vahlen GmbH
Wilhelmstraße 9, 80801 München
Druck und Bindung: Druckhaus Nomos
In den Lissen 12, 76547 Sinzheim

Lektorat: Juristisches Lektorat Wanzke, 86911 Dießen
Satz: Nathalie Kern, Ringstraße 58, 86911 Dießen

Gedruckt auf säurefreiem, alterungsbeständigen Papier
(hergestellt aus chlorfrei gebleichtem Zellstoff)

Inhalt

Geld verstehen leicht gemacht

Haben Sie sich schon einmal gefragt, warum man Geld nicht mehr unter der Matratze aufbewahrt? Jederzeit griffbereit und ohne Gedanken an Finanzkrise, Geldanlagen und Versicherungen?

Natürlich können Sie Ihr Angespartes nach wie vor unter Ihre Matratze legen oder zwischen die Wäsche im Kleiderschrank. Doch es ist wenig ratsam – schon um Langfinger nicht in Versuchung zu führen. Außerdem müssen Sie einkalkulieren, dass zurückgelegtes Geld jährlich um etwa 2 Prozent weniger wert wird. Und zwar durch Inflation. Die Matratze von heute heißt Konto und das Geld liegt nicht unter, sondern auf dem Konto, Dritte können nicht mehr so einfach das Geld abräumen, aber ansonsten hat sich an der Einstellung wenig geändert.

Viele Menschen verdrängen die Auseinandersetzung mit den eigenen Finanzen. Sie fühlen sich im Umgang mit Geld überfordert und stehen hilflos vor einem schier unerschöpflichen Wirrwarr an Möglichkeiten, Geld anzulegen. Oft fehlen die positive Einstellung und die Lust, sich mit Geldangelegenheiten auseinander zu setzen. Die Notwendigkeit, über die richtige Anlageform nachzudenken, ist den meisten wohl bekannt. Gründe gibt es viele: Die gesetzliche Rentenversicherung schrumpft, staatliche Sicherungssysteme werden immer mehr abgebaut, Politiker, Banken und Versicherungen mahnen zur Eigenvorsorge, überall hört und liest man von tollen Angeboten. Doch je mehr man von allen Seiten mit Broschüren und Werbebriefen zugeschüttet wird, umso mehr kann sich Unsicherheit ausbreiten. Oft sind auch die Informationen so hochtrabend verfasst, dass sie am Ende gar keine Botschaften vermitteln können.

Viele Menschen trauen auch sich nicht, einen Berater aufzusuchen – oftmals aus Angst, dem Fachchinesisch nicht folgen zu können. Wieder andere befürchten, nicht beurteilen zu können, ob ein Vorschlag für sie geeignet ist oder nicht.

Und dann wären da noch die Medien: Sie berichten immer wieder über geprellte Anleger oder schlechte Sitten bei Banken, Versicherungen und Beratern, die ihre Kunden mit ständig neuen Produktideen und hohen Gebühren abkassieren. Hinzukommen die Anleger, die bereits einen falschen Einstieg in das Thema private Finanzen hatten, die sich nach spontanen Ausflügen in den Aktien- oder Zertifikatemarkt die Finger verbrannt haben und dem Thema nun mit gemischten Gefühlen gegenüberstehen. Vor allem die Finanzkrise hat es schmerzlich bewusst gemacht, dass jede Geldanlage mit Risiken verbunden ist und als risikolos angepriesene Produkte sogar einen Totalverlust mit sich bringen können.

Kein Wunder, dass viele Menschen oft verwirrt zurück bleiben und ihr Geld resigniert unter der Matratze – nein, auf dem Tagesgeldkonto deponieren. Fazit: Wer nichts tut, kann auch nichts falsch machen? Doch! Gerade in Zeiten bröckelnder Sozialsysteme und wirtschaftlicher Krisen entscheidet die Finanzplanung eines jeden einzelnen über das persönliche Wohlergehen. Durch falsche Anlageentscheidungen verlieren Sie nicht nur viel Geld, sondern setzen auch noch Ihre Zukunft – und die Ihrer Familie – aufs Spiel!

Beispiel

George Best war eine Fußballlegende in Nordirland und verdiente Millionen während seiner aktiven Karriere. Er starb arm wie eine Kirchenmaus. Auf die Frage, wo denn sein ganzes Geld geblieben sei, antwortete er: „Ich habe viel von meinem Geld für Alkohol, Frauen und schnelle Autos ausgegeben. Den Rest habe ich einfach verprasst."

Ihr Geld – Ihre Verantwortung

Die private Finanzplanung ist der Weg zu mehr Eigenverantwortlichkeit im Umgang mit dem eigenen Geld. Dazu gehört, eine finanzielle Lebensplanung zu entwerfen, sich Ziele zu stecken, Risiken abzusichern und für das Alter vorzusorgen. Außerdem sollte man die eigene Finanzplanung immer wieder Revue passieren lassen und überprüfen, ob noch alles im Lot ist.

Das Gesamtkonzept zählt Wo gibt es die erfolgreichsten Investmentfonds? Wer hat die beste Versicherung? Wer gibt die höchsten Zinsen? Antworten auf diese Fragen finden Sie regelmäßig in Wirtschaftsmagazinen oder der Tageszeitung. Aber hilft Ihnen das wirklich weiter? Wohl kaum. Denn die wichtigsten Fragen werden damit nicht beantwortet: Wie passen Versicherung und Fonds optimal zusammen? Welcher Weg ist ideal für die eigene Altersvorsorge? Wie sorge ich für meine Familie vor? Eine Anhäufung der „besten" und „erfolgreichsten" Produkte ist wertlos. Es fehlt das Gesamtkonzept.

Mit diesem Buch möchte ich Ihnen das nötige Werkzeug an die Hand geben, mit dem Sie Ihr eigenes Gesamtkonzept, Ihren persönlichen Finanzplan erstellen können. Das ist leicht! Trotz der Vielfalt, Unübersichtlichkeit und Widersprüchlichkeit der Angebote und Möglichkeiten, Geld anzulegen, kann Geldanlage auf einfache Grundbegriffe zurückgeführt und auf wesentliche Kernelemente reduziert werden. Schließlich muss man nicht alles über Finanzen wissen – aber man sollte unterscheiden können, was man wissen muss und was nicht. Je mehr Sie wissen, umso sicherer können Sie sich gegenüber Banken, Investmentgesellschaften und Versicherungen behaupten. Bedenken Sie: Banken sind keine Wohlfahrtsinstitute, sie haben enormen Umsatzdruck. Eine gewisse Unkenntnis der Kunden in Finanzdingen macht es den Beratern leichter, ihre Produkte zu verkaufen. Umso wichtiger ist es also, sich schlau zu machen, um den Grundbegriffen folgen und die richtigen Fragen stellen zu können. Sie werden erkennen und entscheiden können, welcher Weg und welches Produkt für Ihre Bedürfnisse das richtige ist und welche Alternativen weniger sinnvoll sind.

> **Achtung**
>
> Zahlreiche Untersuchungen zeigen, dass bei den meisten Menschen die Einstellung zum Geld von den Kenntnissen abhängt, die sie über die Geldanlage haben. Denn wer mehr weiß, traut sich auch mehr und profitiert mehr von den Chancen einer Geldanlage.

Daneben gibt es noch einen ganz anderen Grund, sich mit Geld zu befassen: Geld macht Spaß. Es ist ein ungemein erleichterndes und beruhigendes Gefühl zu wissen, dass man Ordnung in seinem eigenen Finanzsystem geschaffen hat. Es bringt überaus Freude zu sehen, wie das Sparpolster wächst und für größere Ausgaben zur Verfügung stehen kann. Es ist einfach großartig, sagen zu können: ich möchte, ich will, ich kann! Monopoly fürs Leben sozusagen. In mehr als 15 Jahren Berufspraxis konnte ich in vielen Beratungsgesprächen lernen und erfahren, was meine Mandanten bewegt, was ihnen wichtig ist, was sie wissen möchten und welche Träume, Wünsche und Vorstellungen sie haben. Gemeinsam haben wir Wege gefunden, um den persönlichen Zielen Schritt für Schritt entgegenzugehen. Gehen nun auch Sie mit mir den richtigen Weg – Ihren Weg.

Geld macht Spaß

Bauen Sie Ihr Vermögenshaus

Ich mache Ihnen einen Vorschlag: Lassen Sie uns gemeinsam ein Haus bauen – Ihr Vermögenshaus. Dies ist ein Bild, das ich gerne immer wieder in der Praxis verwende, um meinen Mandanten die verschiedenen Überlegungen, Planungen und Maßnahmen, die mit der optimalen Geldanlage zusammenhängen, zu verdeutlichen. Auch hier möchte ich auf dieses Bild zurückgreifen, um Ihnen zu zeigen, wie Sie mit dem Buch arbeiten können. Werden auch Sie also nun zum Architekten Ihres eigenen Vermögenshauses, in dem Sie all Ihre finanziellen Belange und Ziele unterkriegen und versorgt wissen.

Malen Sie sich Ihr Vermögenshaus aus – wie soll es einmal aussehen? Zweigeschossig oder ein Bungalow? Soll es Balkon oder Terrasse haben, gibt es einen Teich im Garten, soll ein Fahrstuhl installiert werden, wie groß darf der Keller sein? Die Garage für ein oder zwei Autos – oder doch lieber einen Carport? Die Solaranlage auf dem Dach, später einmal ein Wintergarten und am liebsten die große Wohnküche mit Kamin gleich mit dazu?

Beinahe jeder hat sein Traumhaus im Kopf – doch von der Idee zur Realität ist es meist ein weiter Weg. Wie Sie Ihr Vermögenshaus realistisch planen, welche Schritte Sie unternehmen müssen, wie Sie in den einzelnen Phasen vorgehen, wie Sie bauen können und dürfen, zeigt Ihnen dieser Ratgeber. Für jeden Schritt Ihres „Bauvorhabens" finden Sie umfangreiche Informationen und Anweisungen, anhand derer Sie vorgehen können. Checklisten, Übersichten und Rechentools zu den einzelnen Planungsmethoden und Bauphasen unterstützen Sie auf Ihrem Weg zu Ihrem Vermögenshaus. Fangen wir an!

Am Anfang steht die Grundstücksanalyse

Das Grundstück zu Ihrem Vermögenshaus liegt quasi schon vor – das sind Sie selbst. Sie, Ihre aktuelle Lebenssituation, Ihr bereits vorhandenes Vermögen, Ihre Wünsche und Ziele sowie Ihre Anlegermentalität bilden Grund und Boden, auf dem Ihr Vermögenshaus stehen wird. Am Anfang steht daher die Standortanalyse. Nehmen Sie eine detaillierte Bestandsaufnahme des Grundstücks – sprich Ihrer eigenen Situation – vor. Was ist schon da? Planen Sie einen kompletten Neubau an oder steht schon ein Häuschen auf Ihrem Grundstück, welches Sie umbauen, modernisieren oder erweitern wollen?

Beginnen wir mit einem ganz nüchternen Kassensturz. Welche Vermögenswerte sind vorhanden? In welchen Anlagen ist Ihr Geld untergebracht? Was können Sie sich leisten? Eine konkrete Anleitung für Ihre Bestandsaufnahme finden Sie im Kapitel „Die eigene finanzielle Situation verstehen" ab Seite 17. Erstellen Sie hier Ihre Privatbilanz und Ihre persönliche Einnahmen-Ausgabenrechnung. Entsprechende Mustervorlagen für die Erstellung Ihrer Vermögensübersicht und Ihres Haushaltsplanes sowie Checklisten zur Kontrolle erleichtern Ihnen die Arbeit. Alle Arbeitshilfen haben wir Ihnen natürlich auch auf der beiliegenden CD-ROM für die individuelle Bearbeitung zusammengestellt. Am Ende des Kapitels kennen Sie die Beschaffenheit des Grundstückes und wissen, „wie viel" Haus Sie derzeit finanzieren können.

Der Bebauungsplan: Ihre Ziele im Visier

Die Grundstückslage ist sondiert, das Grundstück vermessen und die Bodenbeschaffenheit festgestellt. Im nächsten Schritt folgen die Bedarfsermittlung und eine erste Vorplanung. Was für ein Haus möchten Sie überhaupt bauen? Wie groß soll es sein, wer soll alles darin wohnen können? Wie viele Geschosse soll das Haus haben und an welche Bauweise haben Sie gedacht? Auf Ihr Vermögenshaus gemünzt bedeutet das: Welche Ziele wollen Sie mit Ihrem Geld erreichen? Beabsichtigen Sie eine Rücklage für die eiserne Reserve, also eine jederzeit verfügbare und kurzfristige Anlage? Oder möchten Sie das Geld sieben Jahre lang anlegen, weil dann ein Darlehen fällig wird? Oder denken Sie an all die schönen Dinge, die Sie später im Ruhestand einmal vorhaben, und wollen deswegen langfristig etwas für die Altersvorsorge tun? Oder nichts von alledem oder von allem ein bisschen? Eine Anleitung zur Erstellung Ihres Bebauungsplanes finden Sie in dem Kapitel „Formulieren Sie Ihre Wünsche und Ziele" ab Seite 29. Sie werden in diesem Abschnitt Planungshilfen vorfinden, die Ihnen die Formulierung von Zielen und Bedürfnissen leichter von der Hand gehen lassen. Haben Sie alle momentan wichtigen Ziele erfasst, sollten Sie diese mit Übersichtslisten in ein zeitliches Raster bringen und sie nach Priorität bewerten. Was muss sofort angegangen werden, was hat noch ein bisschen Zeit? Um bei unserem Bild zu bleiben: Ein Balkon oder ein Wintergarten beispielsweise können auch später noch an Ihr Haus angebaut werden, die tragenden Wände im Haus sollten aber besser gleich von Anfang an stehen.

Die Risiko-Analyse: Versicherungen auf dem Prüfstand

Bevor Sie sich an die Zeichnung der Baupläne machen, denken Sie an die möglichen Risiken, die den Bau Ihres Vermögenshauses gefährden könnten. Was ist, wenn während des Baus der Blitz einschlägt oder die Finanzierung wegbricht? Oder wenn das fast fertige Haus einem Dauerregen nicht stand hält und nun Schimmel und Hausschwamm es nahezu unbewohnbar werden lassen? Hier sollte ein gut ausgebildetes Drainage-

System auch bei starken Niederschlägen für Sicherheit sorgen und das Haus von Grund auf trocken halten.

Welche finanziellen Risiken gibt es – und welche davon können Sie und Ihre Situation betreffen? Das finden Sie im Kapitel „Was vor der Anlage kommt – Risiken managen" auf Seite 37 heraus. Anhand der richtigen Arbeitshilfen werden Sie dort Ihre individuelle Situation möglichst exakt erfassen. Außerdem erfahren Sie, welche Möglichkeiten der Absicherung es gibt, wie die einzelnen Alternativen funktionieren, und welche Versicherungen Sie brauchen und welche nicht. Überprüfen Sie schließlich anhand von Checklisten, welche Versicherungen für Sie in Frage kommen und in welcher Höhe Sie Vorkehrungen treffen wollen. Anhand konkreter Tipps und Hinweise werden Sie zudem Ihr bestehendes oder künftiges Versicherungsportfolio auf Ihren tatsächlichen jeweiligen Bedarf optimieren können. Mit der Gewissheit, dass Ihr Bauvorhaben vor unvorhergesehenen Störfällen so gut wie möglich geschützt ist, können Sie dann zum nächsten Schritt in der Bauphase übergehen.

Zeit für konkrete Baupläne

Sie haben einen Bauplatz und wissen jetzt ungefähr, welche Art von Haus Sie bauen wollen. Jetzt benötigen Sie die richtigen Baupläne. Was soll wohin und wie viel Quadratmeter Fläche benötigen Sie mindestens? In welcher Windrichtung soll das Wohnzimmer liegen? Möchte ich im Badezimmer eine Badewanne, eine Dusche oder gar beides? Sollen rot gebrannte Ziegel auf das Dach oder will ich lieber eine exotische Reetdeckung?

Damit Sie bei der Gestaltung Ihres Vermögenshauses keine grundsätzlichen Elemente vergessen, widmen wir uns in Kapitel „ Die eigene Finanzstrategie entwickeln" ab Seite 71 der Erstellung Ihres ersten Bauplanes. Entwickeln Sie anhand der Ergebnisse aus der Standortanalyse und der Bedarfsermittlung Schritt für Schritt eine erste Entwurfsplanung. Beginnen wir mit dem Fundament: Ermitteln Sie zunächst anhand anschaulicher Beispiele und einer Checkliste am Ende des Kapitels Ihr persönliches Risikoprofil. Im Ergebnis werden Sie verstehen, welche Risikofreudigkeit Sie in Bezug auf Ihre Anlageziele in Kauf nehmen möchten und zu welchem Zweck Sie lieber mehr Sicherheit bevorzugen.

Dann kommt der Zeitplan: Was soll wann gebaut werden? Legen Sie den Anlagehorizont der einzelnen Ziele fest. Praktischerweise haben Sie bei der Ermittlung Ihrer Ziele und Wünsche schon viel Vorarbeit geleistet, jetzt geht es noch einmal um den Feinschliff. Zur besseren Systematik finden Sie Checklisten vor, anhand derer Sie die zeitliche Strukturierung der Anlageziele planen können.

Welche Materialien kommen eigentlich in Betracht? Ohne Zweifel: Große Glaswände sehen schick aus, aber was sieht es mit der Isolierung aus? Im Kapitel „So prüfen Sie das Risikoprofil Ihrer Anlagen" beschäftigen wir uns mit der Funktionalität verschiedener Anlageklassen. Sie erfahren, welche Erwartungen man an diese stellen kann, welche Einschränkungen Sie in Kauf nehmen müssen und für welche Ziele sich welche Anlageklassen eignen.

Am Ende des Kapitels sind Sie dann soweit: Sie können Ihren Bauplan entwerfen. In der Übersicht „Die Stufen der Pyramide" auf Seite 93 sind noch einmal alle wesentlichen Kriterien zusammengefasst und übersichtlich dargestellt. Zudem werden hier unterschiedlichen zeitlichen Kategorien verschiedene Anlagemöglichkeiten gegenübergestellt und diese vor dem Hintergrund ihres Risikoprofils klassifiziert. Und bedenken Sie stets: Der optimale Bauplan sollte auch Ihre bereits bestehenden Vermögenswerte berücksichtigen.

Das richtige Konzept zählt!

Bei der Geldanlage ist es wie beim normalen Hausbau: Sie werden unzählige Tipps erhalten, wie Sie vorgehen sollen, welche Produkte die einzig wahren sind, was Sie wo kaufen müssen und welche Dinge Sie auf gar keinen Fall tun sollten. Manche dieser Ratschläge sind sicherlich gut und wertvoll, andere eher nutzlos oder für Ihre individuelle Situation völlig unangebracht.

Um bei unserem Bild zu bleiben: Bei der Konzeption eines Bauplanes gibt es immer einige wesentliche Punkte zu beachten. So sollten die Wohnräume immer der Sonne zugewandt sein, um solare Wärmegewinne zu ermöglichen. Oder: Wenn Bad und Toilette beieinander oder übereinander liegen, kann man die Kosten für Leitungen gering halten. Für den Bau unseres Vermögenshauses gibt es natürlich auch grundlegende Regeln. Diese finden Sie in dem Kapitel „Anlagestrategien" ab Seite 99. Hier erfahren Sie, wie Sie zum gewünschten Ziel kommen, welche Stolpersteine im Weg liegen können und welche Fallen Sie am besten vermeiden.

Den steuerlichen Gegebenheiten ist ein eigenes Kapitel gewidmet: Ab Seite 189 erfahren Sie alles über die seit Januar 2009 geltende Abgeltungsteuer. Eine gesonderte Darstellung steuerlicher Aspekte wird bei den einzelnen Anlagen nur dann erfolgen, wenn diese nicht mit der neuen Steuer abgegolten werden.

Musterhaus versus Individualität

Jeder will oder benötigt für sich eine andere Art Haus. Das muss natürlich auch für das Vermögenshaus gelten. Zumal die finanzielle Situation eines jeden Menschen im Laufe eines Lebens starken Veränderungen unterliegt. Diese können Änderungen in der Vermögensstruktur und Anlagestrategie mit sich bringen und Anpassungen am Vermögenshaus erforderlich machen. Welche Hausmodelle für welche Lebensphase in Frage kommen, erfahren Sie in der Darstellung der Geldanlagen in verschiedenen Lebensphasen ab Seite 115. Hier finden Sie die wichtigsten Lebenssituationen – vom Berufsanfang über die Geburt eines Kindes bis hin zur Rente. Prüfen Sie, ob Ihre eigene Lebenssituation von der entsprechenden Finanzstrategie begleitet ist oder ob Anpassungsbedarf besteht.

Ausbau, Umbau und Erweiterung

Vielleicht wollen Sie Ihr Haus später einmal mit einem Wintergarten schmücken? Oder Ihnen fehlt Platz und Sie bauen noch ein Stockwerk dazu? Sicher werden Sie alle Maßnahmen so treffen, wie es für Sie und Ihr Haus nötig ist – und Sie es sich leisten wollen und können. Überprüfen Sie mithilfe von Kapitel „Vermögensstrukturen und Anpassungsbedarf", ob für Ihr Vermögenshaus Anpassungsbedarf besteht. Entspricht die aktuelle Aufteilung noch Ihren Vorstellungen und Zielen, finden Sie Ihre Anlegermentalität darin wieder? Bestimmen Sie hier anhand entsprechender Checklisten, ob Ihre Vermögensstruktur hinsichtlich der zeitlichen Ordnung und der Risikoverteilung angemessen und systematisch aufgestellt ist.

Die Auftragsvergabe: Wie finde ich den richtigen Berater?

Natürlich können Sie Ihr gesamtes Haus in Eigenregie erbauen, Sie sollten sich jedoch nicht überschätzen. Nicht bei allen Arbeiten ist es sinnvoll, selbst Hand anzulegen. In anderen Fällen kann es sogar günstiger sein, die Arbeiten von einem Fachmann ausführen zu lassen, anstatt sich mit wesentlich größerem Zeitaufwand selbst abzumühen. Bedenken Sie: Ein Vermögenshaus baut man nicht mal schnell wie eine Sandburg. Informieren Sie sich rechtzeitig und lassen Sie sich kompetent beraten, wo es nötig und sinnvoll ist. Je besser Sie selbst wissen, was Sie wollen und was nicht, desto erfolgreicher werden Sie auch mit Vertragspartnern und Fachleuten verhandeln können.

Entscheidend für den perfekten Hausbau sind die Wahl des Architekten, der ausführenden Baufirma und der Handwerker. In Kapitel „Selber machen oder beraten lassen" zeige ich Ihnen, worauf Sie bei der Wahl eines geeigneten Beraters in finanziellen Dingen achten können und sollten. Außerdem erfahren Sie, welche Qualitätskriterien für den Vertragsschluss wichtig sind und wie Sie diese überprüfen können.

Wartung, Instandhaltung und Fördermittel

Sind Sie einmal in Ihr Vermögenshaus eingezogen, tragen Sie für die Instandhaltung Sorge, bilden Rücklagen und lassen bei Bedarf modernisieren. Ihr Haus soll Sie immer optimal begleiten und auch im Alter ein sicheres Dach über dem Kopf bieten. Aus diesem Grund beschäftigen wir uns auch ab Seite 155 mit der Altersvorsorge. Hier erfahren Sie, wie Sie Ihre eigene Vorsorge für den Ruhestand aufbauen können und welche Wege und Maßnahmen Ihnen dazu zur Verfügung stehen. Mithilfe eines Rechentools auf der beiliegenden CD-ROM erhalten Sie außerdem eine genaue Vorstellung, welchen Bedarf Sie aus heutiger Sicht später einmal haben werden und wie groß eine mögliche Bedarfslücke heute ausfällt.

Natürlich kann es sich auch lohnen, sich über staatliche Fördermittel und steuerliche Vergünstigungen zu informieren. Doch lassen Sie sich dabei nicht blenden, sie sind lediglich als Erleichterung gedacht und taugen nicht zur alleinigen Finanzierung Ihrer Altersvorsorge. In dem Kapitel über die Zusatzversorgung auf Seite 164 finden Sie das Wichtigste über die staatlichen Förderungen und erfahren, wie Sie diese für sich optimal nutzen können.

Die richtigen Baumaterialien auf einen Blick

Als Bauherr sollten Sie ein großes Interesse an der optimalen Qualität von Baustoffen und Materialien sowie an der erstklassigen Verarbeitung haben. Lassen Sie nicht locker, nur eine gute Handwerksausführung schließt später Mängel und oftmals sehr teure Reparaturen aus. Das A und O ist eine solide Verarbeitung –vom Fundament, den Außenwänden und Innenmauern, den Geschossdecken bis hin zum Dach einschließlich Dacheindeckung. Diese Bauteile müssen Jahrzehnte ohne Schaden und Reparaturen halten und stellen auch den hauptsächlichen Wert des Gebäudes dar. Erfahren Sie in Kapitel „Die Welt der Anlageformern" ab Seite 207 alles über die Baumaterialien, die Ihnen für den Bau Ihres Vermögenshauses zur Verfügung stehen. Während der vorhergehenden Lektüre sind Sie den verschiedenen Materialien, den Anlagen und Anlageklassen, wiederholt begegnet. Hier haben Sie nun die Möglichkeit, detaillierte Informationen zu den einzelnen Bausteinen, ihrer Funktionalität und Eignung für Ihr Bauvorhaben, nachzuschlagen.

Und schließlich: das Richtfest

Nach der Lektüre des Buches feiern Sie Richtfest! Sie haben nun das Werkzeug und Wissen zur Hand, um Ihr Vermögenshaus optimal zu planen, zu gestalten und zu bauen. So sollten Sie bei jeder Wetterlage, in jeder Lebensphase, gut gewappnet sein. Herzlichen Glückwunsch den Bauherren!

Viel Erfolg wünscht

Ihre Vera Moll

München im Februar 2009

Die eigene finanzielle Situation verstehen

Der erste Schritt zu Ihrer persönlichen Finanzplanung beginnt mit einer gründlichen Inventur. Bevor wir in das Universum der Geldanlagen einsteigen, ist ein Kassensturz unbedingt notwendig. Und damit wollen wir uns in diesem ersten Kapitel beschäftigen. Verschiedene Checklisten und Beispielsrechnungen sollen Ihnen dabei helfen, einen genauen Überblick Ihrer gesamten Finanzen zu erstellen. Dazu gehört unter anderem auch ein Haushaltsbuch, in dem Sie Ihre Einnahmen und Ausgaben notieren können. So erhalten Sie einen genauen Überblick darüber, wo Sie finanziell stehen, was Sie sich schon aufgebaut haben und welchen Wert Ihre Anlagen im Moment haben. Sie wissen, wo Ihre Gelder hinfließen und welchen Betrag Sie monatlich frei zur Verfügung haben.

In einem weiteren Schritt notieren Sie, was Sie mit Ihrer Geldanlage überhaupt erreichen wollen – Ihre finanziellen Ziele. Anhand entsprechender Checklisten können Sie Ihre Ziele zusammentragen und anschließend priorisieren – welche Ziele sind wichtig und müssen unbedingt angegangen werden, welche können dagegen noch ein wenig warten? Am Ende erhalten Sie ein Bild Ihrer gesamten finanziellen Lage und wissen, welche Ziele Sie mit Ihrer Geldanlage zuerst verfolgen möchten. Auf dieser Ausgangsbasis können Sie dann erste Maßnahmen entwickeln.

Ziehen Sie Bilanz

Fangen Sie mit dem an, was Sie heute haben. Beginnen Sie auf jeden Fall mit einer Bestandsaufnahme – auch wenn Sie meinen, dass eigentlich nichts da ist. Suchen Sie zunächst alle Informationen und Unterlagen zu Ihren Geldanlagen, Krediten, Immobilien, Versicherungen und sonstigen Vermögenswerten zusammen. Erstellen Sie eine lückenlose Auflistung aller vorhandenen Anlagen und Verbindlichkeiten. Achten Sie vor allem darauf, dass Ihnen die aktuellen Daten vorliegen. Ist das nicht der Fall, sollten Sie diese anfordern, so zum Beispiel bei der Bank den aktuellen Kontostand sowie den Depotstand mit allen einzelnen Werten, gegebenenfalls auch die momentane Restschuld eines Darlehens mit Angaben zu Zins und Tilgung. Bei der Versicherung erfragen Sie den tatsächlichen Rückkaufswert Ihrer Verträge, bei der Bausparkasse den aktuellen Stand des Bausparvertrages. Lassen Sie sich außerdem einen aktuellen Bescheid über Ihre momentanen Rentenansprüche geben. Auf der Internetseite der Deutschen Rentenversicherung

Bestandsaufnahme

Bund können Sie online verschiedene Kontoinformationen anfordern. Tragen Sie schließlich sämtliche Steuerbescheide, Kontoauszüge, Gehaltsabrechnungen, Kredit- und Darlehensverträge, Versicherungspolicen sowie alle weiteren Unterlagen zu Finanzdingen zusammen.

Die folgende Checkliste „Unterlagen für die Bestandsaufnahme" soll Sie bei der Zusammenstellung Ihrer Unterlagen unterstützen. Gehen Sie sämtliche Positionen Schritt für Schritt durch und haken Sie sie als erledigt ab, wenn Ihnen zu einem Vorgang aktuelle Informationen vorliegen. Diese Liste finden Sie natürlich auch auf der beiliegenden CD-ROM. Hier können Sie noch weitere Eintragungen ergänzen.

Checkliste: Unterlagen für die Bestandsaufnahme		
Diese Unterlagen brauche ich:		✓
Einkommen		
Lohn- und Gehaltsabrechnungen	Erhalt über den Arbeitgeber (auf den Kontoauszügen kontrollieren)	
Abrechnungen über berufliche Nebeneinkünfte	Rechnungen, Quittungen, Kontoauszüge	
bei Selbstständigen: Jahresabschluss/BWA	Steuerberater, Finanzbuchhaltung	
Unterlagen zu weiteren Einkommen: Miete, Rente, Kapitaleinkünfte	Mietverträge (Kontoauszüge kontrollieren), Versicherungsbescheid, Rentenbescheid, Erträgnisaufstellung	
Ausgaben		
Miete, Strom, Telefon, Handy etc.	Erstellung eines Haushaltsplanes	
Vermögen		
aktuelle Depotauszüge	bei der Bank anfordern, über den Kontoauszugsdrucker erstellen oder online abrufen	
aktuelle Kontoauszüge		
Sparverträge		
Kontoauszüge über Festgeld oder Tagesgeld		
Versicherungspolicen und letzte Mitteilungen zu Rückkaufswert	werden automatisch jährlich zugeschickt, sonst bei den Versicherungsgesellschaften anfragen	
Bausparvertrag und letzter Jahresauszugs	wird automatisch jährlich zugeschickt oder über Online-Kontoauszug, sonst Bausparkasse anfragen	

Darlehensverträge, aktuelle Konditionen und Kontostand (Restschuld)	wird jährlich zugeschickt, sonst bei der Bank anfragen oder online abrufen	
Prospekt und Zeichnungspapiere zu Beteiligungen, aktueller Geschäftsbericht und letzte Mitteilung	wird jährlich zugeschickt, sonst bei der Beteiligungsgesellschaft oder dem Vermittler anfragen	
Immobilien: Kaufvertrag und aktuelle Bewertung	Vergleich mit den ortsüblichen Preisen, zum Beispiel aus der Tageszeitung oder Immobilienportale im Internet, Anfrage bei einem Makler	
Steuern		
Letzte Steuererklärung, wenn vorhanden die letzten beide Jahre		
Definitive Veranlagungen der Steuerbehörden		
Vorsorge		
Aktueller Rentenbescheid	Anfordern unter www.deutsche-rentenver-sicherung-bund.de	
Unterlagen zur betrieblichen Altersversorgung, letzte Mitteilung	sollte jährlich zugeschickt werden, ansonsten über den Arbeitgeber anfragen	
Weitere Versicherungspolicen und letzte Mitteilungen zu Rückkaufswert	sollten automatisch jährlich zugeschickt werden, sonst bei der Versicherung anfragen	
Absicherung		
Sachversicherungen, Risikoversicherungen:	Versicherungspolicen und letzte Mitteilung zu den Beiträgen, werden automatisch zugesandt, sonst auf Kontoauszügen kontrollieren oder bei der Versicherungsgesellschaft nachfragen	

Nachdem Sie alle Unterlagen zusammengestellt haben, erstellen Sie Ihre Vermögensbilanz. Ordnen Sie die Daten zu den Vermögenswerten in einer Liste. Nutzen Sie dazu die Arbeitshilfe „Statusbericht", die Sie in Form eines Excel-Rechners auch auf der beiliegenden CD-ROM finden. Alle Aktiva, d. h. alle Vermögenswerte sortieren Sie am besten nach ihrem Liquiditätsgrad, also danach, wie schnell Sie die Anlagen wieder zu Geld machen können: Bargeld, Wertpapiere, Versicherungen, Immobilien, Beteiligungen und sonstige Vermögenswerte.

Alle Verbindlichkeiten, die Passiva, werden dem jeweiligen Zweck zugeordnet. Erfassen Sie sämtliche Darlehen und Kredite, auch einen Dispokredit, wenn Sie ihn in Anspruch nehmen, sofern möglich, bei dem jeweiligen Vermögenswert, für den Sie einen Kredit aufgenommen haben.

Tragen Sie die Daten für Ihre Anlagen immer mit dem aktuellen Wert ein. So sollte zum Beispiel nicht der zukünftige Auszahlungsbetrag einer Versicherung erfasst werden oder der einstige Kaufpreis einer Immobilie, sondern der tatsächliche Rückkaufswert bzw. der aktuelle Verkehrswert der Immobilie. Bewerten Sie Ihr Vermögen so, als ob Sie heute Kasse machen würden. Eine Beteiligung, die Sie de facto während der Laufzeit nicht veräußern können, setzen Sie mit dem Wert Null an, der erwartete zukünftige Rückfluss wird in einer separaten Spalte erfasst. Das ist wichtig für Ihre Liquiditätsplanung!

Notieren Sie neben jedem Vermögenswert auch alle relevanten Informationen wie die Laufzeit einer Anlage, die Beiträge, die in eine Anlage jährlich fließen, sowie Erträge wie Miete oder Zinsen, die Sie bekommen. Eine Immobilie wird mit allen laufenden Einnahmen und Kosten erfasst, ein Versicherungsvertrag mit den dafür erforderlichen Beiträgen und der jeweiligen Ablauf- oder Absicherungsleistung sowie der Fälligkeit der Leistung. Neben der Restschuld eines Kredites werden die laufenden Ausgaben aus Zins und Tilgung sowie der Zeitpunkt der nächsten Prolongation notiert, also der Zeitpunkt, an dem Sie sicher Geldbedarf haben werden. Nicht zu jedem Eintrag wird es einen tatsächlichen Wert geben. Angaben zur Krankenversicherung oder Haftpflichtversicherung sind aber für die anschließende Liquiditätsplanung wichtig. Tragen Sie hier in der Spalte Wertansatz die Höhe der Absicherung ein.

STATUSBERICHT				
	Wertansatz aktuell	Einnahmen p.a.	Ausgaben p.a.	Fakten (Höhe der Absicherung, Laufzeit, Zinsen, Ablaufleistungen, etc.)
Absicherung				
Person 1				
Krankenversicherung				
Risiko-Lebensversicherung				
Berufsunfähigkeit				

Haftpflicht				
weitere:				
Summe Ausgaben für Absicherung				
Vorhandenes Vermögen				
Geld- und Wertpapier-vermögen				
Liquidität				
Girokonten				
Geldmarktanlagen				
Wertpapiere				
Depot bei ...				
davon Rentenwerte				
davon Aktienmarkt				
davon weitere				
davon weitere				
davon weitere				
Depot bei ...				
davon Rentenwerte				
davon Aktienmarkt				
davon weitere				
davon weitere				
davon weitere				
Sparplan in				
Sparplan in				
Summe Konten und Depots				
Beteiligungen (Fremdfinanzierungen als Minusbetrag eingeben)				
Summe Beteiligungen				
Immobilien				
Immobilie 1				
Darlehen				
sonstige Aufwendungen				
Einnahmen				

Summe Immobilie 1				
Immobilie 2				
Darlehen				
sonstige Aufwendungen				
Einnahmen				
Summe Immobilie 2				
Summe Immobilien-vermögen				
Weiteres Vermögen (Versicherungen, sonstige Vermögenswerte oder Verbindlichkeiten)				
Summe weiteres Vermögen				
Summe bestehendes Vermögen				
Altersvorsorge				
Entgeltumwandlung				
Riester-Rente				
Rürup-Rente				
Sonstige Altersvorsorge-maßnahmen				
Summe Altersvorsorge				
Einnahmen/Ausgaben				
Einkommen fest				
Einkommen variabel				
weitere Einnahmen				
Lebenshaltungskosten				
weitere Kosten				
Cash Flow: Summe Einnahmen /Ausgaben				

Das folgende Beispiel soll Ihnen noch einmal verdeutlichen, welche Angaben in einer Vermögensbilanz aufgenommen werden können.

Beispiel

Wolfgang Meyer hat 1995 ein Haus gekauft und damals 280.000 DM bezahlt. Nach einer größeren Renovierungsmaßnahme (moderne Heizungsanlage und zwei neue Solarzellen auf das Dach) schätzt er den Wert seiner Immobilie heute auf 180.000 Euro. Um sicher zu gehen, hat er in der örtlichen Tageszeitung und im Internet vergleichbare Angebote studiert und den Makler gefragt, der kürzlich das Nachbarhaus verkauft hatte. Die Darlehen für den Immobilienkauf sind mittlerweile vollständig zurückgezahlt.

Für die Renovierung hatte Herr Meyer ein Förderdarlehen in Höhe von 25.000 Euro aufgenommen, das einen momentanen Saldo von 12.490 Euro hat. Durch einen Anruf bei der Bank hat er nicht nur diesen aktuellen Wert erfahren, sondern auch, dass er zum Jahresende eine Sondertilgung in Höhe von 2.500 Euro leisten kann. Die regulären monatlichen Raten belaufen sich auf 187,50 Euro (2.250 Euro im Jahr).

Über seinen Arbeitgeber hat Wolfgang Meyer eine Direktversicherung abgeschlossen und immer regelmäßig einbezahlt. In der letzten Mitteilung der Versicherung wurde ihm ein Rückkaufswert von 60.000 Euro genannt. Die Versicherung rechnet heute mit einer Kapitalauszahlung in Höhe von 195.000 Euro nach Ablauf von 17 Jahren. Frau Meyer arbeitet wieder halbtags, seitdem die Kinder die Schule besuchen. Auch sie hat eine Direktversicherung angespart. Nach einem Anruf bei der Versicherung kennt sie ihren Rückkaufswert in Höhe von 11.646 Euro.

Im Depot hat Herr Meyer etliche Aktienfonds und einige Rentenpapiere, er verfügt außerdem über ein Tagesgeldkonto bei der örtlichen Bank, die ihm sehr gute Zinsen zahlt, und über ein bisschen Geld auf dem Girokonto. Gesamtsumme: 175.000 Euro. Für ihre beiden Kinder spart Familie Meyer monatlich in Aktienfonds an. Im Moment stehen diese nicht so gut, aber sie sind ohnehin erst für später, für die Ausbildung der Kinder, gedacht. In seiner Liste notiert Herr Meyer die folgenden Angaben.

	Wertansatz	Einnahmen p.a.	Ausgaben p.a.	Fakten (Höhe der Absicherung, Laufzeit, Zinsen, Ablaufleistungen, etc.)
Bestehendes Vermögen				
Geld- und Wertpapiervermögen				
Liquidität				
Girokonto Bank A	7.500			
Tagesgeldkonto Bank B	50.000	2.000		
Wertpapiere				
Depot bei der Bank A	117.500		40	Depotführungsgebühren
davon Rentenwerte	56.000	2.296		Zinsen
davon Aktienmarkt	61.500			
Depot bei bank B				
Aktienfonds	8.323		19	Depotführungsgebühren
Sparplan Aktienfonds für Sohn	9.225		630	davon 30 Euro für Ausgabeaufschläge
Sparplan Aktienfonds für Tochter	7.890		630	davon 30 Euro für Ausgabeaufschläge
Summe Konten und Depots	183.323	4.296	1.319	
Immobilien				
Eigenes Haus	180.000			
Darlehen	12.490		2.250	4,5% Zinsen, 4,5% Tilgung, Sonderzahlung zum Jahresende möglich
sonstige Aufwendungen			3.600	Rücklagen für Nebenkosten etc.
Einnahmen				
Summe Immobilienvermögen	167.510		5.850	
Summe bestehendes Vermögen	350.833	4.296	7.169	
Altersvorsorge				
Direktversicherung Herr M	112.000		1.750	Laufzeit bis 65. Lebensjahr, geplante Ablaufleistung derzeit 195.000 Euro
Direktversicherung Frau M	11.646		900	Laufzeit bis 65. Lebensjahr, geplante Ablaufleistung derzeit 51.239 Euro

So führen Sie ein Haushaltsbuch

Jetzt haben Sie eine Übersicht über den aktuellen Status Ihrer Vermögenswerte – was nun fehlt, ist die Betrachtung der Liquidität. In Ihrer Finanzplanung müssen auch die Einnahmen und Ausgaben aufgeführt werden. Die private Bilanz wird also nun um ein Haushaltsbuch erweitert.

Machen Sie als erstes eine Aufstellung darüber, wofür Sie im Monat Geld ausgeben, was Sie Ihr Lebensstil monatlich kostet. Stellen Sie all Ihre monatlichen Ausgaben zusammen: Miete, Auto, Versicherungen, Telefon und weitere fixe Ausgaben. Zum Teil haben Sie diese Ausgaben schon für die Vermögensbilanz zusammengetragen. Berücksichtigen Sie außerdem auch Geld für den Urlaub und größere Anschaffungen, aber auch die vielen kleinen Ausgaben für zum Beispiel Restaurantbesuche, Kino oder Bekleidung. Weitere Ausgaben, die nicht regelmäßig anfallen, werden als Nächstes notiert: zu zahlende Steuern, Nebenkostenabrechnungen, etc.

Auf der Plusseite erfassen Sie im Haushaltsbuch all Ihre Einnahmen – in der Regel bestreiten Löhne und Gehälter den größten Anteil daran. Daneben werden noch Mieteinnahmen, Erträge aus Wertpapieren und Geldanlagen, Rentenzahlungen und weitere Einkünfte eingetragen.

Kassensturz

Wenn Sie nun die Summe der Einnahmen und die Summe der Ausgaben saldieren, können Sie feststellen, ob Ihnen ein monatlicher Betrag zur freien Verfügung steht und wie hoch dieser ist. Wer mehr einnimmt als er ausgibt, kann sich Extras leisten und Vermögen aufbauen. Wer mehr ausgibt als er einnimmt, macht Schulden und belastet damit seine Zukunft. Überprüfen Sie daher Ihre Ausgaben noch einmal kritisch. Finden Sie dabei Einsparungspotenziale? Können Sie bestimmte Kosten reduzieren, indem Sie zu günstigeren Anbietern wechseln? Oder liegt es an den „sonstigen" Ausgaben, die ganz schön ins Geld gehen können? Bedenken Sie stets: Jedes Geld kann nur einmal ausgegeben werden – jetzt oder zu einem späteren Zeitpunkt, wenn Sie es einmal brauchen können.

Die folgenden Checklisten „Monatliche Nettoeinnahmen" und „Monatliche Ausgaben" sollen Ihnen eine erste Orientierungshilfe geben. Beide Listen finden Sie in der Excel-Arbeitshilfe „Haushaltsbuch" zum Ausfüllen auf der beiliegenden CD-ROM. Dort wird bei beiden Tabellen auch die Summe ermittelt, sodass Sie den Saldo Ihrer monatlichen Einnahmen und Ausgaben sofort sehen können. Ein noch genaueres Bild werden Sie erhalten, wenn Sie über einen längeren Zeitraum, zum Beispiel über paar Monate, notieren, welche Ausgaben Sie tätigen.

Schritt 1: Einnahmen ermitteln

Ermitteln Sie jetzt Ihre monatlichen Einnahmen. Selbstständige setzen den Durchschnittsbetrag ein, der ihnen monatlich nach Abzug von Steuern zur Verfügung steht. Wer stark schwankende Einkünfte hat, kann sich an seiner letzten Einkommensteuererklärung (zu versteuerndes Einkommen abzüglich zu zahlender Steuern) orientieren.

Monatliche Nettoeinnahmen	in Euro
Monatliches Nettogehalt	
Anzahl der Gehälter pro Jahr	
Nettoeinkünfte aus Tantiemen und Bonuszahlungen	
Nettoeinkünfte aus regelmäßigen Überstunden	
Nettoeinkommen aus selbstständiger Tätigkeit	
Nettoeinkünfte aus geringfügiger Beschäftigung	
Nettoeinkünfte aus Renten und Pensionen	
...	
Zusätzliche regelmäßige Einkünfte	
Einkünfte aus Kapitalvermögen	
Erträge aus Beteiligungen	
Kindergeld	
Mieteinnahmen aus Immobilien	
sonstige Einkünfte: ...	
sonstige Einkünfte: ...	
GESAMT	

Schritt 2: Feste Ausgaben erfassen

Im zweiten Schritt ermitteln Sie Ihre festen Ausgaben, zum Beispiel Miete, Versicherungsbeiträge, Ausgaben für das Auto, Fitnessstudio, Zeitungsabonnements, Telefon-, Internet und Handykosten. Ein gutes Hilfsmittel hierfür sind die Auszüge Ihres Girokontos für die vergangenen zwölf Monate. Anhand der Belege stellen Sie fest, wann und wofür Sie Ihr Geld ausgegeben haben.

Monatliche Ausgaben	in Euro
Wohnkosten (ohne Nebenkosten)	
Nebenkosten (inklusive Wasser, Strom, Gas)	
Lebensmittel	
Kfz-Kosten	
Fernsehen, Rundfunk, Telefon, Handy, Internet	
Kleidung	
Freizeit, Hobby	
Urlaub	
Möbel und Hausgeräte	
Abonnements (Zeitungen, Zeitschriften etc.)	
sonstige Kosten: ...	

Weitere Kosten	
private Lebens-, Renten- und Berufsunfähigkeitsversicherung	
private Krankenversicherung	
sonstige Versicherungsbeiträge	
Sparverträge, Bausparverträge	
Unterhaltszahlungen	
Raten für Immobiliendarlehen	
Raten für Kredite	
Raten für Leasing	
Bewirtschaftungskosten für weitere bestehende Immobilien	
weitere regelmäßige Ausgaben:	
GESAMT	

Tipp!

Vergessen Sie nicht die Ausgaben, die viertel-, halbjährlich oder gar nur jedes Jahr anfallen, sondern rechnen Sie diese auf Monatsbasis um. Das erleichtert Ihre Planungen.

Schritt 3: Monatsbudget ermitteln

Jetzt kennen Sie die Summe, die Ihnen monatlich zur Verfügung steht. Oder stehen sollte? Ihre monatlichen Einnahmen abzüglich aller regelmäßigen Ausgaben ergeben Ihr Monatsbudget für variable Ausgaben.

Diese Summe können Sie nun aktiv managen. Schreiben Sie dazu alle laufenden Ausgaben auf. Tragen Sie in die nachfolgende Tabelle „Variable Kosten" zu allen Punkten Ihre Ausgaben ein, die für die Haushaltsführung oder für Sie persönlich anfallen. Um den Überblick nicht zu verlieren – und damit Sie auch keine Ausgaben vergessen –, erfassen Sie Ihre Kosten über ein paar Wochen oder Monate täglich. Nur wer jeden auch noch so kleinen Betrag erfasst, kann sicher erfahren, wohin das Geld entschwindet. Die Tabelle „Variable Kosten" finden Sie ebenfalls innerhalb der Arbeitshilfe „Haushaltsbuch" auf der beiliegenden CD-ROM.

Variable Kosten	in Euro
Lebensmittel	
Körperpflege	
Ausgehen	
Bekleidung	
Hobbys	
Urlaub	
Geschenke	
Wohnungseinrichtung	
Anschaffungen	
sonstige Ausgaben: ...	
GESAMT	

Beispiel

Auch Familie Wilhelm hat sich zu einem Kassensturz entschlossen. Und jetzt ist ihnen auch klar, wo das Geld bleibt: Die fixen Ausgaben für Miete und Lebensunterhalt waren ihnen wohl bekannt, aber das Fitnessstudio für Frau Wilhelm, in das sie eigentlich gar nicht mehr geht, hatten sie schon ganz vergessen. Und dann wären dann noch die Abonnements: eine Tageszeitung, die aus Zeitmangel selten jemand liest, die wöchentliche Fernsehzeitschrift und tatsächlich noch ein Abo für das Löwenzahn-Magazin, das Sohn und Tochter mittlerweile kindisch finden. Seitdem die beiden Teenager sind, sind auch die Ausgaben für Telefon und Internet rasant angestiegen. Hinzu kommt schließlich noch das ständige Aufladen der Handy-prepaid-Karten. Und dann wären noch die Schulmaterialien, die Schulbücher, Fußballschuhe, usw. Herr und Frau Wilhelm belohnen sich hingegen von Zeit zu Zeit mit einem Ausflug zu ihrem Lieblingsitaliener. Und wie es eben immer so ist: Noch ein Dessert, ein Espresso, ein Grappa. Hier kommen meist ganz schöne Summen zusammen. Auch die Ausflüge an den vergangenen Wochenenden haben ganz schön zu Buche geschlagen. Die neue Sonnenbrille für die Tochter auf der Bergstation war nicht wirklich notwendig, dafür hat der Sohn auch ein T-Shirt mit Gipfelbild bekommen. Und auch bei dem runden Geburtstag von Schwager Karl vergangene Woche wollte man sich wirklich nicht lumpen lassen. Seitdem die Benzinkosten gestiegen sind, überlegt Herr Wilhelm außerdem, mit öffentlichen Verkehrsmitteln zur Arbeit zu fahren – die S-Bahn hält schließlich direkt gegenüber dem Büro und er würde sich die ewig Parkplatzsuche ersparen. Auch der Kratzer am Kotflügel, der kürzlich eine ordentliche Werkstattrechnung mit sich brachte, wäre auf diese Weise sicher zu vermeiden gewesen.

Sie merken sicher schon: Dort, wo das meiste Geld verschwindet, lässt sich auch am meisten sparen. Der eigene Kassensturz ist für viele Menschen eine interessante Erfahrung. Die wenigsten wissen genau, wie ihre

Vermögenssituation aussieht oder wie die monatliche Bilanz ausfällt. Wie ist es bei Ihnen? Sind Sie regelmäßig im Soll oder bleibt immer etwas übrig zum Monatsende?

Wenn die monatlichen Ausgaben immer die Einnahmen übersteigen, sollten Sie doch eine genauere Untersuchung vornehmen. Nur wer weiß, was er hat und wie viel er überhaupt ausgeben kann, wird zielgerichtet planen können.

Wie viel bleibt übrig?

Wenn Ihnen ein tägliches Protokoll Ihrer Ausgaben zu aufwendig ist, notieren Sie sich einfach die Kontostände des vergangenen Jahres immer zum Monatsultimo. Und beachten Sie: Auch Überziehungszinsen oder die Zinsen für den Dispo-Kredit schlagen in der Summe ganz schön zu Buche und können meist vermieden werden.

Formulieren Sie Ihre Wünsche und Ziele

Das war die Bestandsaufnahme: Sie haben nun Ihre Vermögensbilanz ermittelt und Ihre monatlichen Einnahmen und Ausgaben auf den Prüfstand gestellt. Die nächste Frage für Sie lautet: Welche Ziele will ich mit der Geldanlage verfolgen?

Finanzielle Ziele sind sehr vielfältig. Sie können groß oder klein, kurz- oder langfristig, wichtig oder etwas weniger wichtig sein. Entscheidend ist, dass Sie sich selber über die Ziele im Klaren sind, über ihren Umfang und ihre Priorität. Nur „mehr Geld haben" ist kein Ziel. **Wofür** will ich mehr Geld haben, das ist die richtige Frage.

> **Tipp!**
> Wenn Sie keine Ziele vor Augen haben, können Sie unmöglich Ziele erreichen. Wenn Sie nicht wissen, was Ihnen wichtig ist, können Sie auch nicht zielgerichtet vorgehen. Denken Sie nicht an das Geld. Denken Sie an das, was Sie gerne erreichen, haben, kaufen, absichern oder realisieren wollen. Geld ist immer nur das Mittel zum Zweck.

Ihr erstes ganz konkretes Ziel lautet also: Schreiben Sie Ihre Ziele auf! Notieren Sie alle Ihre Wünsche und Bedürfnisse und versuchen Sie anschließend, Ihre Ziele hinsichtlich Größe, Zeit und Dringlichkeit zu ordnen. Welche Ziele wollen Sie kurzfristig, mittelfristig und langfristig erreichen? Was ist im Moment besonders akut, welche Ziele können aufgeschoben werden?

Machen Sie sich gedanklich frei von den Beratern, die ständig tolle neue Geldanlagen im Angebot haben. Es geht nicht darum, dass Sie ein bestimmtes Produkt brauchen, sondern dass Sie Ihr Geld so anlegen, wie Sie es wirklich brauchen. Möchten Sie zum Beispiel mit dem angelegten Geld eine neue Küche oder ein neues Auto kaufen, wollen Sie etwas für Ihre Altersvorsorge tun oder sparen Sie vielleicht auf ein eigenes Heim? Vielleicht haben Sie auch gar kein konkretes Ziel vor Augen oder von allem ein bisschen. Verschaffen Sie sich so weit wie möglich Klarheit darüber, zu welchen Zeitpunkten Sie welche Beträge benötigen.

Zugleich müssen Sie entscheiden, wie wichtig es für Sie ist, dass Sie die jeweiligen Beträge auch wirklich zur Verfügung haben. Beispielsweise mag es nicht so schlimm sein, wenn der in drei Jahren geplante Autokauf noch um ein Jahr verschoben wird, während das Geld für die Ausbildung der Kinder in jedem Fall rechtzeitig angespart sein sollte. Ein Vergleich dieser Planung mit Ihren finanziellen Mitteln (jetzt und später) zeigt, wie viel Geld Sie besser sicher anlegen und welcher Anteil etwas mehr Risiko verkraften kann.

Sammeln Sie erst einmal alle Ideen, die Ihnen durch den Kopf gehen. Die nachfolgende Sammlung möglicher Ziele soll Ihnen als Anregung dienen.

1. Persönliche Ziele

- Altersvorsorge aufbauen
- eine Rücklage für Notfälle haben
- Vermögensaufbau beginnen
- die Ausbildung der Kinder sichern
- ein neues Auto kaufen
- Geld aufbauen, um ein Darlehen zu tilgen
- mit 50 Jahren aufhören zu arbeiten
- eine Traumreise machen
- ein Sabbatical für ein Jahr nehmen
- die Familie absichern
- auf die eigenen vier Wände sparen
- sich selbstständig machen
- gezielt auf eine größere Investition sparen
- regelmäßig zurückgelegtes Geld ertragreich anlegen

- einmalig einen größeren Betrag gewinnbringend anlegen
- im Rahmen der finanziellen Möglichkeiten die beste Vorsorge treffen

> **Tipp!**
> Als Hilfestellung dienen vielleicht die folgenden Fragen: Wie möchte ich jetzt leben? Wie möchte ich später leben?

2. Anlagebezogene Ziele

- Welcher Betrag oder welche Beträge stehen zur Verfügung? Heute und später einmal?
- Soll ein einmaliger Betrag angelegt werden oder kleinere Summen angespart werden?
- Wie lange soll ein Betrag festgelegt sein? Wann soll darüber verfügt werden?
- Wie flexibel und jederzeit schnell verfügbar soll Geld angelegt sein?
- Welche Renditeerwartungen werden mit der Anlage verbunden?
- Mit welchem Aufwand kann eine Anlage zu Bargeld gemacht werden?
- Welche steuerlichen Gesichtspunkte sind zu berücksichtigen?
- Wie viel Sicherheit muss eine Anlage bieten? Welches Risiko darf sie haben?

Versuchen Sie in einem zweiten Schritt, Ihre Ziele zu kategorisieren. Nutzen Sie dazu die nachfolgende Checkliste „Meine Ziele", die Sie auch auf der beiliegenden CD-ROM finden. Hier sind einzelne Themenbereiche wie zum Beispiel Zukunftsvorsorge oder Lebensstandard als Kategorie dargestellt. Unter diesen Kategorien lassen sich etliche Ziele zusammenführen. In der Spalte Priorität können Sie Ihren Zielen je nach Wichtigkeit und Dringlichkeit Schulnoten von 1 bis 6 vergeben. Dabei steht die Note 1 für sehr wichtig und die Note 6 für unwichtig. Anhand der Checkliste können Sie Ihre Situation stets überprüfen und bei Bedarf neue Ziele anfügen oder andere als erledigt abhaken. Heften Sie die Liste in Ihren Unterlagen ab. So haben Sie jederzeit Kontrolle über Ihre Zielerfassung.

Jederzeit Kontrolle über Ihre Ziele

Tipp!

Formulieren Sie Ihre Ziele realistisch. Das soll nicht heißen, dass Sie nur in kleinen Summen denken können oder sollen. Gerade die Finanzplanung soll Sie dabei unterstützen, auch große Dinge erreichen zu können. Denken Sie an jedoch Ihre eigenen Ziele. Lassen Sie sich von niemandem einreden, ein bestimmtes Ziel verfolgen zu müssen. Jeder von uns hat seine eigenen Bedürfnisse und seine eigenen moralischen und ethischen Vorstellungen. Was für den Einzelnen richtig ist, kann für den Nächsten völlig ungeeignet sein. Ihre persönliche und berufliche Situation nimmt einen großen Anteil in der Zielformulierung. Je nach Alter, Familienstand und beruflicher Lebensphase werden Inhalte unterschiedlich gewichtet.

MEINE ZIELE		
Zukunftsvorsorge	Priorität	Wann? Bis wann?
Ich möchte meine Zukunft im Alter finanziell absichern.		
Ich möchte für meine Altersvorsorge staatliche Förderungen nutzen.		
Ich möchte die Zukunft meiner Kinder finanziell absichern (Ausbildung etc.).		
Ich möchte mich und meine Familie absichern …		
… für den Todesfall.		
… für den Fall, dass ich berufsunfähig werde.		
… für den Fall, dass ich einen Unfall habe.		
… für den Fall, dass ich krank werde.		
… für den Fall, dass meinem Partner etwas passiert.		
… für den Fall, dass den Kindern etwas passiert.		
… für mein Vermögen.		
… für den Fall, dass etwas am Haus sein sollte (Brand, Blitzschlag, Einbruch etc.).		
… für den Fall, dass etwas mit dem Auto sein sollte oder ich einen Unfall mit dem Auto habe.		

Lebensstandard und Wünsche: Ich möchte Geld zurücklegen, ...		
... um mir etwas Bestimmtes zu kaufen.		
... um eine neue Küche oder andere Wohnungseinrichtung zu erwerben.		
... um ein neues Auto zu kaufen.		
... für Freizeit und Urlaub.		
... um immer Geld zur freien Verfügung zu haben.		
... um einen Kredit zurückzahlen zu können.		
... mit Vermögensaufbau zu beginnen.		
... um mich selbst weiter zu bilden.		
... um mich beruflich zu verändern und eine Weile vom Ersparten leben können.		
... weiß aber noch nicht genau wofür.		
Ich möchte Wohneigentum schaffen		
Ich möchte mir eine Immobilie als Wohneigentum kaufen.		
Ich möchte ein Haus bauen.		
Ich möchte eine Immobilie als Kapitalanlage erwerben.		
Ich möchte Eigenkapital für eine Immobilie ansparen.		
Ich möchte meine Immobilie renovieren.		
Ich möchte meine Immobilie modernisieren oder umbauen.		
Ich möchte mein Darlehen möglichst sinnvoll gestalten.		
Ich möchte mich so schnell wie möglich ent-schulden.		
Ich möchte Vermögensanlage betreiben...		
...und regelmäßig einen Betrag zurücklegen.		
...und einen größeren Betrag anlegen.		
...und meine bestehende Vermögensstruktur optimieren.		
...und mein Vermögen steuerlich optimal an-legen.		
...und mein Vermögen so anlegen, dass ich regelmäßige Einkünfte daraus erhalte.		

....und mein Vermögen so anlegen, dass ich jederzeit auf einen großen Teil zugreifen kann.		
...und mein Geld möglichst gewinnbringend anlegen.		
...und mein Geld möglichst sicher anlegen.		

Achtung: Bedenken Sie, Ziele können sich ändern. Was Ihnen heute wichtig ist, muss Ihnen nicht unbedingt auch in fünf Jahren noch wichtig sein.

Ziele können sich ändern

Je nach aktueller Lebensphase und persönlichen Rahmenbedingungen müssen vielleicht andere Schwerpunkte gesetzt werden. Und Sie haben jederzeit die Möglichkeit, Ihre Ziele höher oder niedriger zu stecken, wenn Sie erkennen, dass Sie mehr aufbringen können oder sich vielleicht überschätzt haben.

Beispiel

Axel Frei ist nach seinem Studium in der Medienbranche gelandet und verdient sein erstes Geld bei einer großen Werbeagentur. Als Berufsanfänger sind ihm erst einmal Konsumwünsche wichtig. Neue Kleidung ist besonders notwendig, mit seinen Studentenjeans kann er in der Agentur nicht glänzen. Außerdem will er endlich ein neues Bett und der Kühlschrank hat seine besten Tage auch schon gesehen.

Wichtig ist ihm zudem die Absicherung seiner Arbeitskraft. Für 284 Euro im Jahr schließt er eine Berufsunfähigkeitsabsicherung ab, das sind weniger als 25 Euro im Monat. Über seinen Arbeitgeber bekommt er vermögenswirksame Leistungen, die legt er gleich in einen Aktienfonds an. Außerdem will er schon jetzt anfangen, kleine Beträge für das Alter zurückzulegen. Über die Werbeagentur hat er die Möglichkeit, eine Direktversicherung anzusparen, beginnen will er erst einmal mit 50 Euro im Monat, aufstocken kann er später immer noch.

Sein Bruder Stephan dagegen hat ganz andere Sorgen: Als frischgebackener Familienvater sorgt er sich um das Wohlergehen seiner Familie und schließt eine Risikolebensversicherung ab. Falls ihm etwas passiert, soll die Familie wenigstens finanziell keinen Schaden erleiden müssen. Seine Berufsunfähigkeitsversicherung stockt er auf, die Nachversicherungsgarantie hatte er damals mit dem Versicherer so vereinbart. Da sie nach der Geburt des Kindes mehr Geld zum Leben brauchen werden, reduziert er seine monatlichen Fondssparpläne und legt lieber mehr Geld auf das Tagesgeldkonto, da ist es sicher und jederzeit verfügbar. Seine Sparpläne kann er auch später wieder aufleben lassen.

Auch bei den Eltern der beiden Brüder ist die Freude riesengroß: Sohn Axel hat einen Job und das erste Enkelkind ist da. Sie überlegen, welche Anlagen sie wohl auflösen können, um die Kindern finanziell zu unterstützen. Außerdem möchten sie gerne für das Enkelkind regelmäßig etwas ansparen. Frau Frei benötigt bald eine größere Summe für die Zahnsanierung, die kann sie jetzt wirklich nicht mehr aufschieben. Oma und schlechte Zähne – nein, das will sie wirklich nicht. Herr Frei denkt hingegen über Altersteilzeit nach. Er möchte mehr Zeit für sein Enkelkind, aber auch für seine Leidenschaft, das Oldtimerfahren, haben.

Denken Sie in Wechselwirkungen

Der Einstieg in Ihre persönliche Finanzplanung ist geschafft. Vor Ihnen liegt Ihre Vermögensaufstellung, Sie haben Haushaltsbuch geführt und Ihre finanziellen Ziele formuliert und priorisiert. Vielleicht war es aufwendig, alle Vermögensbestände zu erfassen und zu katalogisieren. Auch Ziele bewusst zu formulieren und nach Wichtigkeit zu ordnen, erfordern vor allem Ehrlichkeit mit sich selbst und Disziplin. Doch das bewusste Beschreiben und Gliedern der verschiedenen Ansprüche in eine Prioritätenliste schaffen Klarheit und Struktur.

Klarheit durch Prioritätenliste

Ihr Plan muss keineswegs vollständig sein und für alle Zeit Gültigkeit haben. Über manche Ziele haben Sie vielleicht noch gar nicht nachgedacht oder sie sind zum jetzigen Zeitpunkt völlig unwichtig. Halten Sie sich stets vor Augen: Mit wachsenden Einkommen und Vermögen können sich Bedürfnisse und Ziele ändern. Auch neue Lebensumstände bringen Veränderungen mit sich. Wichtig ist daher, dass Sie Ihren Finanzplan regelmäßig auf seine Richtigkeit überprüfen und aktualisieren.

Schwieriger wird es hingegen, wenn DER optimale Handlungsweg gefunden werden soll. Eine Finanzplanung ist schließlich keine statische Bedienungsanleitung, sondern lebt von Lebenssituation zu Lebenssituation mit. Der Versuch, eine bestimmte Lebenssituation optimal zu gestalten, kann sich in einer anderen Lebensphase negativ auswirken. Versuchen Sie daher nicht, einzelne Bestandteile Ihres Vermögens isoliert zu betrachten, sondern behalten Sie das große Ganze im Auge.

Setzen Sie sich die ganzheitliche Brille auf und denken Sie in Wechselwirkungen. Stellen Sie sich Ihre finanziellen Bausteine als Dominospiel vor, in dem alle Steine hintereinander aufgereiht sind. Kippt ein Stein um, kann er alle anderen gleichfalls mit sich reißen.

Beispiel

Klaus Schmidt könnte sich schwarz ärgern. Ausgerechnet jetzt lässt sein Auto ihn im Stich. Die Zylinderkopfdichtung und der Zahnriemen, hat der Automechaniker gesagt. Das wird teuer und der TÜV steht dieses Jahr auch noch an. Aber gerade jetzt hat Herr Schmidt gar nichts flüssig, sein ganzes Geld hat er für den „heißen Tipp" eines Kollegen ausgegeben. Zukunftstechnologie – das sei die Chance! Zu dumm, dass die Börse seitdem nur noch Negativschlagzeilen meldet. Der Verlust ist ganz schön groß. Es hilft nichts, die Werkstattrechnung muss bezahlt werden. Herr Schmidt muss seine Anlage mit Verlust verkaufen. Im nächsten Monat muss er dafür seine Altersvorsorge ruhen lassen, die Lücke muss schließlich erst einmal wieder aufgefüllt werden.

Was vor der Anlage kommt: Risiken managen

Eine nachhaltige Finanzplanung beginnt mit dem Blick auf die Absicherung. Es bringt nichts, Vermögen aufzubauen, wenn vorhandenes nicht abgesichert ist. Und Absichern bedeutet, sich mit Versicherungen gegen den Eintritt von Missgeschicken und Schädigungen zu schützen, die ein so hohes finanzielles Risiko nach sich ziehen können, das man allein nicht mehr tragen kann. In diesem Kapitel erfahren Sie, welche Risiken auftreten können und welche Möglichkeiten der Absicherung bestehen. Anhand der Erläuterungen werden Sie für sich identifizieren, welche Risiken Ihre Situation tatsächlich gefährden und welche sinnvollen Maßnahmen Sie zum Schutz ergreifen können. Eine Checkliste soll Ihnen schließlich helfen herauszufinden, welche Versicherungen Sie wirklich brauchen, welche ganz nützlich und welche überflüssig sind.

Was kann mich in finanzielle Schwierigkeiten bringen?

„Wenn ich nicht darüber nachdenke, passiert auch nichts."

Auch wenn sich kaum jemand gern mit möglichen Unfällen und schlimmen Ereignissen befasst, ist die Strategie, ein mögliches – echtes – Risiko zu ignorieren, auf keinen Fall ratsam. Es muss nicht immer gleich der Supergau eintreten – aber was passiert, wenn der Hund beim Spaziergang einem Kind ein Loch in die Wade zwickt? Oder wenn ein Beinbruch den Fahrradkurier zu einer längeren Pause zwingt?

Eigenverantwortliche Planung bedeutet auch, sich Gedanken darüber zu machen, welche Risiken die momentane Lebensphase bedrohen könnten und welche Möglichkeiten es gibt, sich davor zu schützen – um dann bewusste Entscheidungen auf Basis von Fakten zu treffen.

Die Fragen, die beantwortet werden müssen, lauten:

- Welche unvorhergesehenen Ereignisse können die aktuelle Situation oder geplante Ziele in finanzielle Schwierigkeiten bringen?
- Welche Risiken sind existenziell? Und welche sind persönlich wichtig?
- Welche Risiken müssen abgesichert werden, welche sollen abgesichert und welche können abgesichert werden?
- Welche Möglichkeiten der Absicherung gibt es und welche Kosten sind damit verbunden? Welche Alternativen gibt es?

Die Antworten und daraus folgende Entscheidungen und Maßnahmen sind ganz individuell und hängen von der persönlichen Lebenssituation ab. Ein Familienvater wird andere Entscheidungen treffen als ein ungebundener Single. Und der Häuslebauer braucht anderen Schutz als der Mieter einer Wohnung.

Grundsätzlich gibt es nur zwei Arten von Risiken: existenzbedrohende und nicht existenzbedrohende. Für die existenzbedrohenden Risiken sollten unbedingt Vorkehrungen getroffen werden, für alle anderen möglichen Gefahren sind die Entscheidungen individuell zu treffen.

Sieht man einmal von Sonderfällen wie Erbschaft oder Lottogewinn ab, muss Ihr gesamter Konsum im Lebensverlauf aus Ihrem aktuellen und künftigen Einkommen finanziert werden. Das wichtigste finanzielle Gut, das abgesichert werden muss, ist daher Ihre Arbeitskraft – und das Einkommen, das damit erzielt wird. Ein weiteres Risiko ist die Haftung für Schäden, die man anderen Menschen zufügt. Um dafür nicht mit dem bereits angesparten Vermögen einspringen zu müssen, ist die Absicherung von vorhandenem und zukünftigem Vermögen die Nummer zwei auf der Liste. An dritter Stelle kommt die finanzielle Absicherung von Personen, die von Ihnen bzw. Ihrer Einkommenskraft abhängen. Sind eine Familie oder ein Partner auf Ihr Einkommen angewiesen, sollte Vorsorge für den Fall getroffen werden, dass Sie ausfallen. Die Maßnahmen: Risikoabsicherung gegen Krankheit, Berufsunfähigkeit und Tod, Absicherung vorhandenen Vermögens und Aufbau von spürbaren Barreserven.

So ermitteln Sie Ihren Versicherungsbedarf

 Überprüfen Sie anhand der nachfolgenden „Checkliste Versicherungsbedarf", die Sie auch auf der beiliegenden CD-ROM finden, welche Risiken Sie betreffen können. Denken Sie darüber nach, wie wichtig die Absicherung dieser Risiken für Ihre Situation ist. Gehen Sie von Ihrem tatsächlichen Bedürfnis nach Absicherung aus. Konzentrieren Sie sich auf die Ereignisse, die Ihre Zahlungsfähigkeit stark gefährden und Sie finanziell ruinieren würden. Ganz anders ist es, wenn Sachen versichert werden sollen, die einen bestimmten Wert haben. Hier hält sich das finanzielle Risiko in Grenzen, weil der Verlust oder die Zerstörung dieser Gegenstände generell einschätzbar ist. Ein gutes Beispiel ist die Kasko-Versicherung für das Auto. Kalkulieren Sie, ob Sie einen Totalschaden leicht von Ihren Reserven finanzieren könnten. Überlegen Sie dann, ob eine Kasko-Versicherung für Ihren Wagen Sinn macht oder nicht. Die gleiche Regel gilt auch für den Abschluss einer Hausratversicherung. Wer bereit und auch in der Lage ist, für Risiken im Ernstfall selbst einzutreten, braucht weniger Versicherungsprodukte als jemand, für den das nicht zutrifft. Dafür ist es auch notwendig, einen Teil des Vermögens immer kurzfristig liquidierbar anzulegen, damit im Bedarfsfall sofort Geld zur Verfügung stehen kann. Gleiches gilt, wenn die Familie oder der Partner im Notfall finanziell aushelfen kann.

Checkliste „Versicherungsbedarf"			
Absicherung ist	Wichtig	Weniger wichtig	Unwichtig
Welche Risiken können mein Einkommen bedrohen?			
Krankheit			
Unfall			
Berufsunfähigkeit			
…			
Welche Risiken können mein Vermögen bedrohen?			
alle Schäden, die ich Dritten zufügen könnte (z. B. durch Unfall u. Ä.)			
alle Schäden, die anderen durch mein Haustier entstehen können (z. B. Hundebiss)			
Sachschäden am Hausrat			
Einbruch-Diebstahl, Vandalismus, Raub von Bargeld, Feuer, Leitungswasser, Sturm/Hagel			
Schäden am Wohnhaus			
…			
Welche Risiken können meine Familie bedrohen?			
Mein Todesfall			
Todesfall des Partners			
Unfall			
Krankheit			
…			
Kfz-Absicherung			
Welche Risiken möchte ich noch absichern?			
Rechtsstreitigkeiten			
…			

Wie funktioniert eine Versicherung?

Versicherungen verteilen Risiken, die ein Einzelner nicht tragen kann, auf die Gemeinschaft aller Versicherten. Viele Menschen zahlen in einen gemeinsamen Topf ein, aus dem dann die entstandenen Schäden finanziert werden. Die Versicherung muss eine vertraglich vereinbarte Zahlung an den Einzelnen leisten, wenn der abgesicherte Vorfall eintritt.

Welche Gefahren ein Versicherungsunternehmen übernimmt, muss im Versicherungsvertrag festgelegt sein. Um nicht für jedes einzelne Risiko einen neuen Einzelvertrag zu formulieren, werden in der Versicherungswirtschaft Allgemeine Versicherungsbedingungen für die einzelnen Risiken verwendet. Es gibt für fast alle Bereiche und Sachgegenstände Versicherungen. Je ausgefallener und unsicherer ein zu versicherndes Risiko ist, desto höher wird der Versicherungsbeitrag ausfallen.

Wie viel Geld ein Versicherungsnehmer im Schadensfall bekommen kann und wie hoch die Versicherungsprämie sein muss, wird zudem mit komplizierten mathematischen Modellen kalkuliert. Hier liegt eine Vielzahl von Daten zugrunde, zum Beispiel die statistische Lebenserwartung, die Entwicklung von gleichen Versicherungsfällen in der Historie, die Erwartungen in der Zukunft, der Kapitalmarkt und die Anzahl der Versicherungsnehmer, die in diesen Topf einzahlen.

Tritt ein Schadensfall nicht ein, werden am Ende der Laufzeit nicht verbrauchte Beiträge in der Regel nicht zurückerstattet. Dennoch sind kombinierte Versicherungsprodukte, die zum Laufzeitende Kapital auszahlen und die Ziele Risikoabsicherung und Vermögensbildung verknüpfen, selten eine gute Wahl.

Der Abschluss einer Versicherung entbindet nicht von einer eigenen Sorgfaltspflicht. Wer sein Fahrrad unverschlossen stehen lässt, ist im Schadensfall nicht abgesichert. Die Versicherung kann in diesem Fall die Leistung verweigern.

In Deutschland ist das Versicherungsrecht getrennt in das Sozialversicherungsrecht und das Privatversicherungsrecht. Die Sozialversicherungen, also Krankenversicherung, Pflegeversicherung, Arbeitslosen- und Rentenversicherung sowie die gesetzliche Unfallversicherung sind für jeden Bundesbürger Pflicht. Privatversicherungen hingegen werden allesamt auf freiwilliger Basis abgeschlossen. Die Autoversicherung bzw. die Kfz-Haftpflichtversicherung bildet hierzu eine Ausnahme. Sie ist gesetzlich vorgeschrieben und damit Pflicht, um überhaupt in Deutschland ein Fahrzeug im Straßenverkehr bewegen zu dürfen.

Wie kann ich mich gegen Risiken absichern?

In diesem Kapitel erfahren Sie, welche Möglichkeiten der Risikoabsicherung es gibt und welche Alternativen Sie in Betracht ziehen können. Überprüfen Sie Ihre persönliche Situation und schlussfolgern Sie schließlich, ob und welche Versicherungen für Sie in Frage kommen, welcher Zeitpunkt der optimale ist und in welcher Höhe eine Absicherung angemessen erscheint.

Es gibt Risiken, die Sie als Einzelner finanziell gar nicht tragen können und daher unbedingt absichern müssen. Dazu zählen eine private Haftpflichtversicherung und eine Krankenversicherung und, wenn Sie berufstätig sind, eine Absicherung Ihrer Arbeitskraft über eine Berufsunfähigkeitsabsicherung oder eine Schwere-Krankheiten-Vorsorge. Daneben gibt es zahlreiche Versicherungen, die in bestimmten Lebenssituationen wichtig und unverzichtbar sind, zum Beispiel die Lebensversicherung für die Absicherung der Familie, eine Kfz-Versicherung, wenn Sie ein Auto besitzen, oder einer Tierhalter-Haftpflichtversicherung, wenn Sie Hundehalter oder Pferdebesitzer sind. Viele andere Versicherungen dagegen sind meist überflüssig, wie zum Beispiel eine Insassenunfallversicherung. Mitfahrende sind über die Kfz-Haftpflichtversicherung des Fahrers versichert.

Wie schütze ich mich, wenn ich nicht mehr arbeiten kann?

Wer sein Geld mit seiner Arbeitskraft verdient, riskiert einen finanziellen Sturz, wenn er wegen einer schweren Krankheit oder eines schlimmen Unfalls nicht mehr arbeiten kann. Mit den gesetzlichen Leistungen, die im Falle einer Invalidität zustehen, kann der Lebensstandard kaum gehalten werden. Deswegen bleibt zur Absicherung dieses Risikos nur eine private Berufsunfähigkeitsversicherung, auch wenn sie längst nicht alle Probleme löst. Denn eine private Berufsunfähigkeitsversicherung ist teuer und ihre Qualität ergibt sich erst durch das genaue Studium der Vertragsbedingungen. Bis Sie schließlich einen Versicherungsvertrag so gestaltet haben, dass er für Sie die beste Absicherung bietet, müssen Sie sich über viele Dinge informieren.

Berufsunfähigkeitsversicherung

Wann ist man eigentlich berufsunfähig? Die typische Definition der Berufsunfähigkeit der Deutschen Rentenversicherung Bund lautet: „Eine vollständige Berufsunfähigkeit liegt vor, wenn der Versicherte infolge Krankheit, Körperverletzung oder Kräfteverfalls, die ärztlich nachzuweisen sind, voraussichtlich dauernd (mindestens seit sechs Monaten), außerstande ist, seinen Beruf oder eine andere Tätigkeit auszuüben, die seiner Ausbildung, Erfahrung und bisherigen Lebensstellung entspricht.

Berufsunfähig ist, wer aus gesundheitlichen Gründen in seinem oder einem anderen zumutbaren Beruf weniger als sechs Stunden täglich leisten kann."

Im Klartext: Berufsunfähig ist man dann, wenn der zuletzt ausgeübte Beruf durch eine schwere Erkrankung oder einen Unfall nicht mehr verrichtet werden kann.

Das staatliche Netz für den Fall der Berufsunfähigkeit ist mittlerweile sehr dünn geworden. Seit Januar 2001 erhalten Angestellte, die nach 1960 geboren sind, kaum noch Geld aus der gesetzlichen Rentenversicherung. Die frühere staatliche Berufsunfähigkeitsrente und die staatliche Erwerbsunfähigkeitsrente wurden durch die Erwerbsminderungsrente ersetzt. Auf diese haben Arbeitnehmer aber erst einen Anspruch, wenn sie voll erwerbsgemindert sind und in den fünf Jahren vor Eintritt der Erwerbsminderung mindestens drei Jahre lang Pflichtbeiträge gezahlt haben.

Die Definition der Erwerbsminderungsrente besagt weiter: Wer seinen Beruf wegen schwerer Krankheit oder nach einem Unfall nicht mehr ausüben kann, erhält vom Staat keinen Cent, sofern er noch zur Ausübung eines anderen Berufs fähig ist. Ist er nur beschränkt fähig (arbeitet er nur stundenweise), bekommt er eine reduzierte Erwerbsminderungsrente. Das Verfahren sieht die uneingeschränkte Verweisung vor: Wer einen Antrag auf Rente stellt, dem kann der Staat jede andere Tätigkeit vorschlagen, die der Berufsunfähige mit dem Handicap ausüben kann. Lehnt er dies ab, geht er leer aus.

Die Erwerbsminderungsrente beträgt ca. 38 Prozent des letzten Bruttoeinkommens. Anspruch auf diese „volle" Rente haben aber nur die Arbeitnehmer, die weniger als drei Stunden auf dem allgemeinen Arbeitsmarkt tätig sein können. Wer wegen Krankheit täglich drei bis sechs Stunden arbeiten kann, erhält die halbe Rente. Wer täglich über sechs Stunden arbeiten kann, geht leer aus und hat keinen Anspruch auf Erwerbsminderungsrente.

Ohne größeres Vermögen oder eine Familie, die finanzielle Unterstützung leistet, kann man im Falle eine Berufsunfähigkeit in ernste wirtschaftliche Not geraten. Eine selbstständige Berufsunfähigkeitsversicherung stellt also die Basis der Absicherung existenzieller Risiken dar. Sie ist eine Risikoversicherung, die dann leistet, wenn der abgesicherte Fall eintritt: Berufsunfähigkeit.

Für wen eignet sich eine Berufsunfähigkeitsabsicherung?

Auch wenn eine Berufsunfähigkeitsversicherung für körperlich arbeitende Menschen aufgrund der eindeutig definierbaren Tätigkeiten oft einfacher darzustellen ist, ist sie auch für Menschen mit Schreibtisch-Jobs wichtig. Auch „Kopfarbeiter" können psychisch krank werden, Krebs bekommen oder durch eine Krankheit gehindert werden, einen geregelten Tagesablauf zu führen.

Grundsätzlich stimmt es schon, dass bei Kopfarbeitern von einem geringeren Risiko einer Berufsunfähigkeit ausgegangen wird. Denn selbst wenn sie eine Hand verlieren oder im Rollstuhl landen, können sie im Prinzip noch mit ihrem Kopf oder einem Computer arbeiten und sind nicht vollkommen berufsunfähig. Dafür zahlen sie im Vergleich meist eine niedrigere Versicherungsprämie als Menschen, die überwiegend mit ihren Händen arbeiten wie zum Beispiel Physiotherapeuten oder Chirurgen. Auch Dachdecker und Fluglotsen zahlen erheblich höhere Beiträge als Menschen, die überwiegend am Schreibtisch sitzen.

Tipp!

Es ist sinnvoll, schon frühzeitig eine Berufsunfähigkeitsversicherung abzuschließen. Mit jungen Jahren „sichert" man sich niedrige Versicherungsprämien, denn neben anderen Faktoren spielt das Eintrittsalter des Versicherten bei der Beitragskalkulation eine bedeutende Rolle. Früheinsteiger starten mit günstigen Tarifen, die nur langsam ansteigen. Dagegen müssen Spätstarter für den vergleichbaren Zeitraum deutlich mehr zahlen. Der Grund: Statistisch betrachtet, wird das Risiko gesundheitlicher Beeinträchtigungen mit zunehmendem Alter wahrscheinlicher. Je höher also das Alter bei Abschluss einer Versicherung, desto teurer die Beiträge für eine solche Absicherung.

Wer eine private Berufsunfähigkeitsversicherung abschließen möchte, sollte sich qualifiziert beraten lassen. Bei der Vielzahl von Anbietern und Angeboten am Markt ist es fast unmöglich, ein für den jeweiligen Bedarf optimales Produkt zu identifizieren. Der Versicherungsbeitrag sollte auf keinen Fall das alleinige Entscheidungskriterium für oder gegen einen Versicherer sein. Vielmehr sollten die jeweiligen Bedingungen des Versicherers oder des vorliegenden Angebotes Grund für einen Abschluss sein. Aufgrund der Vielzahl von Anbietern gibt es zum Beispiel sehr unterschiedliche Auslegungen der Definition Berufsunfähigkeit. Um sich vor unliebsamen Überraschungen zu schützen, ist es empfehlenswert, die Bedingungen und das Kleingedruckte der Anbieter genau unter die Lupe zu nehmen oder durch einen Fachmann prüfen zu lassen.

Tipp!

Achten Sie bei Abschluss einer Berufsunfähigkeitsversicherung unbedingt darauf, dass ein Verzicht auf die abstrakte Verweisung vereinbart ist. Ist dieser Verzicht im Bedingungswerk verankert, kann das jeweilige Versicherungsunternehmen den Versicherten nicht mehr auf einen anderen Beruf verweisen und die Leistungen aus der Versicherung müssen ausgezahlt werden. Die meisten Versicherer verzichten bereits explizit auf die abstrakte Verweisung; einige Anbieter haben diese Klausel jedoch noch nicht im Vertrag aufgenommen.

Die abstrakte Verweisbarkeit tritt immer dann ein, wenn Sie berufsunfähig werden, aber aufgrund Ihrer Fähigkeiten für eine andere Tätigkeit geeignet sind. In diesem Fall kann die Versicherung Sie auf einen anderen Beruf verweisen, unabhängig davon ob Sie diese Tätigkeit auch tatsächlich ausüben oder die Position tatsächlich vorhanden ist. Die Bandbreite möglicher Alternativberufe ist dabei groß. Ungelernte Arbeiter können leicht auf den Job eines Pförtners verwiesen werden. Eine Friseurgehilfin kann vielleicht noch als Fachkraft in einem Drogeriemarkt oder einer Boutique arbeiten, ein Kraftfahrzeugmeister soll dann eventuell als Lagerverwalter arbeiten, ein Bäcker muss zum Informationselektroniker umschulen oder ein Restaurantfachmann zum Kassierer. Selbstständigen und Handwerkern wird zugemutet, ihren Betrieb neu zu organisieren und weiterzuarbeiten. Die Verweisklausel kann im Leistungsfall zu erheblichen Problemen führen, wenn Versicherte nämlich feststellen müssen, dass sie ihre ursprüngliche Tätigkeit nicht mehr ausüben können – und trotzdem keine private Rente in Folge ihrer Berufsunfähigkeit bekommen. Viele Versicherer verzichten aber inzwischen auf diese Klausel, sodass der Versicherte nur noch dann auf eine andere Tätigkeit verwiesen werden kann, wenn er diese bereits tatsächlich ausübt und sie seiner bisherigen Lebensstellung entspricht. Wer keinen neuen Job gefunden hat, erhält dann seine volle Versicherungsleistung. Gerade für Versicherte mit geringer Spezialisierung, die theoretisch leicht auf andere Tätigkeiten verwiesen werden könnten, ist diese Regelung ein deutlicher Vorteil.

In einem Beratungsgespräch müssen auch mögliche Vorerkrankungen besprochen werden, die zur Ablehnung durch den Versicherer führen könnten. Fragen Sie daher bei mehreren Anbietern gleichzeitig an, denn im Falle einer Ablehnung müsste man diese bei einer späteren Anfrage bei einem anderen Versicherer ebenfalls angeben.

Tipp!

Beantworten Sie die Fragen nach dem Gesundheitszustand unbedingt wahrheitsgemäß. Verschweigen Sie nichts, denn im Ernstfall kann die Versicherung sogar die Leistungen verweigern. Es kann sein, dass Ihre Vorerkrankung keine Rolle spielt; es kann aber auch sein, dass Sie einen Risikozuschlag zahlen müssen. Möglich ist jedoch auch eine Ablehnung des Versicherungsschutzes oder der Ausschluss der Vorerkrankung als Grund für Berufsunfähigkeit.

Ein Vergleich der Prämien und Bedingungen ist wichtig. Denn der Versicherungsschutz kann je nach Tarif und Gesellschaft sehr unterschiedlich sein. Allerdings sollte der Preis bei einer Berufsunfähigkeitsversicherung nur eine untergeordnete Rolle spielen. In erster Linie kommt es auf die Bedingungen an. Überprüfen Sie daher anhand der nachfolgenden Checkliste, ob die Bedingungen der dargestellten Tarife bei einer ersten Sichtung für Ihre Belange ausreichend sind. Achtung: Die Checkliste „Versicherungsbedingungen", die Sie auch auf Ihrer CD-ROM finden, liefert Ihnen eine erste Annäherung, kann aber nicht Ihre persönliche Situation individuell berücksichtigen. Für ein weiteres und tiefer gehendes Angebot sollten Sie sich unbedingt beraten lassen.

Checkliste „Versicherungsbedingungen"	
Verzicht auf abstrakte Verweisung: Achten Sie darauf, dass der Versicherer auf abstrakte Verweisung verzichtet.	
Anerkennung ab Beginn: Gute Angebote sichern Kunden eine Rente zu, wenn ein Arzt die Berufsunfähigkeit für mindestens sechs Monate attestiert. Stellt sich heraus, dass jemand längst berufsunfähig war, ist bei guten Bedingungen eine Nachzahlung vorgesehen – und nicht erst der Beginn einer Rentenzahlung ab dem siebten Monat.	
Nachversicherungsgarantie: Mit dieser Option können Sie den Versicherungsschutz zu einem späteren Zeitpunkt ohne erneute Gesundheitsprüfung erhöhen.	
Weltweite Geltung des Vertrages: Wer später ins Ausland ziehen möchte oder dort arbeiten muss, sollte auf weltweiten Versicherungsschutz achten. Achtung: Prüfen Sie auch die diesbezüglichen Bedingungen für die Anmeldung einer Berufsunfähigkeit.	
Besonderheiten für junge Menschen: Berufsanfänger, die aus Kostengründen zunächst nur eine geringere Berufsunfähigkeitsrente vereinbaren können, sollten auf eine Nachversicherungsgarantie ohne erneute Gesundheitsprüfung oder eine Dynamik der Beiträge und Leistungen achten.	

Berufswechsel: Einige Versicherer bestehen in den Versicherungsbedingungen auf die Meldung eines Berufswechsels. Eine Unterlassung hat den Verlust des Versicherungsschutzes zur Folge. Hier wollen die Gesellschaften das Risiko neu beurteilen. Dies kann von einer Beitragserhöhung bis zu einer Vertragsunterbrechung führen. Gute Versicherungsgesellschaften verzichten auf die Mitteilung über einen möglichen Berufswechsel. Der Vertrag kann zu den gleichen Bedingungen weiter geführt werden.

Freie Arztwahl: Durch die Arztanordnungsklausel räumt sich der Versicherer das Recht ein, im Leistungsfall Behandlungen einseitig zu beeinflussen. Dies hat zur Folge, dass der behandelnde Arzt vorgeschrieben wird. Ferner sind seinen Vorschlägen bezüglich der Medikation und eventueller Operationen Folge zu leisten. Das kann im Ernstfall zu großen Problemen führen, denn Versicherer und Versicherungsnehmer haben häufig unterschiedliche Meinungen. Achten Sie auf den Verzicht der Arztanordnungsklausel.

Verzicht auf § 41 Versicherungsvertragsgesetz: Die Versicherungsgesellschaft sollte darauf verzichten, die Beiträge zu erhöhen oder den Vertrag kündigen zu können, wenn Sie Ihre Pflicht, Gesundheitsprobleme anzugeben, schuldlos verletzt und Gesundheitsfragen unwissentlich falsch beantwortet haben (zum Beispiel weil der Arzt Ihnen eine Krankheit verschwiegen hat).

Stundung der Beiträge: Achten Sie darauf, dass die Versicherungsgesellschaft während der Prüfung auf Berufsunfähigkeit die laufenden Beiträge zinslos aufschiebt und Sie nicht zusätzlich finanziell belastet werden.

Befristete Anerkennung: Manche Versicherungsgesellschaften leisten für den Fall einer eingetretenen Berufsunfähigkeit nur für einen befristeten Zeitraum. Nach Ablauf dieses Zeitraumes wird eine erneute Überprüfung der bestehenden Berufsunfähigkeit verlangt, die Zahlung weiterer Leistungen hängt von dem Ergebnis der Untersuchungen ab. Prüfen Sie in den Versicherungsbedingungen, ob in Ihrem Fall festgeschriebene Zeiträume vorgesehen sind, ob die Versicherungsgesellschaft im Idealfall auf eine solche Befristung der Leistungen verzichtet oder wie häufig und für wie lange Leistungsanerkennungen befristet werden können.

Welche Alternativen gibt es?

Es gibt Personengruppen, die nur schlecht oder gar nicht Zugang zu einer Berufsunfähigkeitsabsicherung erhalten. Dies gilt häufig für Personen, die bereits vor Vertragsschluss erhebliche Vorerkrankungen mitbringen, oder auch für Menschen mit sehr riskanten Berufen oder gefährlichen Hobbys. Für sie ist eine Berufsunfähigkeitsversicherung kaum erschwinglich, sofern eine Versicherungsgesellschaft sie überhaupt versichert. Vor allem Berufe mit einem sehr hohen Risikofaktor werden bei so gut wie allen Versicherungen nicht angenommen oder mit individuellen Risikozuschlägen in der teuersten Tarifgruppe eingestuft. Auch ab einem bestimmten Alter oder mit bestimmten Vorerkrankungen (zum Beispiel Krebs oder psychischen Belastungen) ist der Zugang zu einer Berufsunfähigkeitsversicherung nicht möglich.

Wenn ein Versicherer einen Antrag nur mit Risikozuschlägen bzw. Ausschlüssen anbietet, kann man natürlich noch bei einer anderen Versicherungsgesellschaft nachfragen. Dieser Versicherer beurteilt das Risiko vielleicht ganz anders und kommt damit auch zu einem anderen Ergebnis. Unter Umständen sollte man jedoch auch andere Alternativen in Betracht ziehen, zum Beispiel eine Dread-Disease-Versicherung oder eine private Unfallversicherung.

Schwere-Krankheiten-Absicherung oder Dread-Disease-Versicherung

Die Dread-Disease-Versicherung ist ebenfalls eine Risikoversicherung. Sie zahlt für den Fall eines Eintritts bestimmter definierter schwerer Erkrankungen (zum Beispiel Krebs, Herzinfarkt oder Schlaganfall) eine einmalige Summe und keine laufende Rente wie bei der Berufsunfähigkeitsversicherung. Für viele Berufe ist sie eine „modernere" und „zeitgerechtere" Absicherung der Arbeitskraft, zumindest eine sinnvolle Ergänzung zur Berufsunfähigkeitsversicherung. Für bestimmte Zielgruppen wie zum Beispiel Selbstständige, die aufgrund einer schweren Erkrankung nicht automatisch berufsunfähig angesehen werden, solange sie ihren Beruf eingeschränkt fortführen können, kann eine Dread-Disease-Versicherung eine gute Alternative darstellen.

Die Kosten – der Beitrag für eine Dread-Disease-Absicherung – werden für jeden Versicherungsnehmer individuell eingestuft und hängen von Faktoren wie Alter, Geschlecht, Laufzeit, Versicherungssumme, Vorerkrankungen und natürlich der zu versichernden Höhe ab.

Unfallversicherung

Im Gegensatz zur Berufsunfähigkeitsversicherung leistet eine Unfallversicherung bei Invalidität nach einem Unfall – nicht aber für Krankheitsfälle. Zur Invaliditätsabsicherung gegenüber der Berufsunfähigkeitsversicherung ist die Unfallversicherung daher nur die zweitbeste Wahl. Sie kann aber für Personen sinnvoll sein, denen aufgrund gesundheitlicher Probleme der Weg zur Berufsunfähigkeitsversicherung gar nicht oder nur gegen hohe Beitragszuschläge möglich ist.

In vielen Fällen ist auch die gesetzliche Versorgung stark eingeschränkt oder nicht vorhanden. Dies trifft vor allem für Kinder, Hausfrauen und Selbstständige zu, aber auch für ältere Menschen, die im Rentenalter keine laufende Invaliditätsabsicherung mehr haben. Eine private Unfallversicherung deckt alle Unfälle ab – unabhängig davon, wo, wann und wie sich der Unfall ereignet hat.

Bei der privaten Unfallversicherung ist sowohl eine einmalige Auszahlung als auch eine monatliche Rente vereinbar. Allerdings erfolgen Leistungen aus der privaten Unfallversicherung nur, wenn die versicherte Person infolge eines Unfalls eine dauerhafte Gesundheitsschädigung (Invalidität) erlitten hat.

Eine Unfallversicherung sollte mindestens 100.000 Euro abdecken. Für den Fall der Vollinvalidität sollte man diesen Betrag sogar verdreifachen. Zudem ist ein Tarif mit Progression empfehlenswert (bis zu 350 Prozent). Durch diese erhöht sich die abgeschlossene Invaliditätsleistung ab einem bestimmten Invaliditätsgrad überproportional. Andere Leistungen wie kosmetische Operationen oder Krankenhaustagegeld sind in den wenigsten Fällen sinnvoll.

Wie sichere ich meine Familie ab?

Die existenzbedrohenden Risiken für eine Familie liegen zum einen im Tod eines Elternteiles. Für diesen Fall ist die Risikolebensversicherung eine wichtige Hinterbliebenenvorsorge. Vor allem für Familie mit Kindern ist eine Risikolebensversicherung, bei der die Familie bei Tod des Hauptenährers der Familie eine entsprechende Todesfallleistung erhält, sehr wichtig. Diese kann das fehlende Einkommen der Familie ausgleichen. Aber auch der Ausfall des nicht oder weniger verdienenden Partners sollte abgesichert sein, wenn der Tod ein großes finanzielles Risiko darstellt, weil beispielsweise eine teure Hilfe für die Kinderbetreuung finanziert werden müsste.

Ein weiteres mögliches existenzielles Risiko liegt in Schäden, die Kinder zustoßen können. Bei Sport und Spiel, im Haus und auf der Straße passiert schnell ein Unfall – häufig mit schwerwiegenden Verletzungen und bleibenden Schäden. Nicht selten sind verminderte Berufschancen die Folge – und die Pflegekosten verschlingen Unsummen. Kinder sind durch die gesetzliche Unfallversicherung nur auf dem Weg zum Kindergarten, zur Schule oder Universität abgesichert. Hier kann eine private Unfallversicherung die finanziellen Folgen absichern.

Risikolebensversicherung

Stirbt der Hauptversorger einer Familie, sind die finanziellen Folgen für die Familie bzw. die Hinterbliebenen gravierend. Als existenzielles Risiko ist der Todesfall des Hauptverdieners abzusichern. Die Absicherungssumme sollte auf die jeweilige Lebenssituation angepasst sein: Für die Versorgungen kleiner Kinder oder die Absicherung eines Immobiliendarlehens sollten die Summen so gewählt werden, dass die Hinterbliebenen nicht ohne finanzielle Mittel oder gar mit Schulden dastehen.

> **Tipp!**
> Viele Menschen haben gar keine Risikolebensversicherung, dafür eine kapitalbildende Lebensversicherung. Darin ist zwar ein Todesfallschutz enthalten, meist aber mit viel zu niedrigen Summen und mit stets gleich bleibendem Schutz. Wenn der Versicherte jung stirbt, bekommt die Familie daher zu wenig Unterstützung. Eine Risikoabsicherung sollte nicht gleichzeitig für Kapitalaufbau herhalten. In der Regel ist es deutlich vorteilhafter, eine günstige Risikolebensversicherung mit dem einzigen Zweck der Risikoabsicherung abzuschließen und den Vermögensaufbau separat darzustellen.

Nicht nur der Hauptverdiener, auch der Ehepartner sollte eine Risikolebensversicherung abschließen. Überlegen Sie sich, welche finanziellen Beeinträchtigungen der Tod des Partners nach sich ziehen würde. Kümmert sich Ihr Partner verstärkt um Haushalt und Kinder, brauchen Sie im schlimmsten Fall eine Betreuung für die Kinder und eine Haushaltshilfe. Der Todesfall des Partners stellt immer eine gravierende Änderung der Lebenssituation dar. Sichern Sie sich zumindest soweit ab, dass Sie zum Beispiel eine Auszeit vom Beruf nehmen und überlegen können, wie Sie mit der neuen Situation umgehen wollen, ohne dass Sie finanzielle Einbußen in Kauf nehmen müssen.

Unfallversicherung für Kinder

Kinder brauchen eine private Unfallversicherung. Die Leistungen der gesetzlichen Unfallversicherung reichen oft nicht aus. Sie greifen nur bei relativ seltenen Schul- und Wegeunfällen. Bei der häufigsten Unfallart, dem Freizeitunfall, erhalten Sie gar keine Leistungen aus der gesetzlichen Unfallversicherung. Die Leistungen aus der privaten Unfallversicherung müssten in dem Fall also ein Leben lang reichen – denn Kinder haben noch ihr ganzes Leben vor sich und keinen Anspruch auf Leistungen aus der gesetzlichen Rentenversicherung. Vereinbaren Sie für Ihre Kinder deshalb immer eine hohe Invaliditätssumme. Die Versicherungssumme sollte mindestens 100.000 Euro betragen. Außerdem ist es ratsam, eine sogenannte Progression in der Police zu vereinbaren. In diesem Fall zahlt die Versicherung bei kleinen Folgeschäden weniger, bei Vollinvalidität entsprechend mehr. Ist bei Vollinvalidität eine Progression von 300 Prozent vereinbart, bekommt das Kind das Dreifache der Basisversicherungssumme. Bei 100.000 Euro Basissumme wären das 300.000 Euro. Zusätzlich ist eine Unfallrente empfehlenswert. Diese sichert Ihrem Kind bei bleibenden Körperschäden von mehr als 50 Prozent eine lebenslange monatliche Rente zu.

Progression vereinbaren

Tipp!

Unfallversicherungen für Kinder reißen kein Loch in die Familienkasse. Achten Sie aber darauf, immer nur den reinen Invaliditätsfall abzusichern. Etwaige Zusatzeinschlüsse wie zum Beispiel ein Unfall-Krankenhaustagegeld oder eine Todesfallleistung gehören prinzipiell nicht in eine Unfallversicherung und erhöhen den Beitrag nur unnötig.

Wie sichere ich mein aktuelles und künftiges Vermögen ab?

In Deutschland haftet man per Gesetz für verschuldete Schäden, die man anderen zufügt, in unbegrenzter Höhe. Egal, ob man vorsätzlich oder fahrlässig gehandelt hat oder einfach Pech hatte.

Die Folgen dieser gesetzlichen Haftung können leicht in den finanziellen Ruin führen. Kinder, die beim Fußballspielen eine Scheibe einschießen, verursachen einen meist noch überschaubaren Sachschaden. In einem solchen Fall muss für die Reparatur oder den Ersatz aller betroffenen Gegenstände gesorgt werden – die Scheibe muss ersetzt und wieder eingebaut werden.

Ein Snowboarder, der beim Einfahren in die Piste die Gruppe Skifahrer übersehen hat, steht jedoch vor größeren Problemen: Arzt-, Krankenhaus- und Pflegekosten, Verdienstausfall und Schmerzensgeld – und bei gravierenden Unfallfolgen eine mögliche lebenslange Rente für das Opfer oder seine Hinterbliebenen – der Verursacher hat für all das aufzukommen. Die Schadenshöhe kann einige zehntausend Euro erreichen, aber auch eine Million und mehr schnell übersteigen. Und laut Gesetz haftet man mit seinem gesamten Vermögen – und sollte dies nicht ausreichend sein, auch mit dem gesamten Einkommen.

Beispiel

Oliver Drechsel ist 41 Jahre und Außendienstmitarbeiter einer Reinigungsservicegesellschaft. Er muss für die nächsten 25 Jahre monatlich 840 Euro zahlen, weil er einen Radfahrer übersehen hat. Dieser ist seitdem querschnittsgelähmt. Oliver Drechsel hatte keine private Haftpflichtversicherung.

- -

In diesen Fällen schützt eine private Haftpflichtversicherung bereits vorhandenes, aber auch zukünftiges Vermögen vor den finanziellen Folgen, die sich aus Schadensersatzansprüchen ergeben.

Privathaftpflicht

Die private Haftpflichtversicherung ist eine absolute Muss-Versicherung, ihr Abschluss versteht sich von selbst. Sie deckt die wichtigsten Risiken des Alltags ab. Bis zu den vertraglich genannten Höchstsummen (Deckungssummen) übernehmen die Haftpflichtversicherer die Schadenersatzleistungen. Mitversichert sind Ehepartner und Kinder, letztere solange sie minderjährig oder noch in der ersten Ausbildung sind. Bei nicht verheirateten Paaren ist der Lebensgefährte mitversichert, wenn er im Vertrag namentlich genannt wird. Die Privathaftpflichtversicherung gilt auch im Ausland, dort aber oft nur befristet. Wer länger ins Ausland geht, muss mit seinem Versicherer eine besondere Vereinbarung treffen. *(Randnotiz: Absolute Muss-Versicherung)*

Tipp!

In Deutschland hat nach wie vor jeder Dritte keine Haftpflichtversicherung. Wenn Sie nun geschädigt werden und Ihr Gegner weder über eine private Haftpflichtversicherung noch über ein ausreichendes Privatvermögen verfügt, müssen Sie den Schaden, der Ihnen selbst entstanden ist, aus eigener Tasche zahlen. Hiergegen können Sie sich mit dem Einschluss einer Ausfalldeckung gegen geringen Mehrbeitrag in Ihrer eigenen Haftpflichtversicherung schützen. Bei der Ausfallversicherung werden jedoch keine Klein-Schäden übernommen, die Versicherer leisten in der Regel erst ab einer bestimmten Mindestschadenshöhe.

Keine Risiken des Alltags und damit extra zu versichern sind beispielsweise: Risikosportarten wie Boxen und Motorsport; auch eine Jagd- oder Wassersporthaftpflicht (Boote, Surfbretter) ist in vielen Fällen sinnvoll. Weitere spezielle Haftpflichtversicherungen sind die Haus- und Grundbesitzerhaftpflicht (auch für ein vermietetes Haus), die Gewässerschadenhaftpflicht (Heizöltank), die Bauherrenhaftpflicht und die Kraftfahrzeughaftpflicht. Ramponieren Katzen, Meerschweinchen, Hamster oder Wellensittiche fremdes Eigentum, so ist das über die Haftpflicht der Besitzer mitversichert. Wer dagegen einen Hund oder ein Pferd hält, braucht für diese Vierbeiner eine Tierhalter-Haftpflichtversicherung.

Aufgrund der unbegrenzten Haftung und der Tatsache, dass Versicherer maximal bis zur vereinbarten Deckungssumme zahlen, sollten möglichst hohe Deckungssummen gewählt werden: Die Empfehlung liegt bei mindestens einer Million Euro pauschal für Personen- und Sachschäden, besser aber ist eine höhere Summe.

Die Höhe des Jahresbeitrages richtet sich nach den gewählten Deckungssummen für Personen- und Sachschäden und dem Deckungsumfang. Beitragsvergleiche lohnen sich! Die Differenz zwischen günstigen und teuren Anbietern kann im Jahr 50 Euro und mehr betragen. Kinder sind in der Haftpflichtversicherung der Eltern automatisch mitversichert. Die Versicherungssummen sollten hier auf jeden Fall sehr hoch abgeschlossen werden. Eltern haften aber nicht zwangläufig für jeden Schaden, den ihre Kinder verursachen. Denn Kinder sind bis zum siebten Lebensjahr in jeder Hinsicht schuldunfähig, bis zum zehnten Lebensjahr bei Unfällen mit Kraftfahrzeugen. Die Eltern dürfen jedoch ihre Aufsichtspflicht nicht verletzen. Genau in diesem Punkt gibt es oft Streitfälle, sodass eine private Haftpflichtversicherung in jedem Fall ein Muss bleibt. Die Privathaftpflicht übernimmt für die Eltern die Finanzierung von Anwalt oder Gutachtern. Kommt das Gericht zu dem Schluss, dass die Eltern nicht richtig aufgepasst haben, zahlt die Privathaftpflicht den Schadenersatz.

Beispiel

Ausgerechnet die schöne neue Sonnenbrille. Beim Spielen mit seinen Freunden hat sich der kleine Niklas auf Mutters neue Designerbrille gesetzt. Am Abend kam es dann noch schlimmer: Als er mit dem Papa noch einmal die Hausaufgaben durchgehen sollte, ist ihm doch glatt die Coladose aus der Hand gerutscht und die ganze Cola ist über den PC gelaufen. Seine Eltern haben beide Fälle bei der Haftpflichtversicherung reklamiert, doch die hat die Zahlung abgelehnt.

Ansprüche von Angehörigen, die im selben Haushalt wohnen und im selben Vertrag versichert sind, erstattet die Privathaftpflicht nicht. Anders ist es jedoch, wenn der erwachsene Sohn seine Mutter besucht und auf deren Teppich Rotwein verschüttet. In diesem Fall zahlt seine Versicherung die Reinigung.

Tipp!
Überprüfen Sie regelmäßig einmal getroffene Vorkehrungen, um sie bei Bedarf auf neue Lebenskonstellationen anzupassen.

- Ist die Schadenssumme ausreichend kalkuliert?
- Haben Sie Ihren Schutz in letzter Zeit überprüft und eventuell auf geänderte Lebensbedingungen (zum Beispiel Heirat) angepasst?
- Wie hoch ist der Beitrag?
- Zahlen Sie noch für zwei Personen in einem Haushalt? Existieren für beide Partner Policen, kann der jüngere Vertrag aufgehoben werden. Im verbleibenden Vertrag sollten beide Partner namentlich genannt sein.

Wie versichere ich mich richtig?

Sie haben nun Ihren Versicherungsbedarf analysiert und für sich und Ihre Lebenssituation entschieden, welche Schutzmaßnahmen wichtig sind und über welche Wege Sie diese verfolgen wollen. Eine qualifizierte Beratung ist bei vielen Versicherungen unabdingbar. Auch wenn Sie über Verbrauchermagazine oder Stiftung Warentest wertvolle Hinweise und Informationen erhalten, werden Sie den gesamten Versicherungsmarkt und die Vielfalt der Angebote nur schwer überblicken und im Hinblick auf Ihre persönlichen Anforderungen beurteilen können. Trotzdem gibt es einige Regeln, die Sie bei jeder Beratung und bei jedem Versicherungsabschluss berücksichtigen sollten.

Versichern Sie nur das wirklich Notwendige

Sichern Sie die Fälle ab, die Sie in eine finanzielle Notlage bringen können. Alle anderen Versicherungen sind mehr oder weniger Luxus und müssen auf Ihren persönlichen Bedarf abgestimmt werden.

Achten Sie darauf, welche Empfehlungen Sie von Ihrem Berater erhalten. Fast jeder wird natürlich behaupten, das optimale Produkt für Sie zu haben. Fragen Sie sich, ob Sie von Ihrem Vermittler eine wirklich objektive Beratung erwarten können. Die meisten Vermittler verdienen an Provisionen bei Abschluss einer Versicherung – leider finden sich häufig zu teure Lebens- oder Krankenversicherungen im Versicherungsbestand vieler Menschen. In diversen anderen Versicherungssparten (zum Beispiel Unfallversicherungen, Gebäude- und Hausratversicherungen oder Rechtsschutzversicherungen) werden häufig provisionsschwere Verträge mit einer mehrjährigen Vertragslaufzeit von beispielsweise drei oder fünf Jahren angeboten. Achten Sie darauf, einjährige Policen mit Kündigungsmöglichkeiten abzuschließen.

Denken Sie daran, dass sich Ihre Lebensumstände ändern und neue Situationen andere Ansprüche an eine Absicherung mit sich bringen können. Überprüfen Sie daher Ihre Versicherungssituation regelmäßig.

Trennen Sie Kapitalbildung und Risikoabsicherung

Vorsicht bei Kombi-Produkten

Trennen Sie die beiden Ziele Risikoabsicherung und Kapitalbildung und schließen Sie keinen Vertrag für ein Kombi-Produkt ab. Selten braucht man alle Bestandteile des Paketes und wenn doch, ist die getrennte Behandlung meist besser und billiger. Außerdem wird ein und dieselbe Versicherungsgesellschaft nicht für alle Belange der richtige Partner sein. Ein für Ihren Bedarf guter Berufsunfähigkeitsversicherer muss nicht notwendigerweise auch gut in der Kapitalanlage sein und umgekehrt. Über lange Zeiträume erreichen Sie deutlich bessere Ergebnisse mit einer getrennt betriebenen renditestarken Anlage und einer separaten Risikoabsicherung.

Zum anderen können Sie die Bausteine einzeln exakt der jeweiligen Lebenssituation anpassen. Mit zunehmendem Alter und wachsendem Vermögen ändern sich die Parameter – das Risiko wird, relativ gesehen, kleiner. Soll dann tatsächlich noch eine Risikoversicherung bis ins hohe Alter weiterbezahlt werden? Umgekehrt kann bei einer wirtschaftlichen Verschlechterung jeder einzelne Baustein getrennt überprüft werden. Soll ein Vermögensaufbau weiter angespart werden, wenn die Liquidität eng ist? Viel wichtiger ist jetzt eine Berufsunfähigkeits- und Todesfallabsicherung. Während die Raten für Kapitalaufbau vorübergehend eingestellt werden können, werden die Beiträge für die Versicherungen weitergezahlt, damit für den Fall der Fälle zumindest eine Basisabsicherung gewährleistet ist. Sind alle Bausteine in einem Vertrag verbunden, ist eine separate Anpassung nicht oder nur zulasten der anderen Elemente möglich.

Wählen Sie Ihren Versicherungspartner sorgfältig aus

Jede Versicherung ist nur so gut, wie sie zu Ihrer Lebenssituation passt und sich an Veränderungen angleichen lässt. Über unabhängige Versicherungsmakler können Sie sich zu jeder Absicherung die jeweiligen Anbieter mit ihren Merkmalen nennen und erklären lassen. Achtung: Der niedrigste Beitrag ist nicht das Entscheidungskriterium, sondern die aktuelle und zukünftige Bonität des Anbieters, seine Finanzstärke und Geschäftspolitik in der Vergangenheit. Eine günstige Prämie ist wertlos, wenn der Versicherer sich durch eine hohe Prozessquote auszeichnet, weil er immer wieder Gründe findet, Leistungen nicht auszuzahlen. Über zahlreiche Anbietervergleiche und Bewertungen (zum Beispiel Stiftung Warentest) erhalten Sie zahlreiche Informationen zu den verschiedenen Anbietern.

Überprüfen Sie Ihre Beiträge

Jährliche Beitragszahlungen gegenüber monatlichen Beitragszahlungen erbringen durchschnittlich eine Ersparnis von drei bis fünf Prozent bzw. eine gleichlautende Verbesserung bei gleich hoher Jahresrate. Bei fonds-gebundenen Versicherungen, die zum Kapitalaufbau dienen, sollte man besser monatlich zahlen, um die Schwankungen der Fondsanteile nutzen zu können (Cost-Average-Effekt).

Überprüfen Sie Ihren Versicherungsstatus regelmäßig

Stellen Sie Ihre Versicherungen immer wieder auf den Prüfstand. Ist der Schutz noch ausreichend oder besteht aufgrund veränderter Lebensbedingungen Anpassungsbedarf? Beachten Sie Kündigungsfristen und mögliche Einschränkungen, die sich aufgrund von Vertragsänderungen ergeben können. Überprüfen Sie aber auch die bestehenden Policen. Oft gibt es zwischen verschiedenen Anbietern bei gleichen Leistungen und Bedingungen erhebliche Preisunterschiede. Die Verwaltungskosten der Versicherungen und die Provisionen, die Ihr Versicherungsberater an Ihnen verdient, können stark abweichen. Die Auswirkungen von zu teuren Versicherungen werden Sie im Laufe der Jahre deutlich merken: Über die Zeit hinweg sammeln sich Mehrausgaben zu einem immensen Vermögensverlust an.

Wie viel soll ich absichern?

Auf die Frage nach der Höhe der Absicherung gibt es keine Standardantwort. Es kommt vor allem auf die Familien- und Vermögensverhältnisse eines jeden Einzelnen an. Anhand der nachfolgenden Checkliste „Absicherungsbedarf", die Sie auch auf der beiliegenden CD-ROM finden, können Sie überprüfen, in welcher Höhe der Absicherungsbedarf in Ihrem Fall sinnvoll ist.

Checkliste Absicherungsbedarf	Wie viel Geld brauche ich
Berufsunfähigkeitsversicherung	
Ermitteln Sie Ihren monatlichen Bedarf. Nutzen Sie dazu die Ausgabentabelle aus Ihrer Haushaltsplanung.	
Stellen Sie die zu erwartende Leistung aus der gesetzlichen Versorgung, etwaiges Vermögen oder sonstige Einkünfte dem gegenüber. Berücksichtigen Sie auch familiären Rückhalt.	
Wie groß ist die Lücke?	
In welcher Höhe ist die Absicherung erforderlich? (Achtung: Aus einer privaten Berufsunfähigkeitsrente muss auch die Altersrente finanziert werden – die Rente nach Ablauf des Versicherungsvertrages, denn je nach Vereinbarung endet die Rentenzahlung aus der Berufsunfähigkeitsversicherung im 55, 63. oder 65. Lebensjahr.)	
Risiko-Lebensversicherung	
Das Geld sollte ausreichen, um die Hinterbliebenen finanziell ausreichend zu versorgen und, wenn Kinder vorhanden sind, die Ausbildung der Kinder zu sichern. Als Faustformel für die Höhe der Absicherung gilt bei Familien mit kleinen Kindern das fünf- bis sechsfache Bruttojahreseinkommen des Hauptverdieners. Familien mit älteren Kindern oder nichtberufstätigen Ehepartnern sollten mit einem drei- bis vierfachen Bruttojahreseinkommen rechnen. Im Schnitt bedeutet das eine Versicherungsdauer von 15 – 20 Jahren. Achtung: Diese Werte sind nur ein Anhaltspunkt, wichtig ist Ihre individuelle Situation.	
Private Haftpflichtversicherung	
Wählen Sie möglichst hohe Deckungssummen: Mindestens eine Million Euro pauschal für Personen- und Sachschäden, besser mehr.	
Sind Kinder mitversichert, sollten Sie die Versicherungssumme anpassen.	
Unfallversicherung	

Gehen Sie bei der Bedarfsermittlung so vor wie bei der Berufsunfähigkeitsversicherung. Wählen Sie die Summe für den Invaliditätsfall so hoch, dass sie gemeinsam mit vorhandenem Vermögen und gesetzlichen Ansprüchen Ihren Bedarf decken könnte.	
Hausratversicherung	
Hier lautet die Faustregel der Versicherer: Wohnfläche in Quadratmetern x 600 Euro.	
Wenn Sie eine teure Einrichtung besitzen, prüfen Sie, in welcher Höhe die benötigte Absicherungssumme die Pauschale übersteigen sollte.	

Überprüfen Sie Ihren Absicherungsbedarf und Ihren Versicherungsbestand regelmäßig. Nutzen Sie dazu den nachfolgenden „Versicherungscheck", den Sie auch auf der beiliegenden CD-ROM finden. Die Checkliste orientiert sich an Lebensphasen und bestimmten Situationen. Jede Lebensphase beinhaltet unterschiedliche Risikoschwerpunkte und Versicherungsbedürfnisse. Gehen Sie anhand Ihrer Situation durch, ob Ihr Versicherungsbedarf ausreichend erfasst und umgesetzt ist. (Achtung: Die Checkliste beinhaltet keine Angaben zur Krankenversicherung. Die vielfältigen Aspekte einer Krankenversicherung, ob privat oder gesetzlich, gegebenenfalls mit Zusatzversicherung, bedürfen einer qualifizierten persönlichen Beratung.)

VERSICHERUNGSCHECK				
Lebensphase / Situation	Muss, Kann, Überflüssig?	Für wen / welche Situation geeignet?	Vorhanden?	Höhe ?
Single				
Berufsunfähigkeits-versicherung	Muss	Für jeden, der von seinem Arbeits-einkommen leben muss (Höhe je nach vorhandenem Vermögen).		

Privathaftpflicht-versicherung	Muss	Schutz vor finanziellen Schadenersatzansprüchen fahrlässig geschädigter Dritter.		
Unfallversicherung	Kann	Wenn aufgrund eines Risikoberufs oder ev. Vorerkrankung keine Berufsunfähigkeitsversicherung abgeschlossen werden kann.		
Kfz-Versicherung	Muss (wenn Auto vorhanden)	Für jeden Kraftfahrzeugbesitzer Pflicht. Vollkasko bei neuen Autos, Teilkasko bei höherwertigen Autos. Achtung: Nach einigen Jahren werden die Beiträge für die Versicherung im Verhältnis zum Restwert des Autos zu teuer.		
Rechtsschutz	Kann	Je nach Rechtsschutzpaket für Selbstständige, Angestellte, Mieter, Privatleute. Alternative: Gewerkschaften (Arbeitsrecht) oder Vereine (Mietrecht) bieten für spezielle Probleme oft preiswerteren Rechtsschutz als Versicherer.		

Hausrat- versicherung	Kann	Wenn der gesamte Hausrat einen sehr hohen Wert hat und die Wieder- beschaffung zu finanziellen Schwierigkeiten führen würde.		
Risiko-Lebens versicherung	Überflüssig	In der Regel über- flüssig, da für keine Hinterbliebenen gesorgt werden muss.		
Schwere-Krankheiten/ Dread-Disease	Kann	Im Fall einer schwe- ren Krankheit fehlt oft die Unterstützung durch Familie oder einen Partner, der den Lebensunterhalt verdient und Pflege darstellen kann.		
Paare ohne Kinder				
Berufsunfähigkeits- versicherung	Muss	Für jeden, der von seinem Arbeits- einkommen leben muss.		
Privathaftpflicht- versicherung	Muss	Schutz vor finan- ziellen Schadens- ersatzansprüchen fahrlässig geschä- digter Dritter. Bei Paaren, die zusam- men wohnen, reicht eine Haftpflicht- versicherung aus, auch wenn sie nicht verheiratet sind. Beide Partner sollten in der verbleiben- den Versicherung namentlich genannt sein.		

Unfallversicherung	Kann	Wenn aufgrund eines Risikoberufes oder ev. Vorerkrankung keine Berufsunfähigkeitsversicherung abgeschlossen werden kann.		
Kfz-Versicherung	Muss (wenn Auto vorhanden)	Für jeden Kraftfahrzeugbesitzer Pflicht. Vollkasko bei neuen Autos, Teilkasko bei höherwertigen Autos. Achtung: Nach einigen Jahren werden die Beiträge für die Versicherung im Verhältnis zum Restwert des Autos zu teuer.		
Rechtsschutz	Kann	Je nach Rechtsschutzpaket für Selbständige, Angestellte, Mieter, Privatleute. Alternative: Gewerkschaften (Arbeitsrecht) oder Vereine (Mietrecht) bieten für spezielle Probleme oft preiswerteren Rechtsschutz als Versicherer.		
Hausratversicherung	Kann	Wenn der gesamte Hausrat einen sehr hohen Wert hat und die Wiederbeschaffung zu finanziellen Schwierigkeiten führen würde.		

Risiko-Lebens-versicherung	Kann	Wenn für Hinterbliebene Vorsorge geschaffen werden muss.		
Schwere-Krankheiten / Dread-Disease	Kann	Als Ergänzung zur oder Ersatz für Berufsunfähigkeits-absicherung, um bei Krankheit über höhere Summen verfügen zu können.		
Paare mit minderjährigen Kindern				
Risiko-Lebens-versicherung	Muss	Wenn für Hinterbliebene Vorsorge geschaffen werden muss. Auch für den nicht berufstätigen oder weniger verdienenden Partner wichtig.		
Berufsunfähigkeits-versicherung	Muss	Für jeden, der von seinem Arbeitseinkommen leben muss (Überprüfung der Absicherungssumme, evtl. Anpassung auf erhöhten Bedarf notwendig).		
Privathaftpflicht-versicherung	Muss	Schutz vor finanziellen Schadenersatzansprüchen fahrlässig geschädigter Dritter. Kinder sind in der Privat-Haftpflicht-versicherung automatisch mitversichert (evtl. höhere Deckungssummen vereinbaren).		

Unfallversicherung	Kann	Wenn aufgrund eines Risikoberufes oder ev. Vorerkrankung keine Berufsunfähigkeitsversicherung abgeschlossen werden kann.		
für den Partner	Kann	Kann für nichtberufstätige Partner sinnvoll sein, da sie von der gesetzlichen Rentenversicherung kaum Absicherung erwarten können.		
für die Kinder	Muss	Für Kinder ist der gesetzliche Schutz absolut unzureichend.		
Kfz-Versicherung	Muss (wenn Auto vorhanden)	Für jeden Kraftfahrzeugbesitzer Pflicht. Vollkasko bei neuen Autos, Teilkasko bei höherwertigen Autos. Achtung: Nach einigen Jahren werden die Beiträge für die Versicherung im Verhältnis zum Restwert des Autos zu teuer.		
Rechtsschutz	Kann	Je nach Rechtsschutzpaket für Selbständige, Angestellte, Mieter, Privatleute. Alternative: Gewerkschaften (Arbeitsrecht) oder Vereine (Mietrecht) bieten für spezielle Probleme oft preiswerteren Rechtsschutz als Versicherer.		

Hausratversicherung	Kann	Wenn der gesamte Hausrat einen sehr hohen Wert hat und die Wiederbeschaffung zu finanziellen Schwierigkeiten führen würde.		
Ausbildungsversicherung	Überflüssig	Als Kapitalaufbau ungeeignet, da sich der Versicherungstarif nach dem Eintrittsalter der Sparer richtet und eine lebenslange Versorgung mit finanziert werden muss. Der Spareffekt ist daher sehr gering.		
Paare mit Kindern in der Ausbildung oder im Studium				
Risiko-Lebensversicherung	Muss	Wenn für Hinterbliebene Vorsorge geschaffen werden muss und bei noch bestehenden Immobilienfinanzierungen. Auch für den nicht berufstätigen oder weniger verdienenden Partner wichtig. Für die Kinder in dieser Lebensphase normalerweise unwichtig, da Hinterbliebenenversorgung noch nicht relevant ist.		

Berufsunfähigkeits-versicherung	Muss	Für jeden, der von seinem Arbeits-einkommen leben muss (Überprüfung der Absicherungs-summe, evtl. Anpassung auf erhöhten Bedarf notwendig).		
Privathaftpflicht-versicherung	Muss	Schutz vor finanziel-len Schadenersatz-ansprüchen fahr-lässig geschädigter Dritter. Kinder sind in der Privat-Haft-pflichtversicherung der Eltern mit-versichert, solange sie in der ersten Ausbildung (Lehre oder Studium) sind und nicht heiraten.		
Unfallversicherung	Kann	Wenn aufgrund eines Risikoberufes oder ev. Vor-erkrankung keine Berufsunfähigkeits-versicherung ab-geschlossen werden kann.		
für den Partner	Kann	Kann für nicht-berufstätige Partner sinnvoll sein, da sie von der gesetzlichen Rentenversicherung kaum Absicherung erwarten können.		
für die Kinder	Muss	Für Kinder ist der gesetzliche Schutz absolut un-zureichend.		

Kfz-Versicherung	Muss (wenn Auto vorhanden)	Für jeden Kraftfahrzeugbesitzer Pflicht. Vollkasko bei neuen Autos, Teilkasko bei höherwertigen Autos. Achtung: Nach einigen Jahren werden die Beiträge für die Versicherung im Verhältnis zum Restwert des Autos zu teuer.		
Rechtsschutz	Kann	Je nach Rechtsschutzpaket für Selbständige, Angestellte, Mieter, Privatleute. Alternative: Gewerkschaften (Arbeitsrecht) oder Vereine (Mietrecht) bieten für spezielle Probleme oft preiswerteren Rechtsschutz als Versicherer.		
Hausratversicherung	Kann	Wenn der gesamte Hausrat einen sehr hohen Wert hat und die Wiederbeschaffung zu finanziellen Schwierigkeiten führen würde. Die Studentenwohnung kann über die Hausratversicherung der Eltern im Rahmen der Außenversicherung abgesichert werden.		

Schwere-Krankheiten/ Dread-Disease	Kann	Als Ergänzung zur oder Ersatz für Berufsunfähigkeits- absicherung, um bei Krankheit über höhere Summen verfügen zu kön- nen.		
Paare im mittleren Alter				
Risiko-Lebens- versicherung	Muss/Kann	Wenn für Hinter- bliebene Vor- sorge geschaffen werden muss. Bei noch bestehenden Immobilien- finanzierungen, wenn bereits vorhandenes Ver- mögen nicht zur kompletten Tilgung ausreicht.		
Berufsunfähigkeits- versicherung	Muss/Kann	Ansprüche aus der gesetzlichen oder berufsständischen Rentenversicherung prüfen. Wenn vorhandenes Ver- mögen ausreicht, um mit gesetz- lichem oder be- rufsständischem Leistungsanspruch die Lücke zum Netto-Einkommen zu schließen, kann die Berufs- unfähigkeits- versicherung redu- ziert oder gekündigt werden. Ist noch eine Lücke vor- handen, auf keinen Fall kündigen.		

Privathaftpflicht-versicherung	Muss	Schutz vor finanziellen Schadenersatz-ansprüchen fahrlässig geschädigter Dritter.		
Unfallversicherung	Kann	Wenn aufgrund eines Risikoberufes oder ev. Vorerkrankung keine Berufsunfähigkeits-versicherung abgeschlossen werden kann.		
für den Partner	Kann	Kann für nicht-berufstätige Partner sinnvoll sein, da sie von der gesetzlichen Rentenversicherung kaum Absicherung erwarten können.		
für die Kinder	Überflüssig	Zu kündigen, wenn die Kinder aus dem Haus sind.		
Kfz-Versicherung	Muss (wenn Auto vorhanden)	Für jeden Kraftfahrzeugbesitzer Pflicht. Vollkasko bei neuen Autos, Teilkasko bei höherwertigen Autos. Achtung: Nach einigen Jahren werden die Beiträge für die Versicherung im Verhältnis zum Restwert des Autos zu teuer.		

Rechtsschutz	Kann	Je nach Rechtsschutzpaket für Selbständige, Angestellte, Mieter, Privatleute. Alternative: Gewerkschaften (Arbeitsrecht) oder Vereine (Mietrecht) bieten für spezielle Probleme oft preiswerteren Rechtsschutz als Versicherer.		
Hausratversicherung	Kann	Wenn der gesamte Hausrat einen sehr hohen Wert hat und die Wiederbeschaffung zu finanziellen Schwierigkeiten führen würde.		
Schwere-Krankheiten/ Dread-Disease	Kann	Als Ergänzung zur oder Ersatz für Berufsunfähigkeitsabsicherung, um bei Krankheit über höhere Summen verfügen zu können.		
Im Rentenalter				
Privathaftpflichtversicherung	Muss	Schutz vor finanziellen Schadenersatzansprüchen fahrlässig geschädigter Dritter.		
Hausratversicherung	Kann	Wenn der gesamte Hausrat einen sehr hohen Wert hat und die Wiederbeschaffung zu finanziellen Schwierigkeiten führen würde.		

Kfz-Versicherung	Muss (wenn Auto vorhanden)	Für jeden Kraftfahrzeugbesitzer Pflicht. Vollkasko bei neuen Autos, Teilkasko bei höherwertigen Autos. Achtung: Nach einigen Jahren werden die Beiträge für die Versicherung im Verhältnis zum Restwert des Autos zu teuer.		
Schwere-Krankheiten/ Dread-Disease	Kann	Zur Absicherung des Lebensstandards im Ruhestand oder Absicherung der nötigen Pflege für den Fall, dass der Ehepartner verstirbt.		
Immobilieneigentümer				
Gewässerschaden-Haftpflichtversicherung	Kann	Für Besitzer von Öltanks zu empfehlen.		
Bauherren-Haftpflicht	Muss	Pflicht für Bauherren		
Haus- und Grundbesitzerhaftpflicht	Muss	Bei vermieteten Immobilien unerlässlich.		
Wohngebäudefeuerversicherung	Kann	Für Immobilieneigentümer ratsam.		
Tierhalter				
Tierhalter-Haftpflichtversicherung	Muss	Für Hunde- oder Pferdehalter.		
Nach Bedarf				
Auslandsreisekrankenversicherung	Kann	Wenn bei der eigenen Krankenversicherung keine medizinisch notwendigen Heimtransporte aus dem Ausland abgesichert sind.		

Verkehrsrechtschutz-versicherung	Kann	Für Kfz-Besitzer zu empfehlen, die sehr viel fahren.		
Autoschutzbrief	Überflüssig	Deckt keine existenziellen Schäden ab und ist meist in der Kfz-Haftpflicht-versicherung eingeschlossen.		
Insassenunfall-versicherung	Überflüssig	In der Regel Absicherung über die Kfz-Haftpflicht-versicherung.		
Krankenhaustagegeld-versicherung	Überflüssig	Braucht niemand. Verdienstausfall durch Krankenhausaufenthalt ist bereits durch das Krankengeld der Kasse oder durch eine private Krankentagegeld-versicherung abgedeckt		
Reiserücktritts-versicherung	Kann	Sinnvoll bei einer sehr teuren oder aufwendigen Reise. Zu empfehlen auch bei Reisen mit kleinen Kindern.		

Unter Umständen können Sie Beiträge zu diversen Versicherungen in Ihrer Steuererklärung angeben. Welche das in Ihrem Fall sein können und in welcher Höhe Sie diese ansetzen können, wird Ihnen Ihr Steuerberater sicher genau erklären können.

Die eigene Finanzstrategie entwickeln

Glückwunsch, nun haben Sie bereits einiges erreicht: Sie haben einen Haushaltsplan erstellt, Ihre Einnahmen und Ausgaben aufgelistet und sich über Ihre Ziele und Wünsche Gedanken gemacht. Um bei unserem Bild zu bleiben: Für das Vermögenshaus haben Sie nun Grundstück und Bodenbeschaffenheit geprüft und verschiedene Grundrisse für Ihr Vermögenshaus überdacht. Und jetzt sind Sie sicher hoch motiviert, um gleich mit dem Bauen loszulegen. Doch halt: Zunächst müssen Sie noch Ihre Grundrissplanung zu Ende bringen und Ihren ganz persönlichen Bauplan erstellen. Dieser Plan umfasst alle umsetzbaren Ziele und Wünsche und berücksichtigt Baumaterialien sowie feste Bestandteile, wie zum Beispiel die Bedeutsamkeit und zeitliche Anordnung Ihrer Ziele. Überarbeiten Sie Ihren Grundriss in der Planungsphase so lange, bis er all Ihren Anforderungen gerecht wird. Erst dann wird die Planung abgeschlossen und die Bauten können anhand des erstellten Grundrisses begonnen werden.

Erfahren Sie auf den folgenden Seiten, wie Sie am besten Ihren persönlichen Bauplan erstellen, der klar und deutlich den Aufbau Ihres Vermögenshauses darstellt, alle Bauelemente berücksichtigt und aufzeigt, wie die einzelnen Bauelemente zueinander passen können. Anhand verschiedener Checklisten entwerfen Sie eine gezielte Finanzstrategie für Ihre individuelle Situation. Dafür beschäftigen wir uns mit den verschiedenen Komponenten, aus denen eine solche Strategie bestehen kann, und analysieren, wie die einzelnen Bestandteile zusammenwirken.

Die verschiedenen Anlageziele – Der Mix machts!

Eigentlich ist es doch ganz einfach: Die Anlage, die Ihre Ziele am besten erfüllt, ist die, die viel Gewinn bringt, absolut sicher ist und über die man jederzeit verfügen kann. Ende der Überlegungen, Ende des Buches.

Ich muss Sie leider enttäuschen: Die ideale Geldanlage, die alle drei Ziele erfüllt – die gibt es leider nicht. Alle drei Ziele gleichmäßig oder gleichzeitig zu erreichen, ist nicht möglich. Zum Teil stehen sich die Ziele sogar im Weg. So besteht zum Beispiel zwischen Sicherheit und Rendite ein Zielkonflikt. Grundsätzlich gilt: Höhere Chancen sind immer mit höheren Risiken verbunden und umgekehrt. Auch Rendite und Verfügbarkeit (Liquidität) passen bei vielen Anlageprodukten nicht zusammen.

Das magische Dreieck der Kapitalanlage

Mit dem „magischen Dreieck" lassen sich die Spannungsverhältnisse zwischen den einzelnen Zielen gut illustrieren: Nur ein Magier wird es schaffen, alle drei Anlageziele gleichzeitig zu erfüllen. Unter Berücksichtigung des Anlagezieles „Steuern" kann das Dreieck auch als magisches Viereck dargestellt werden.

Rendite

Anlagen mit hoher Rendite sind oft weniger sicher

Anlagen mit hoher Rendite sind oft langfristig angelegt

Sichere Anlagen bringen oft weniger Rendite

Liquide Anlagen bringen oft weniger Rendite

Sicherheit

Liquidität

Das magische Dreieck der Kapitalanlage

Die **Liquidität** steht für die schnelle Verfügbarkeit von Geld – oder auch dafür, wie schnell ein Betrag, der in eine bestimmte Anlage investiert wurde, wieder flüssig gemacht werden kann. Eine Anlage, bei der der Anleger schnell und ohne Aufwand an sein Geld gelangen kann, ist hoch liquide. Ein Tagesgeldkonto ist ein Beispiel für eine äußerst liquide Anlage. Umgekehrt ist eine Wohnung, die nicht sofort und ohne Aufwand zu Geld gemacht werden kann, eine Anlage mit niedriger Liquidität.

Tipp!

Halten Sie einen Teil Ihrer Anlagen immer liquide, um eine Reserve für unvorhergesehene Ereignisse und Anschaffungen zu haben – auch wenn kurzfristig angelegte Gelder immer eine geringere Rendite haben.

Die **Rendite** ergibt sich aus dem Ertrag einer Kapitalanlage innerhalb einer bestimmten Zeit. Das können Zinsen, Ausschüttungen bei Investmentfonds, Veräußerungsgewinne und Dividenden bei Aktien, Mieteinnahmen bei Immobilien oder staatliche Zulagen oder Steuergutschriften sein. Dabei müssen natürlich auch immer die Kosten und die Besteuerung der jeweiligen Anlageergebnisse berücksichtigt werden. Die Rendite ist der Maßstab für den finanziellen Erfolg einer Anlage und einer der Hauptbeweggründe, überhaupt Geld anzulegen.

Die **Sicherheit** ist immer im Zusammenhang mit möglichen Risiken zu sehen: Welche Risiken sind mit einer Anlage verbunden? Welche Nachteile, Verluste oder Schäden können entstehen? Eine gänzlich risikofreie Anlage gibt es nicht. Selbst das Geld unter der Matratze unterliegt dem Kaufkraftverlust. Sicher ist das schlimmste Risiko einer Geldanlage der Ausfall, der Totalverlust einer Investition. Von diesem „worst case" einmal abgesehen, gibt es ganz gewöhnliche und manchmal nicht vermeidbare Risiken, die bei dem Eingehen einer Anlage betrachtet werden sollten: allgemeine Marktrisiken, das Bonitätsrisiko einer Anlage, die Schwankungsanfälligkeit bzw. das Kursrisiko einer Anlage, aber auch Währungs- und Länderrisiken oder das Risiko von Steueränderungen.

> **Tipp!**
> Risiko ist die Kehrseite der Medaille von Chance: Je höher ein mögliches Gewinnpotenzial, desto höher das Risiko, das die Anlage begleitet. Umgekehrt gilt: Je höher ein mögliches Risiko sein kann, desto höher muss die Rendite ausfallen, die das Risiko versüßen soll.

Auch **steuerliche Aspekte** spielen bei der Kapitalanlage und Erhaltung des Vermögens eine wichtige Rolle. Ziel soll es sein, Anlagen unter Berücksichtigung der Ziele Rendite und Sicherheit so zu gestalten, dass eine möglichst hohe steuerliche Entlastung bzw. hohe Nachsteuerrendite erreicht wird. Aber eine Anlage darf nicht ausschließlich unter dem Gesichtspunkt einer Steuerersparnis gesehen werden. Vorrangig ist die Qualität der Anlage – die steuerlichen Möglichkeiten können und dürfen nur das Bonbon zu einer Anlage sein.

Das Dreieck wird zum Fünfeck: Neben den Anlagezielen Sicherheit, Rendite, Liquidität und den steuerlichen Aspekten wird zunehmend ein weiterer Parameter wichtig: die **Ethik** einer Anlage. Viele Anleger wollen ihr Geld nicht nur rentabel, möglichst sicher und liquide anlegen, sondern auch mit gutem Gewissen. Sie fragen bewusst nach dem Verwendungszweck der Anlage, sie wollen wissen, welche Unternehmen, Dienstleistungen und Projekte damit unterstützt werden, ob vielleicht ein Rüstungsunternehmen mit Kredit versorgt oder Kinderarbeit finanziert wird. Ethische oder ökologische Investments meiden bestimmte Sektoren oder bevorzugen ganz bestimmte Anlagerichtungen. Eine einheitliche Definition nachhaltiger Anlagen gibt es nicht. Zu den häufig gemiedenen Sektoren gehören zum Beispiel die Rüstungsindustrie, Tierversuchslabore, Alkohol, Tabak und Glücksspiel.

Zunehmend werden auch nachhaltige Investments nachgefragt, das sind Anlagen in Unternehmen, die in ihrer Geschäftsstrategie ökologische, soziale und ökonomische Kriterien integrieren. Auslöser hierfür waren die zahlreichen Firmenskandale in den USA und Europa sowie natürlich die Finanzkrise. Die Sinnhaftigkeit der Anlage ergänzt die anderen Anlageziele um eine weitere Ecke im Vieleck.

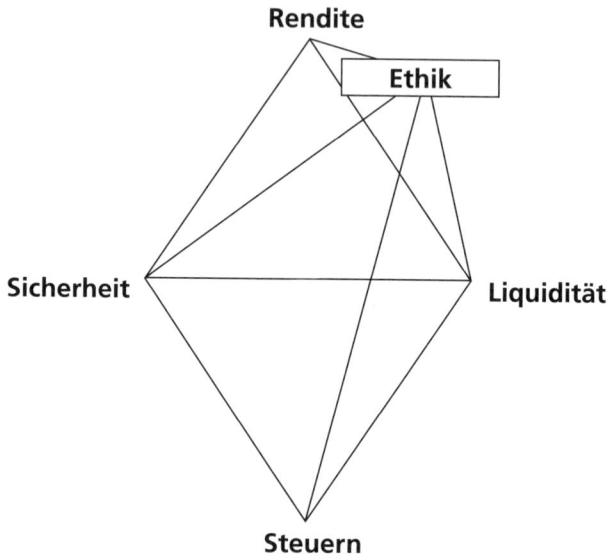

Das Dreieck wird zum Fünfeck

Eins steht fest: Ohne Kompromisse sind die Anlageziele Sicherheit, Liquidität, Rendite, Steuern und Anlageinhalte nicht miteinander vereinbar. Jeder Anleger muss für sich entscheiden, welche Ziele und

Kompromisse
erforderlich

deren Umsetzungsmöglichkeiten ihm besonders wichtig sind. Eine für jeden optimale Anlageform gibt es folglich nicht. Jeder Anleger muss seine Anlagen innerhalb dieses Spannungsfeldes entsprechend seiner persönlichen Anforderungen hinsichtlich Verfügbarkeit und Ertrag unterschiedlich platzieren.

Suchen Sie also nicht nach der besten Einzelanlage, sondern vielmehr nach der aussichtsreichsten Kombination verschiedener Anlagegattungen. Denn erst die richtige Balance aus riskanten, aber ertragreichen und risikolosen, aber ertragsarmen Produkten macht ein Portfolio aus. Das hat im Übrigen der bekannte Finanzwissenschaftler Harry Markowitz bereits 1959 erkannt und für diese Erkenntnis den Nobelpreis erhalten.

Never put all your eggs into one basket

Ein Investor, der alles auf eine Karte setzt, geht ein unnötig hohes Risiko ein. Hat er gleichzeitig mehrere Anlagen, so sinkt seine Gewinnchance unter Umständen, das Verlustrisiko geht aber überproportional zurück. Diese Streuung der Anlagen wird Diversifikation genannt. Die **Diversifikation** betrifft sowohl die Gesamtvermögensebene, also die Aufteilung auf Immobilien, liquide Mittel, Wertpapiere oder alternative Investmentanlagen, als auch die Streuung innerhalb der einzelnen Anlageklassen.

Jede Anlagestrategie wird eine andere Aufteilung auf verschiedene Risikoklassen vorsehen. Die Aufteilung hängt von dem Anlagehorizont, von dem Risikoprofil und der Risikobereitschaft des Anlegers ab.

> **Tipp!**
> Ihre Entscheidung für eine Aufteilung ist nicht für alle Zeiten festgeschrieben. Bedenken Sie: Eine Anlage ist nie grundsätzlich richtig oder grundsätzlich falsch, sondern immer nur in Bezug auf die individuellen Anlageziele sinnvoll oder nicht sinnvoll. So wie sich Ziele ändern können und werden, müssen sich auch Anlagen einem geänderten Bedarf anpassen lassen – und zwar so, dass nicht gleich die komplette bisherige Strategie über den Haufen geworfen werden muss.

Um nun Ihre eigenen Anlagen sinnvoll und optimal zu diversifizieren, müssen Sie sich zuerst über Ihr eigenes Risikoprofil im Klaren sein. Anschließend ordnen Sie also Ihre Ziele und Wünsche in einer zeitlichen Reihenfolge. Hinterher prüfen Sie, welche Anlagen für die Erreichung verschiedener Ziele in Frage kommen. Dazu müssen Sie natürlich das Risikoprofil der einzelnen Anlagen kennen. Diese drei Schritte werden wir auf den folgenden Seiten gemeinsam gehen.

Das persönliche Risikoprofil – Welcher Typ sind Sie?

Ihre Anlagestrategie baut auf Ihrer persönlichen Risikobereitschaft auf. Diese Risikobereitschaft sollte das Risiko Ihrer Anlagestrategie bestimmen und nicht umgekehrt. Es ist überhaupt nicht zielführend, wenn Sie zum Beispiel 30 Prozent Ihres Vermögens in Aktien investieren, aber ein absolut risikoaverser Anleger sind. Die nervliche Belastung entspricht keiner noch so hohen möglichen Rendite, auch wenn objektive Kriterien vielleicht einen solchen Aktienanteil rechtfertigen.

Welcher Risikotyp sind Sie?

Versuchen Sie sich selbst ehrlich einzuschätzen. Welcher Risikotyp sind Sie? Oder besser gefragt: Welches Risiko sind Sie bereit, für die Erreichung bestimmter Ziele einzugehen?

Stellen Sie sich folgende Fragen:

- Wie sehen Sie Ihre Risikoneigung und vor allem Ihre Risikofähigkeit? Wie viel Risiko können und wollen Sie sich leisten?

- Welchen Verlust oder welche Schwankung einer Anlage können Sie maximal aushalten? Welche Rendite möchten Sie mit der Anlage erzielen?

- Wann müssen Sie über das angelegte Geld verfügen können? Wie lange können Sie eine bestimmte Summe anlegen?

Achtung: Diese Überlegungen betreffen zum einen Ihre gesamte Anlagestruktur, zum anderen aber auch Einzelanlagen. Denken wir zurück an Ihr Vermögenshaus, an die einzelnen Stockwerke und das sichere Fundament – wie viel Fundament ist Ihnen wichtig, welche Beträge dürfen in andere Stockwerke investiert werden –für verschiedene Anlagen kann unter Umständen eine unterschiedliche Risikobereitschaft zum Tragen kommen?

Wichtig ist, dass Sie Ihren eigenen Risikotyp und das Risikoprofil Ihrer Anlagen regelmäßig überprüfen. Bei sicherheitsorientierten Anlegern sollten spekulative Finanzprodukte im Rahmen des Vermögensaufbaus nur eine untergeordnete Rolle spielen. Genau in diesem Punkt belügen sich viele Anleger immer wieder selbst. Sie leugnen ihr eigenes Sicherheitsbedürfnis und agieren mit Blick auf ihre Liquidität und ihre mittelfristigen Ziele völlig unangebracht. Viele Anleger sehen sich bei gut laufenden Aktienmärkten gerne als risikobereit. Ob sie aber tatsächlich die Nerven für entsprechende Aktiengeschäfte haben, stellt sich nicht zuletzt bei schlimmen Zusammenbrüchen, wie zum Beispiel beim Platzen der Internetblase oder während der Finanzkrise, heraus. Hier zeigt sich oft, dass viele Anleger den Wunsch nach schnellen Kursgewinnen mit hoher Risikobereitschaft verwechselt haben.

Sicher ist es nicht einfach, Emotionen aus dem Anlageverhalten völlig herauszuhalten. Versuchen Sie dennoch oder gerade deswegen herauszufinden, welcher Anlagetyp Sie sind. Die folgenden Charakterisierungen der verschiedenen Anlegermentalitäten sollen Sie bei der Einschätzung Ihrer eigenen Person unterstützen. Ihr persönliches Risikoprofil bestimmen Sie schließlich anhand der Checkliste „Risikomentalität" auf Seite 80, die Sie auch auf der beiliegenden CD-ROM finden.

Der sicherheitsorientierte Anleger

Oberstes Ziel ist Kapitalerhalt zu jeder Zeit. Anlagen sollen Erträge erwirtschaften, aber ohne jegliches Risiko. Auch wenn Gelder längerfristig angelegt werden können, lässt Sie dennoch der Gedanke, zwischenzeitlich Verluste zu riskieren, nicht mehr gut schlafen. Die Sicherheit der Anlage steht gegenüber den Ertragserwartungen im Vordergrund.

Beispiel

Karin Schulz ist erfolgreiche Unternehmensberaterin. Das erste Jahr der Selbstständigkeit war hart, aber mittlerweile läuft es richtig gut. Auf Tagesgeldkonten und in Geldmarktfonds hat sie fast eine Million Euro angelegt, für einen kleinen Betrag hat sie Bundesschatzbriefe gekauft. Von Aktien will sie nichts wissen. Bei ihrem ersten und einzigen Ausflug in die Aktienanlage hat sie sich die Finger verbrannt. Nach dem Crash an der Börse, als die amerikanische Investmentbank Konkurs anmeldete, ist sie heilfroh, kein Geld in Aktien investiert zu haben. Enttäuscht ist sie aber dennoch, dass von dem Ertrag nach Steuern eigentlich nichts mehr übrig bleibt. An die Inflationsrate mag sie gar nicht denken.

Der ertragsorientierte Anleger

Kapitalerhalt ist nach wie vor wichtig, aber die Rendite steht schon deutlich mehr im Vordergrund. Für gute Ertragschancen dürfen vor allem für den langfristigen Kapitalaufbau auch mehr chancenorientierte Anlagen beigemischt werden. Das Gesamtrisiko soll jedoch so gering wie möglich bleiben.

Beispiel

Peter Kurz arbeitet als Tontechniker für Filmprojekte. Oft kann er sich vor lauter Arbeit kaum retten, aber manchmal gibt es eben auch lange Flauten zwischen den Aufträgen. Sein Geld hat er überwiegend in sicheren und schnell verfügbaren Anlagen angelegt: Festgeld, Bundesschatzbriefe und Pfandbriefe. Er weiß nie, ob er nicht doch einmal schnell an sein Geld heran muss. Für die Altersvorsorge spart er monatlich in einem Aktienfonds an. Hier soll sich das Geld besser entwickeln können. Schwankungen an den Aktienmärkten beunruhigen ihn nicht sehr, die sieht Herr Kurz vielmehr als günstige Kaufgelegenheiten.

Der wachstumsorientierte Anleger

Wachstumsorientierte Anleger möchten Anlagen, die hohe Wertsteigerungen erzielen können, und sind dafür bereit, ein gewisses Maß an Risiko einzugehen. Sie können geringe bis überschaubare Kursrückgänge verkraften.

Beispiel

Das kleine Häuschen, in dem die Familie wohnt, haben Andrea Fitz und ihr Mann schon fast abbezahlt. Auf dem Tagesgeldkonto liegt immer eine ausreichende Summe für Rücklagen. In zwei Jahren wird ein Bausparvertrag fällig, der zum Ende hin noch einmal extra Zinsen vergütet. Den hohen Bonus vom vergangenen Jahr hat Andrea Fitz in Rentenfonds, in gemischten Fonds und Aktienfonds angelegt. Sie braucht das Geld im Moment nicht und möchte damit für die Zukunft eine ordentliche Absicherung aufbauen.

Der chancenorientierte oder risikobewusste Anleger

Sie möchten mit Ihren Anlagen sehr hohe Wertsteigerungen erzielen und sind dafür bereit, höhere Risiken in weiten Teilen Ihres Vermögens einzugehen? Sie können auch bei zwischenzeitlich höheren Verlusten noch ruhig schlafen und sind davon überzeugt, dass Aktien langfristig die besten Renditen bringen? Dann gehören Sie zu den chancenorientierten oder risikobewussten Anlegern.

Beispiel

Charlotte Mayer arbeitet als selbstständige Beraterin in der medizinischen Forschung. Von ihren Eltern hat sie vor einigen Jahren eine größere Geldsumme geschenkt bekommen. Dieses Geld hat sie mit einem sehr hohen Aktienanteil angelegt. Ihr Mann hat ein Beratungsunternehmen gegründet, mittlerweile beschäftigt er über 120 Mitarbeiter. Frau Mayer weiß daher, dass Wachstum aus der Wirtschaft kommt. Sie und ihr Mann verdienen gut. Da sie keine Verbindlichkeiten haben, müssen ihre Rücklagen nicht so hoch sein. Sicher war ihr ein bisschen mulmig zumute, als die Kapitalmärkte einstürzten. Aber sie weiß auch, dass sich ihre breit gestreuten Fonds wieder erholen werden. Und weil sie sich in dem Bereich auskennt, will sie auch ein speziell auf Zukunftsressourcen ausgerichtetes Investment in ihrem Depot haben.

Der spekulative oder dynamische Anleger

Sie haben überdurchschnittliche Renditeerwartungen und eine entsprechend hohe persönliche Risikobereitschaft? Sie können bei Ihren Anlagen auch längere Verlustphasen aussitzen und warten, bis die Verluste wieder ausgeglichen sind?

Beispiel

Langeweile kennt Andreas Herberger in seinem Depot nicht. Jeden Morgen checkt er als erstes die Lage auf den Kapitalmärkten und informiert sich über aussichtsreiche Investments, die den Tagesgewinn sichern sollen. In seinem Depot finden sich ausgewählte Rohstoffwerte und ganz spezielle Nebenwerte aus Südostasien und Indien. Außerdem setzt Herr Herberger Instrumente mit Hebelwirkungen ein, wettet über Optionen auf einen fallenden Ölpreis und wählt gezielt Futures aus, um an kurzfristigen Entwicklungen zu partizipieren. Ständig sitzt er vor dem Bildschirm, um sich über die Entwicklung seiner Papiere zu informieren und um neue Nachrichten schnell aufzuspüren und umzusetzen. In der Vergangenheit hat er mit seinen Futures und Optionen schon viel Geld verdient, genauso oft hat er aber mit manchen Wetten einen Totalverlust erlitten. Vor allem zu Beginn der Finanzkrise haben sich einige seiner Anlagemodelle als wahre Luftschlösser erwiesen. Sorgen macht sich Andreas Herberger aber keine. Seinen Alltag und seine Altersvorsorge hat er abgesichert, außerdem verfügt er über genügend finanzielle Mittel, um weitere Investitionen auch risikobehaftet tätigen zu können. Die Verluste schränken seine wirtschaftliche Lage nicht ein – aber ärgern tun die Rückschläge Herrn Herberger schon sehr.

Mit spekulativen Anlagen kann man sein Geld in kurzer Zeit vervielfachen, man kann aber auch einen Totalverlust erleiden. Wer auf schnelle Gewinne aus ist, muss sich natürlich ständig über die Entwicklung seiner Papiere informieren. Je spekulativer die Anlageform, desto unerlässlicher ist es, sich täglich zu vergewissern, ob das Engagement auch so läuft wie gewünscht.

Ständige Kontrolle ratsam

Natürlich ist jeder Anleger anders und in Schubladen möchte sich keiner stecken lassen. Diese Charakterisierungen sollen Ihnen jedoch dabei helfen, die richtigen Anlagen für Ihr Risikoprofil auszuwählen. Seien Sie daher ehrlich und selbstkritisch – und lassen Sie sich nicht zu sehr von Ihren Gefühlen leiten. Wie gesagt, in guten Börsenzeiten neigen viele der sonst eher vorsichtigen Anleger zu risikoreichen Anlagen. Läuft die Börse dann mal nicht so gut, geht die Risikoneigung deutlich zurück – und Anlagen werden übereilt mit Verlusten abgestoßen.

Welcher Risikotyp sind Sie? Welche Ansprüche und Erwartungen haben Sie an die Rendite Ihrer Anlage und an die Sicherheit? Die folgende

Checkliste „Risikomentalität", die Sie auch auf der beiliegenden CD-ROM finden, soll Ihnen dabei helfen, Ihre Risikoneigung besser einzuschätzen. Unterschiedliche Situationen und Aspekte werden Sie dazu anregen, den Risikoaspekt aus verschiedenen Blickwinkeln zu betrachten. Ordnen Sie sich ganz spontan den jeweiligen Aussagen zu – was trifft für Sie zu, wo finden Sie sich wieder und wo nicht? Markieren Sie das jeweilige Feld. Am Ende sehen Sie eine Tendenz, die Ihre Risikomentalität widerspiegelt.

Checkliste Risikomentalität						
Aussage	Trifft zu	Sicherheits-orientiert	Ertrags-orientiert	Wachstums-orientiert	Chancen-orientiert	Spekulativ, dynamisch
Ohne Risiken wäre das Leben langweilig					•	•
In schwierigen finanziellen Situationen bleiben Sie entspannt				•	•	•
Sie sind und bleiben immer wieder aufs Neue risikobereit					•	•
Sie reagieren beim Umgang mit Geld impulsiv, ohne viel zu überlegen					•	•
Sie vermeiden alle Experimente, die zu längeren Verlusten führen können		•	•			
Kursverluste erzeugen in Ihnen Missmut und Niedergeschlagenheit		•	•			
Welchen Verlust wären Sie bereit, zugunsten besserer Ergebnisse zu ertragen?						
Ich kann keine Verluste tolerieren. Ich möchte nicht, dass mein Kapital weniger wird – auch nicht kurzfristig. Dafür bin ich bereit, mit relativ geringen Erträgen zu leben		•				
Ich möchte eine durchschnittliche Wertsteigerung, die ein wenig über der einer rein festverzinslichen Anlage liegt, kann jedoch höchstens einen Verlust von 5% über 12 Monaten tolerieren."			•			
Ich weiß, dass ich Schwankungen in Kauf nehmen muss, um mittel- bis langfristig die beste Wertsteigerung zu erzielen, aber bei einem vorübergehenden Verlust von 10% beginnt es weh zu tun				•		
Für mich steht das langfristige Wachstum im Vordergrund, und ich kann mit Schwankungen von bis zu 20% problemlos leben					•	
Nur wenn ich immer voll investiert bin und die besten Chancen suche, kann ich langfristig erfolgreich sein. Dabei habe ich auch mit einem Verlust von mehr als 20% über einen 12-Monats-Zeitraum keine Probleme.						•
Angenommen, Sie würden in einem Preisausschreiben gewinnen. Welche Gewinnmöglichkeit würden Sie wählen?						
Ich wähle das Bargeld von 5.000 Euro		•				
Ich lasse mich auf die 50%-Chance auf 10.000 Euro ein			•			

Ich lasse mich auf die 20%-Chance auf 25.000 Euro ein				•	•	
Ich lasse mich auf die 2%-Chance auf 250.000 Euro ein						•
Wie ist Ihre Meinung über das wirtschaftliche Geschehen? Wie schätzen Sie die langfristigen Entwicklungen für die Wirtschaft weltweit ein?						
sehr schlecht		•				
eher schlecht			•			
eher gut				•	•	
sehr gut				•	•	•
Wirtschaft interessiert mich überhaupt nicht		•				

Den richtigen Anlagehorizont bestimmen

Wichtig für die Aufteilung der Anlagen ist außerdem die Frage nach dem Zeithorizont. Ein 30-Jähriger hat zum Beispiel für die Altersvorsorge 37 Jahre lang Zeit, bevor er in Rente geht. Wenn dagegen das alte Auto kurz vor dem Zusammenbruch steht, dann ist bereits in einem Jahr ein Nachfolgemodell notwendig. Hier beläuft sich der Anlagehorizont also nur auf ein Jahr. Bestimmen Sie für jede Anlage die Zeit, die für diese zur Verfügung stehen darf oder kann. Sie können dazu ein Raster von drei Zeitzonen ansetzen: der kurzfristige Bedarf, der mittelfristige und der langfristige Ansatz. Für jeden der drei Bereiche eignen sich unterschiedliche Anlageklassen. (Achtung: Alle hier erwähnten Anlagen finden Sie ausführlich in dem Kapitel „Die Welt der Anlageformen" ab Seite 207 erklärt.)

Kurzfristige Ziele – Das „Leben" absichern

Der kurzfristige Bereich ist der wichtigste Bereich überhaupt. Er bildet das Fundament für Ihr Vermögenshaus. Das tägliche Leben und die Lebensfreude müssen gesichert sein. Das bedeutet jetzt nicht, dass Sie all Ihr Geld ausschließlich nach dem Motto „Ich lebe jetzt" verkonsumieren sollen. Vielmehr müssen Ihre Lebenshaltungskosten und der tägliche Bedarf gesichert sein. Ebenso ist ein finanzieller Puffer notwendig, um Notfälle und ungeplanten Bedarf zu überstehen. Denken Sie zum Beispiel an die Waschmaschine, die kaputt gehen kann. Oder ein Schaden am Auto könnte eine teure Reparatur bedingen. Im Ergebnis bringt es wenig, sich für die Altersvorsorge finanziell ans Limit zu bringen, um dann im Notfall die angesparten Pfründe angreifen zu müssen. Das ist immer die teuerste, meist auch steuerlich und renditemäßig schlechteste Alternative.

Das „Fundament"

Auch wenn für die einzelnen Anlagezeiträume unterschiedliche Definitionen existieren und genaue Abgrenzungen schwierig sind, können Sie im Allgemeinen bei einem Zeitraum von bis zu zwei Jahren von kurzfristig sprechen. Gelder für den kurzfristigen Bereich dürfen nie in langfristige Anlagen fließen, die nur mit Aufwand und Verlusten aufgelöst werden können. Auch Anlagen, die im Wert schwanken können, eignen sich nicht. Zweckmäßig sind Tagesgeldkonten, Geldmarktfonds, kurzfristig verfügbare Festgelder oder kurzlaufende Rentenfonds.

Wie hoch Ihr Bedarf für den Lebensunterhalt ist und wie viel Rücklagen Sie auf die Seite legen sollten, auf diese Fragen gibt es keine Standardantworten. Jeder hat sein eigenes Sicherheitsbedürfnis und seine Vorstellung von einem finanziellen Polster. Während dem einen eine kleinere Rücklage genügt, braucht ein anderer die Sicherheit eines halben Jahresgehaltes, um ruhig schlafen zu können.

> **Tipp!**
> Die Ansprüche können und dürfen sich je nach Lebenssituation und fortschreitendem Vermögensaufbau ändern. In der Regel benötigt man doch für sich allein oft nur wenige Rücklagen, für die Absicherung einer Familie ist hingegen doch mehr finanzieller Rückhalt angebracht.

Langfristige Ziele – Die richtige Altersvorsorge

Altersvorsorge früh planen

Nicht in der zeitlichen Rangfolge, aber hinsichtlich der Wichtigkeit für Ihre Finanzplanung nimmt die langfristige Anlage für die Altersvorsorge den zweiten Platz ein. Je früher Sie mit dem Sparen für Ihre Altersvorsorge beginnen, desto besser gelingt Ihnen der Vermögensaufbau – unterstützt durch die Zeit und den Zinseszinseffekt. Und dementsprechend kleiner kann auch der Anlagebetrag ausfallen, den Sie für die Altersvorsorge auf die Seite legen.

> **Tipp!**
> Auf Seite 101 sehen Sie deutlich, wie der Zinseszinseffekt zu Ihrem Vermögensaufbau beitragen kann.

Anlagen, die für einen Zeitraum von mehr als zehn Jahren geplant sind, werden als langfristig bezeichnet. Ein langfristig orientierter Anleger kann für seine Zielerreichung auf Anlagen zurückgreifen, die mit gewissen Risiken verbunden sind. Die Kurse von Aktien zum Beispiel können stark schwanken. Sie können nach oben schießen und der Anleger kann schnell hohe Gewinne einfahren. Sie können aber genauso schnell fallen – Anleger, die ihr Geld zu diesem Zeitpunkt brauchen, riskieren in diesem Fall einen Verlust. Anleger, die auf dieses Kapital nicht unbedingt angewiesen sind, können abwarten, bis die Kurse wieder steigen.

> **Tipp!**
> Für Aktien ist in der Regel ein langer Anlagezeitraum notwendig, damit die Kehrseite des Risikos – die Chancen Früchte tragen können. Daneben sind Anlagen wie zum Beispiel kapitalbildende Versicherungen, Immobilien und Beteiligungen, die Gelder längerfristig binden und sich erst nach einer gewissen Zeitspanne rentieren oder Leistungen erbringen, für langfristige Ziele geeignet.

Mittelfristige Ziele – Wünsche, Anschaffungen und Vermögensaufbau

In den mittelfristigen Topf fallen alle Anlagen, die nicht unmittelbar zur Verfügung stehen müssen, sondern für Wünsche und Ziele angespart werden sollen, die mehr oder weniger konkret vorhanden sind. Das kann der Erwerb einer Immobilie sein, die Ausbildung der Kinder, das neue Auto in drei Jahren oder auch ein Vermögensaufbau, der nicht von vornherein ausschließlich für die Altersvorsorge gedacht ist.

> **Tipp!**
> Der mittelfristig orientierte Anleger mit einem Anlagezeitraum von zwei bis zehn Jahren kann seine Strategie mit Rentenfonds, Fondssparplänen, gemischten Fonds, kurz- und mittelfristigen Anleihen und auch Aktien umsetzen.

Nehmen Sie sich jetzt noch einmal die Auflistung Ihrer finanziellen Ziele zur Hand und ordnen Sie diese in einer zeitlichen Reihenfolge. Welche Ziele sollen in den nächsten zwei Jahren erreicht werden, welche in fünf oder sieben Jahren? Welche sollen oder können erst deutlich später zur Verfügung stehen? Welche Ziele haben Vorrang, welche sind im Moment weniger wichtig? Die nachfolgenden Checklisten, die Sie auch auf Ihrer CD-ROM finden, unterstützen Sie dabei, Ihre kurz-, mittel- und langfristigen Anlageziele zu ordnen. Zudem geben sie einen ersten Überblick, welche Finanzprodukte mit diesen Zielen korrespondieren.

Legen Sie jetzt fest, welche zeitliche Aufteilung Sie bei Ihrem Finanzplan berücksichtigen wollen. Die Auflistung bestimmt die Zusammensetzung der Anlagen in Ihrem Finanzplan aus den verschiedenen Risikoklassen. Je kürzer eine Anlage geplant werden muss, desto niedriger muss ihr Risikoprofil ausfallen. Je länger eine Anlage laufen kann, desto höher kann ihre Risikoklassifizierung sein.

Checkliste „Anlagehorizont": Kurzfristige Verfügbarkeit des Geldes (z. B. Notreserve, baldiger Konsumkauf, etc.)	
Ziel	trifft zu / in welcher Höhe?
Aufbau einer Liquiditätsreserve	
baldiger Konsumkauf	
Finanzierung einer vorübergehenden Auszeit vom Beruf (Sabbatical, Promotion, Elternzeit)	
regelmäßige Einnahmen oder Entnahmen	
(weitere kurzfristige Ziele)	
(weitere kurzfristige Ziele)	

Das muss die Anlage leisten: keine oder allenfalls sehr geringe Wertschwankungen, gesicherte Ertragserwartung.

Das kann die Anlage leisten: Verzinsung auf oder geringfügig über dem Geldmarktniveau, Kursstabilität.

Ihre Erwartungshaltung an die Anlage: hohe Sicherheit und schnell verfügbare Liquidität, Substanzerhaltung.

Anlagehorizont: bis zu zwei Jahre.

Mögliche Anlagen: Tagesgeld- und Geldmarktkonten, Festgelder, Geldmarktfonds und geldmarktnahe Fonds, kurzfristig laufende Rentenfonds, Bundesschatzbriefe, Finanzierungsschätze.

Checkliste „Anlagehorizont": Mittelfristig zweckgebundene Anlage (z. B. Immobilienerwerb, größerer Konsumkauf etc.)	
Ziel	trifft zu /wie viel?
Immobilienerwerb	
Rückführung eines Darlehens	
Mittelfristig geplanter Konsum	
Geldanlage	
Beginn des Vermögensaufbaus	
Planung einer beruflichen Selbstständigkeit	

ertragreiche Anlage regelmäßiger Rücklagen	
wirtschaftliche Unabhängigkeit	
regelmäßige Einnahmen oder Entnahmen	
(weitere mittelfristige Ziele)	
(weitere mittelfristige Ziele)	

Achtung: Da der mittelfristige Bereich eine größere Zeitspanne umfassen kann, spielt Ihre Anlagementalität bei der Auswahl der Anlagen eine wichtige Rolle.

Das muss die Anlage leisten: geringe bis mittlere Wertschwankungen, kein Verlust auf mittel- bis langfristige Sicht, im Rahmen der getroffenen Anlagedauer jederzeit verfügbar.

Das kann die Anlage leisten: Verzinsung oder Entwicklung deutlich über dem gültigen Zinsniveau.

Ihre Erwartungshaltung: kurzfristig können Sie geringe Kursschwankungen in Kauf nehmen, aber mittel- bis langfristig sollte kein Kapitalverlust auftreten. Dafür möchten Sie höhere Erträge erwirtschaften, ohne zu große Schwankungsrisiken in der Vermögensentwicklung tragen zu müssen.

Anlagehorizont: über zwei bis zu zehn Jahren.

Mögliche Anlagen: festverzinsliche Wertpapiere, Rentenfonds, offene Immobilienfonds, gemischte Fonds, Sparpläne in Aktienfonds, Aktienfonds, Bausparverträge, Beteiligungen.

Checkliste „Anlagehorizont": Langfristiger Vermögensaufbau	
trifft zu /wie viel?	
	Altersvorsorge
	Ausbildung der Kinder
	ertragreiche Anlage regelmäßiger Rücklagen
	langfristiger Vermögensaufbau
	Planung eines vorgezogenen Ruhestandes
	wirtschaftliche Unabhängigkeit
	(weitere langfristige Ziele)
	(weitere langfristige Ziele)

Das muss die Anlage leisten: hoher Wertzuwachs, Entwicklung deutlich über dem Zinsniveau, ein Zugriff während der Anlage muss nicht möglich sein.

Das kann die Anlage leisten: langfristig sehr hohes Entwicklungspotential.

Ihre Erwartungshaltung: für bessere Renditen nehmen Sie einen unruhigen Verlauf der Anlagen in Kauf. Bis zum geplanten Leistungszeitpunkt sollte kein Bedarf an den investierten Geldern bestehen.

Anlagehorizont: über zehn Jahre.

Mögliche Anlagen: gemischte Fonds, Aktien, Aktienfonds, Zertifikate, Beteiligungen, Immobilien, Altersvorsorgeanlagen.

In der anschließenden Übersicht „Anlagen nach Liquiditätsstufen" sehen Sie noch einmal auf einen Blick, welche Anlagen sich für welchen zeitlichen Horizont eignen, welche schnell zur Verfügung stehen und welche einen langfristigen Horizont benötigen, um voll zur Geltung kommen zu können.

Anlagen nach Liquiditätsstufen geordnet		
Liquiditätsstufe	zeitlicher Horizont	Anlagen
1 (hohe Liquidität)	kurzfristig	Bargeld, Tagesgeld, Geldmarktkonten und -fonds, Euro-Anleihen bester Bonität
2	mittel- bis langfristig	Bundesschatzbriefe, Fonds ohne oder mit niedrigem Ausgabeaufschlag, Aktien, festverzinsliche Wertpapiere, Optionen
3	mittel- bis langfristig	Zertifikate, offene Immobilienfonds, Fonds, Aktien mit wenig Umsatz,
4	langfristig	Altersvorsorge wie Versicherungen, Riesterpläne, betriebliche Altersvorsorge, Schiffsfonds oder geschlossene Immobilienfonds guter Qualität
5 (geringe Liquidität)	langfristig	Beteiligungen, Immobilien

Anhand der Tabelle sehen Sie es deutlich: Die Grenzen zwischen einzelnen zeitlichen Abstufungen und verschiedenen Risikoklassen verlaufen fließend. Eine scharfe Abgrenzung kann oft nicht vorgenommen werden. Zeitliche Gewichtungen können sich auch verändern – sei es, weil neue Ziele entstehen, die wichtiger sind, oder wenn sich Ziele verändern.

So prüfen Sie das Risikoprofil Ihrer Anlagen

Warum kommen für eine kurzfristige Anlage Aktien eher nicht in Betracht und warum sind Geldmarktfonds für die Altersvorsorge weniger geeignet? Auf den folgenden Seiten erfahren Sie das Wichtigste über die verschiedenen Arten von Anlageklassen, über das mit jeder Anlageklasse verbundene Risiko, den zu erwartenden Ertrag sowie die Korrelation der verschiedenen Anlageklassen untereinander. Diese Grundkenntnisse sind wichtig, denn eine richtige Einschätzung der Chancen und Risiken von Anlagenprodukten und die darauf aufbauende richtige Zusammenstellung der Anlagen haben den größten Einfluss auf die Entwicklung Ihres Vermögens.

Als **Anlageklasse** bezeichnet man das Anlagesegment, in das investiert wird. Die häufigsten Anlageklassen sind Geldmarktanlagen, Aktien, Anleihen, Rohstoffe oder Immobilien. Daneben haben sich in den letzten Jahren neue Anlageklassen mit anderen Rendite- und Risikoeigenschaften etabliert: Private Equity Investments, Hedge Fonds, Rohstoffinvestments oder innovative Zertifikatsstrukturen mit Derivaten. Jede Anlageklasse hat ganz bestimmte Charaktermerkmale und bietet dem Anleger ein ganz eigenes Chance-Risiko-Verhältnis. Und mit diesen Risikoprofilen verschiedener Anlageklassen wollen wir uns nun beschäftigen (mehr Details über die einzelnen Anlageformen erfahren Sie in dem Kapitel „Die Welt der Anlageformen" ab Seite 207). Achtung: Bei den nachfolgend dargestellten Risikoklassen geht es in erster Linie um Geld- und Wertpapieranlagen, aber auch um alternative Investments wie Hedgefonds und Private Equity Fonds. Immobilien stellen eine andere Kategorie dar und werden in einer separaten Klasse dargestellt.

Chance und Risiko

Risikoklasse 1: Sicherheit

Anlagen: europäische Geldmarktfonds, Festgeld, Tagesgeld, Termingelder, Spareinlagen;

Risiko: keine Kurschwankungen, Inflationsrisiko (Geldentwertung), bei Fest- und Termingeldern ist die Verfügbarkeit bis zum vereinbarten Termin eingeschränkt;

Anlageziel: Rücklagen und sicherer Vermögensaufbau mit Verzinsung auf Geldmarktniveau;

Zeithorizont: bis zu sechs Monaten.

87

Risikoklasse 2: Ertrag

Anlagen: Bundesschatzbriefe, kurzlaufende festverzinsliche Wertpapiere mit guter Bonität, geldmarktnahe Fonds, deutsche Rentenpapiere, offene Immobilienfonds, kurzlaufende Rentenfonds und alle Anlagen der Risikoklasse 1, Bausparverträge mit Bonussparen (aber bis zu sieben Jahren gebunden);

Risiko: kurzfristig geringe Kursschwankungen möglich, aber mittel- bis langfristig kein Kapitalverlust, Verfügbarkeit bei fest angelegten Geldern bis zum vereinbarten Termin eingeschränkt;

Anlageziel: risikobewusster langfristiger Vermögensaufbau mit Ertragserwartung über dem Zinsniveau des Geldmarktes;

Zeithorizont: bis zu zwei Jahren.

Risikoklasse 3: Wachstum

Anlagen: Euro-Auslandsanleihen, Standard-Werte (Aktien), Rentenfonds, international anlegende Rentenfonds überwiegend in Hartwährungen, Fremdwährungsanleihen in Hartwährungen, gemischte Fonds und alle Anlagen der Risikoklassen 1 und 2, Versicherungsprodukte;

Risiko: höhere Kursrisiken aus Zins- und Währungsschwankungen möglich, geringe Bonitätsrisiken (d. h. Kapitalverlust unwahrscheinlich), Verlustrisiken aus Aktienmarktschwankungen;

Anlageziel: wachstumsorientierter Kapitalaufbau unter Berücksichtigung der Kurs- und Kapitalrisiken aus eventuell auftretenden Kursverlusten oder Währungsschwankungen;

Zeithorizont: drei Jahre und länger.

Risikoklasse 4: Chance

Anlagen: wie Risikoklasse 3, außerdem Aktien wie Nebenwerte, kleinere Werte, Optionsscheine und Zertifikate, Aktienfonds, internationale Aktienfonds, Branchenfonds und Spezialitätenfonds, geschlossene Fonds und Beteiligungen;

Risiko: unter Umständen hohe Verlustrisiken aus möglichen Aktien-, Zins- und Währungsschwankungen, Bonitätsrisiken ;

Anlageziel: spekulativer Vermögensaufbau unter Nutzung von Instrumenten mit Hebelwirkung zur überdurchschnittlichen Partizipierung an Marktbewegungen, Absicherung bestehender Portfolios;

Anlagehorizont: sieben Jahre und länger.

Risikoklasse 5: Spekulation

Anlagen: wie Risikoklasse 4, außerdem Optionen und Futures, Hedgefonds, Rentenfonds Emerging Markets;

Risiko: hohe Verlustrisiken aus möglichen Aktien-, Zins- und Währungsschwankungen, Bonitätsrisiken, Ausfallrisiko und Totalverlust;

Anlageziel: hochriskante Spekulation zur Erwirtschaftung sehr hoher Renditen bei gleichzeitig extrem hohem Verlustrisiko, Absicherung bestehender Portfolios;

Zeithorizont: zehn Jahre und länger bzw. kurzfristige Spekulationsabsichten.

Immobilien

Risiko: Wertverfall, Mietausfallrisiko, hoher Verwaltungsaufwand, schwierig zu verkaufen (Liquiditätsrisiko);

Anlageziel: Erfüllung des Anlageziels Eigenheim, sicherer Vermögensaufbau, Diversifikation des Vermögens, bei vermieteten Immobilien Diversifikation der Erträge (Mieteinnahmen).

Den Zusammenhang zwischen Chance und Risiko, zwischen Rendite und Verlustwahrscheinlichkeit, sehen Sie in dem nachfolgenden Diagramm: Je höher die Gewinnchancen einer Anlage, desto höher auch das Verlustrisiko. Während sich ein Verlustrisiko bei Rentenwerten und Fonds auf einen möglichen Kursverlust bezieht für den Fall, dass das Geld unvorhergesehen benötigt wird, kann ein Verlustrisiko bei manchen Hedgefonds oder Derivaten auch den Totalverlust des angelegten Geldes bedeuten.

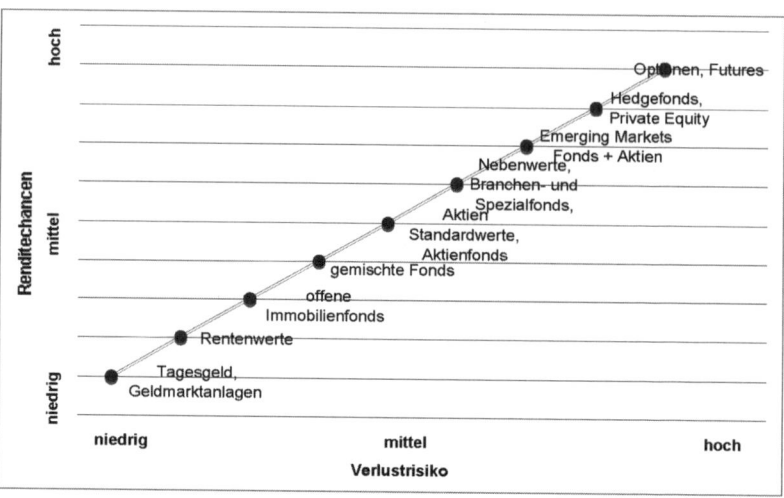

Das Chance-Risikoverhältnis verschiedener Anlagen

Nun kennen Sie die Risikoaspekte der einzelnen Anlagen. Dadurch werden Sie zukünftig bei allen Produkten leichter einschätzen können, ob diese für Sie und Ihre Belange geeignet sind oder nicht. Bevor Sie sich für ein Produkt entscheiden, sollten Sie stets das Risikoprofil einer Anlage prüfen und so die entsprechende Schlussfolgerung für die zeitliche Ausrichtung ermitteln. Auf diese Weise werden Sie leicht feststellen, ob eine Anlage grundsätzlich für Ihre Strategie in Frage kommt – die Frage nach der Qualität ist damit allerdings nicht geklärt. Die wichtigsten Informationen hierzu erhalten Sie in dem Kapitel „Die Welt der Anlagearten" ab Seite 207.

Die einzelnen Kriterien – persönliches Risikoprofil, zeitliche Gewichtung und Risikoprofil der Anlageklassen – können Sie jetzt miteinander kombinieren. Auf diese Art und Weise stimmen Sie die Aufteilung Ihres Vermögens immer feiner ab. Verbinden Sie als Nächstes die Aspekte Anlagehorizont und Anlageklassen. Nehmen Sie hierzu noch einmal Ihre Checkliste „Anlagehorizont" zur Hand, auf der Sie Ihre Wünsche und Ziele zeitlich gewichtet haben. Welche Anlagen eignen sich für welches Zeitziel?

Tipp!

Nicht nur der zeitliche Horizont Ihres jeweiligen Anlageziels, auch das Verhältnis der Anlage zu Ihrem gesamten Vermögen bestimmen die Risikokategorie der infrage kommenden Anlagen – oder begrenzen die Auswahlmöglichkeit der Risikokategorien, aus der die Anlage stammen kann.

Checkliste Bestand und Zeitliche Gewichtung

	Risikoklasse 1:	Risikoklasse 2:	Risikoklasse 3:	Risikoklasse 4:	Risikoklasse 5:
	Europäische Geldmarktfonds, Festgeld, Tagesgeld, Termingelder, Spareinlagen	festverzinsliche Wertpapiere, Staatsanleihen bester Bonität, Geldmarktnahe Fonds, deutsche Rentenpapiere, offene Immobilienfonds	Euro-Auslandsanleihen, Aktien-Standard-werte, Genussscheine, Fremdwährungsanleihen USA und Europa, gemischte Fonds, Aktienfonds	wie Risikoklasse 3, plus Aktien(-fonds) wie Nebenwerte, kleinere Werte, Branchenfonds, Spezialitätenfonds, Optionsscheine Zertifikate	wie Risikoklasse 4, plus Derivate, Termingeschäfte, kreditgehebelte Anlagen
Welchen Anteil Ihres gesamten Vermögens (Vermögen minus Verbindlichkeiten) möchten Sie jetzt anlagen?					
Weniger als 10%			●	●	●
10-30%			●	●	●
30-50%		●	●	●	
über 50%	●	●	●	●	
über 70%	●	●	●		
Innerhalb welchen Zeitraums benötigen Sie die angelegten Mittel?					
Innerhalb von 1 Jahr	●				
Innerhalb von 2-3 Jahren	●	●			
Innerhalb von 3-5 Jahren	●	●	●		
Innerhalb von 5-7 Jahren		●	●	●	
Innerhalb von 7-10 Jahren		●	●	●	
Nach mehr als 10 Jahren		●	●	●	●
Anlage eines laufenden Sparplanes über mehrere Jahre hinweg		●	●	●	●

Das optimale Portfolio – So gehts!

Sie wissen jetzt: Eine genaue Definition des Anlagehorizontes und des Risikoprofils ist die Voraussetzung für die richtige Mischung der einzelnen Anlageklassen. Da die jeweiligen Anlageklassen von Natur aus über verschiedene Charakteristika verfügen und entsprechend auf gleiche Marktsituationen unterschiedlich reagieren können, ist die richtige Balance von großer Bedeutung.

> **Tipp!**
> Zahlreiche wissenschaftliche Studien zeigen, was den Erfolg einer Anlage am meisten beeinflusst: Fast 90 Prozent des Anlageerfolges werden durch die optimale Zusammensetzung der verschiedenen Anlageklassen erreicht. Die Titelselektionen (welche Fonds, welche Aktien etc.) machen nur etwa 10 Prozent des Anlageerfolges aus, die restlichen Prozentzahlen werden durch die Gebühren bestimmt.

Rufen Sie sich noch einmal die vorangegangenen Schritte ins Gedächtnis. Wo soll das Investment hinführen? Welche Anlageklassen sind zu welchem Anteil des Gesamtportfolios dazu nötig? Bestimmen Sie anschließend das Risikoprofil Ihres Gesamtportfolios. Ermitteln Sie unter Zuhilfenahme der Aufstellung Ihrer Anlageziele sowie der Checkliste „Anlagehorizont" Ihren geeigneten Risikograd nach der zeitlichen Gewichtung der einzelnen Anlageziele. Prüfen Sie sodann mit der Checkliste „Risikomentalität", ob Sie bei einzelnen Anlagen lieber eine konservativere Ausrichtung wünschen oder durchaus etwas mehr Risiko tragen wollen. Auf diese Weise legen Sie den risikolosen Anteil und den risikobehafteten Anteil innerhalb Ihres Gesamtportfolios fest. Das ist der wichtigste Schritt für Ihre Finanzstrategie.

Die Aufteilung zwischen den beiden Komponenten wird – vorbehaltlich der zeitlichen Erfordernisse – ausschließlich durch Ihre Risikoneigung bestimmt.

Zusammenspiel von Risiko und Rendite

Die nachfolgende Grafik der Anlagepyramide beschreibt sehr anschaulich den Aufbau und das Zusammenspiel der einzelnen Anlagen in punkto Risiko und Ertragspotenzial. Da Risiko und Rendite wie zwei Seiten einer Medaille verknüpft sind, kann eine bestimmte Renditeerwartung nur erzielt werden, wenn auch ein entsprechendes Risiko eingegangen wird.

> **Tipp!**
> Um einen echten Mehrwert zu erzielen, muss in der Regel ein Risiko eingegangen werden. Dieses Risiko sollte aber nicht höher sein, als dies Ihre eigene Bereitschaft zulässt, alle Höhen und auch Tiefen des Marktes ertragen zu können.

Das Ziel einer ausgewogenen Vermögensplanung ist es, eine Kombination aus verschiedenen Investments zu finden, die Ihrem persönlichen Risikoprofil entsprechen. Aus der Anlagepyramide heraus entsteht Ihr Vermögenshaus.

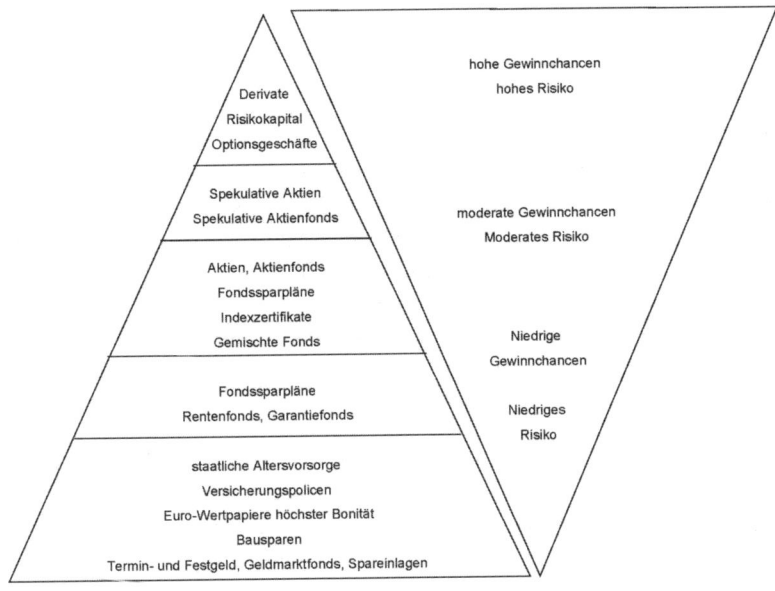

Die Anlagepyramide

Stufe 1 – Die solide Basis

Die Grundstufe sichert die Existenz und die Lebensgrundlage. Hier sind vor allem Sicherheit und Liquidität gefragt, um zum Beispiel in Notfällen schnell über Geldreserven verfügen zu können. Das investierte Kapital soll keinen Schwankungen und Risiken ausgesetzt sein. Beispiele: Termin- und Festgeld, Geldmarktfonds, Spareinlagen, Bausparen, staatliche Zukunftsvorsorge, Versicherungssparen, festverzinsliche Euro-Wertpapiere höchster Bonität.

Das Ertragspotenzial ist eher niedrig, aber stabil. Langfristig können aufgrund des Zinseszinseffekts durchaus anschauliche Erträge erzielt werden.

Stufe 2 – Solides Ertragsziel

Die Anlagen der nächsten Stufe müssen nicht unbedingt innerhalb kürzester Zeit zur Verfügung stehen, sondern können durchaus bis zu zwei Jahren und länger arbeiten. Während der Anlagezeit können geringe Kursschwankungen auftreten. Die besten Ertragschancen bieten sich bei mittel- oder langfristigem Anlagehorizont. Hierzu können auch Festgeld und Geldmarktfonds zählen, festverzinsliche Wertpapiere, Rentenfonds, Fondssparen oder Garantieprodukte.

Stufe 3 – Ausgewogenheit

Die dritte Stufe ist durch eine breite Streuung der Investments gekennzeichnet. Diese bietet bei höheren Ertragschancen mehr Sicherheit. Kurzfristig können durchaus Kursschwankungen auftreten. Lange Laufzeiten gleichen das Risiko von Kursschwankungen besser aus. Unter Stufe 3 können Sparpläne in Aktienfonds, gemischte Fonds, offene Immobilienfonds, Dachfonds oder internationale Anleihen(-fonds) fallen.

Stufe 4 – Chancenorientierung

In dieser Ebene findet man Anlageformen, die aufgrund hoher Kursschwankungen Chancen auf hohe Erträge bieten. Ein langfristiger Anlagehorizont ist unabdingbar. Dafür können Aktien, Aktienfonds oder auch Indexzertifikate als Inkubator auf lange Sicht eingesetzt werden.

Stufe 5 – Spekulative Ausrichtung.

Die Spitze der Pyramide ist für sehr risikofreudige Anleger gedacht, die hohe Kursschwankungen aushalten können und auch risikoreichere Anlagen wie spekulative Aktien, Risikokapital und Investitionen mit innovativem Charakter dem persönlichen Portfolio beimischen wollen. Auch derivative Finanzmarktinstrumente zählen zu dieser Stufe.

 Die nachfolgende Übersicht zeigt Ihnen, wie sich die Parameter persönliche Risikobereitschaft, Anlagehorizont, Risikoklassen der Anlagen und Erwartungshaltung an die Anlageentwicklung in den einzelnen Stufen der Pyramide wieder finden. Überprüfen Sie mithilfe der Übersicht, ob die Aufteilung Ihres Gesamtvermögens – sei es die, die Sie vornehmen möchten oder eine bereits bestehende – genau Ihren Bedürfnissen entspricht:

- Stimmt die zeitliche Gewichtung?
- Finden Sie sich in Ihrem Risiko- und Sicherheitsbedürfnis bestätigt?
- Entspricht das Risikoprofil der Anlagen der jeweiligen Strategie?

Das optimale Portfolio – So gehts!

Übersicht: „Die Stufen der Pyramide"				
Stufe	Erwartung und Anspruch an die Anlage	Persönliche Risikobereit- schaft	Risiko- klasse der An- lagen	Zeitlicher Horizont
Die solide Basis	Stabilität, ge- sicherte Erträge und Substanz- erhaltung	Nahezu keine – allenfalls ein kurzfristiger Ver- zicht auf sofortige Liquidität, um einen besseren Zinssatz zu er- halten.	1	kurzfristig, bis zu sechs Monaten
Solides Ertrags- ziel	höheres Zins- einkommen, mögliche Kurs- und Währungs- gewinne	Risiken aus gerin- gen Kurs – und Zinsschwankungen und Währungs- verlusten	2	kurzfristig, sechs Monate bis zu zwei Jahren
Ausgewogenheit	hohes Zins- einkommen, Wertzuwachs aus Kurs- und Währungs- gewinnen; Erwartungs- haltung liegt über dem des in- ländischen Markt- zinses	höhere Risiken aus Zins-, Kurs- und Währungs- schwankungen	3	mittelfristig, drei bis zu sieben Jahre und länger, auch langfristig für Anleger mit niedrigerer Risikoneigung oder höherem Sicherheits- bedürfnis
Chancen- orientierung	hohe Ertrags- erwartung aus Kurs- und Währungs- gewinnen	hohe Risiken aus Zins-, Kurs- und Währungs- schwankungen	4	mittelfristig ab sieben Jahren und länger, langfristig
Spekulative Ausrichtung	überdurch- schnittliche Ertragserwartung	sehr hohe Kapital- schwankungen, nicht kalkulierbare Verlustrisiken bis hin zum Total- verlust	5	kurzfristige Spekulations- gewinne, langfristige Beimischung zu möglicher Rendite- steigerung

Nutzen Sie die Übersicht auch, um die Aufteilung Ihrer Anlagen und Ihre Anlagestrategien regelmäßig zu überprüfen:

• Stimmt die Risikoaufteilung Ihrer Gesamtstruktur noch?

• Fällt die Risikogewichtung zu hoch aus?

• Muss eine Anpassung vorgenommen werden?

• Hat sich in Ihrem Leben etwas verändert, was muss davon berücksichtigt werden?

Die Anlagestrategien werden jedoch nicht nur auf Basis Ihrer Ziele und Ihrer Risikomentalität gebildet. Auch das Alter, die entsprechende Lebenssituation und die jeweiligen Kenntnisse über die einzelnen Anlagen haben Einfluss auf die Zusammenstellung Ihres Portfolios. Diese Kriterien bestimmen die Gewichtung der Anlagen innerhalb der Anlagepyramide, also ihre Aufteilung auf die einzelnen Stufen.

• **Alter:** In jüngeren Jahren sind meist der Aufbau liquiden Vermögens und die Absicherung von Lebensrisiken vorrangig. Mit steigenden Sparraten können langfristige Strategien und damit chancenorientierte Anlagen zum Einsatz kommen. In fortgeschritteneren Lebensjahren, zum Beispiel bei dem Eintritt in den Ruhestand, fällt Arbeitseinkommen weg, dafür sollen Einnahmen aus vorhandenem Vermögen generiert werden. Die Zeit zum Aussitzen oder Verschmerzen großer Verluste wird kürzer und die Risikomentalität nimmt oft ab. Die Sicherheit der Anlagen wird zunehmend wichtiger.

• **Lebensphase:** Die berufliche und familiäre Situation bestimmt entscheidend die Prioritäten verschiedener Anlageziele und damit auch die Anlagestrategien. Der Hauptverdiener einer Familie wird stärkeren Fokus auf die Bildung von Rücklagen und die Absicherung der Familie legen als ein Single oder ein Doppelverdiener-Paar ohne Kinder.

• **Vorkenntnisse:** Auch Kenntnisse über die Anlageformen und bisherige Erfahrungen spielen bei der Wahl der Anlagestrategie eine Rolle. Wenn Sie bislang noch nie etwas mit Geldanlage zu tun hatten, ist es definitiv nicht ratsam, gleich mit hochspekulativen Geschäften zu beginnen – auch auf die Gefahr hin, dass Ihnen der Rat fade erscheinen mag. Ich vergleiche es gern mit dem Glücksspiel: die Freude über den schnellen Gewinn ist zwar sehr groß, doch die Enttäuschung und Demotivation nach einem herben Verlust ist noch sehr viel größer. Erfahrungsgemäß wächst die Einstellung zu riskanteren Anlagen mit der Zeit und dem Wissen um Anlagen. Für Anlageanfänger sind Anlagen mit hohem Risikocharakter nicht empfehlenswert, allenfalls in abgeschwächter Form über einen langfristig ausgelegten Fondssparplan.

Unabhängig von Alter und Anlageziel berücksichtigt eine gut gestaltete Anlagestrategie folgende grundlegende Elemente:

- **Guthaben auf Girokonto:** für laufende Zahlungen und den Lebensunterhalt. Da hier kaum Zinsen erzielt werden können, sollte sich das Guthaben auf die Höhe der Lebenshaltungskosten für maximal zwei Monate beschränken.

- **Tagesgeldkonto, Geldmarktkonto, Geldmarktfonds:** für die Liquiditätsreserve. Diese Anlagen bieten gute Zinsen und tägliche Verfügbarkeit. Für unvorhergesehene Ausgaben sollten sich hier je nach persönlichem Bedarf mindestens zwei bis vier Nettogehälter befinden, bei höherem Sicherheitsbedürfnis auch mehr.

- **Fonds, Immobilien, Riester-Rente, betriebliche Altersvorsorge:** Diese Produkte dienen zum Aufbau der privaten Altersvorsorge und somit zur Absicherung des Ruhestandes. Je jünger Sie sind, desto höher kann der Anteil an Aktienfonds gewählt werden, und desto mehr zahlen sich Zinseszinseffekte und staatliche Förderungen aus.

- **Sparpläne aus Fonds sowie Anleihen:** Mit diesen Elementen betreiben Sie Vermögensaufbau und sparen für später geplante größere Anschaffungen.

Denken Sie daran: Das Fundament ist wichtig, damit Ihr Vermögenshaus stabil stehen kann. Überprüfen Sie daher, auf welchen Boden Sie Ihr Vermögenshaus bauen können. Welchen Anforderungen muss das Fundament Genüge tragen? Ist der Boden stabil – ist Ihr Einkommen gesichert und ausreichend –, kann ein kleineres Fundament ausreichen. Ist die Bodenbeschaffenheit eher schwierig oder hat der Boden Hanglage – unterliegt Ihr Einkommen beispielsweise starken Schwankungen oder wird das Geld am Monatsende eher knapp –, muss das Fundament anders geplant werden. Das Gleiche gilt auch, wenn ein äußerst stabiles Fundament Ihrem Sicherheitsbedürfnis mehr entgegenkommt als ein dünneres. Noch ein Tipp: Bauen Sie zunächst die unteren Stufen der Anlagepyramide in Ihr Vermögenshaus ein, bevor Sie mit den weiteren Stufen fortfahren.

Anlagestrategien: Wie komme ich zum Ziel?

Die wichtigsten Voraussetzungen für Ihre persönliche Finanzplanung haben Sie bereits erfüllt. Sie haben eine Vermögensbilanz erstellt, Einnahmen und Ausgaben in einem Haushaltsbuch erfasst und Ihre Ziele formuliert und geordnet. Sie haben Vorkehrungen für die Risikoabsicherung getroffen und die gängigsten Anlageklassen kennen gelernt. Außerdem haben Sie sich mit Gewichtung und Strukturierung der einzelnen Anlagen befasst. Mit diesen Kenntnissen und dem notwendigen Werkzeug an der Hand können Sie nun Ihren persönlichen Vermögensplan ergebnisorientiert aufbauen.

Je nach Anlageziel, Alter und persönlicher Finanz- und Lebenssituation ergeben sich unterschiedliche Vermögensstrukturen und Anlagestrategien, die sich aus unterschiedlichen Bausteinen zusammensetzen. Häufig werden in der Fachliteratur, in Presseartikeln oder von Beratern Empfehlungen zu den einzelnen Strukturen im Gesamtvermögen gegeben, in denen Prozentangaben zur Größenordnung einzelner Anlagearten formuliert werden. Diese Empfehlungen sollten jedoch allenfalls als richtungweisend verstanden werden, denn vor der Strukturierung der Anlagen muss zunächst die individuelle Situation und die Höhe des Gesamtvermögens betrachtet werden.

Tipp!

Erst unter Berücksichtigung aller Faktoren kann eine individuell zugeschnittene Anlagestrategie entwickelt werden. Unabhängig von Alter und Anlageziel können nachfolgende Anlageregeln und Empfehlungen wichtige Hinweise für die Formulierung einer guten Anlagestrategie geben.

Nehmen Sie sich Zeit für Ihre Vermögensplanung. Das soll jetzt nicht heißen, dass Sie von nun an alle Fachbegriffe des Börseneinmaleins erlernen oder ab sofort täglich den Wirtschaftsteil von vorn nach hinten lesen müssen. Vielmehr geht es darum, die Zeit in sich selbst zu investieren, Herr der finanziellen Dinge zu werden, Ihre Vermögensbilanz zu erstellen und die einzelnen Bausteine darin auf ihre Eignung hinsichtlich Zielerfüllung und Qualität zu überprüfen. Das anschließende Gefühl der Beruhigung und der Gewissheit, gut vorgesorgt zu haben, lässt Sie Ihren Zeitaufwand schnell vergessen.

Nehmen Sie sich Zeit

Lassen Sie sich unterstützen – der Faktor Zinseszins

Der wichtigste Anlagegrundsatz für die Umsetzung: Fangen Sie an! Je früher, desto besser! Werden Sie aktiv! Damit sind Sie doch gestartet, richtig? Mit dem Ziel der finanziellen Eigenverantwortlichkeit! Seien Sie ehrlich zu sich selbst und lassen Sie keine Ausreden zu. „Ich habe gerade kein Geld übrig." Stimmt das wirklich? Überprüfen Sie im Haushaltsbuch Ihre Ausgaben. Oftmals geht es eher darum, die eigenen Prioritäten zurecht zu rücken und weniger um echte finanzielle Einschränkungen.

Und wie heißt es so schön: „Ein bisschen was geht immer". Und wie oft fallen die gesparten Euro bei den täglichen Ausgaben gar nicht ins Gewicht? Die häufige Erkenntnis lautet: „Hätte ich das Geld auf meinem Girokonto gehabt, hätte ich es ausgegeben". Auf der anderen Seite sind Freude und Stolz riesengroß, wenn nach ein paar Jahren tatsächlich schon ein kleiner Grundstock geschaffen wurde, der für bestimmte Anschaffungen zur Verfügung stehen kann.

Und je eher Sie mit Ihrem Sparprogramm beginnen, desto besser kann Sie der Zinseszinseffekt mit deutlichem Schwung bei Ihrem Vermögensaufbau unterstützen. Neben der erzielbaren Rendite einer Kapitalanlage ist der Faktor Zeit und damit der Zinseszins das wichtigste Kriterium. Da nicht jeder Anleger von Beginn an große Summen für seine Geldanlage ansparen kann, hilft ihm hier hauptsächlich die Zeit. Je länger eine Kapitalanlage läuft, egal ob per Einmalzahlung oder Sparplan, desto stärker sind die Auswirkungen des Zinseszinseffektes.

Die nachstehende Tabelle zeigt die Entwicklung eines einmaligen Anlagebetrages über zehn Jahre hinweg. Das Endkapital erhöht sich jedes Jahr um den Zinsbetrag. Der Einfachheit halber wird hier keine steuerliche Betrachtung angeführt. In dem darauf folgenden Jahr fallen Zinsen nicht nur für die ursprüngliche Anlagesumme an, sondern auch auf den vorjährigen Zinsbetrag. Jedes Jahr erhöht sich der Zinsbetrag etwas mehr.

Jahr	Anlagebetrag	Zinssatz in %	Zinsbetrag	Endkapital
1	5.000,00 Euro	5	250,00 Euro	5.250,00 Euro
2	5.250,00 Euro	5	262,50 Euro	5.512,50 Euro
3	5.512,50 Euro	5	275,63 Euro	5.788,13 Euro
4	5.788,13 Euro	5	289,41 Euro	6.077,53 Euro
5	6.077,53 Euro	5	303,88 Euro	6.381,41 Euro
6	6.381,41 Euro	5	319,07 Euro	6.700,48 Euro
7	6.700,48 Euro	5	335,02 Euro	7.035,50 Euro

8	7.035,50 Euro	5	351,78 Euro	7.387,28 Euro
9	7.387,28 Euro	5	369,36 Euro	7.756,64 Euro
10	7.756,64 Euro	5	387,83 Euro	8.144,47 Euro

Je länger die Anlagedauer ist, die Ihnen und der Anlage zur Verfügung steht, desto besser kann der Zinseszinseffekt zum Erfolg einer Anlage beitragen. Die nachfolgende Grafik zeigt die Entwicklung eine Einmalanlage von 10.000 Euro über verschiedene Zeiträume betrachtet. Natürlich ist die Höhe der Verzinsung oder die jährliche Wertentwicklung entscheidend für die gesamte Rendite einer Anlage. Unabhängig von ihrer Höhe trägt die Zeit mithilfe des Zinseszinseffektes zur Entwicklung der Anlage bei.

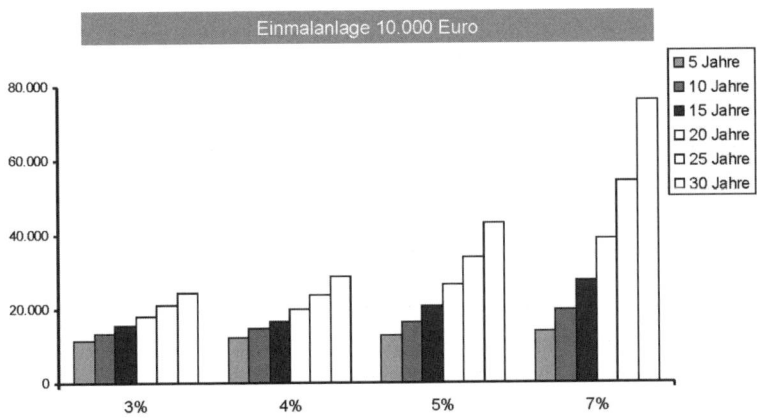

Je länger die Anlagedauer, umso stärker der Zinseszinseffekt.

Auf der anderen Seite gilt: Je später der Anleger mit dem Vermögensaufbau beginnt, desto mehr Geld muss er aufwenden, um bei einer bestimmten Rendite sein Ziel zu erreichen. Angenommen, Sie legen über 30 Jahre jeden Monat 100 Euro in einem Fonds an und rühren das Kapital nie an. Nach Ablauf der Zeit haben Sie mit Einzahlungen von insgesamt 36.000 Euro ein Vermögen von 100.000 Euro angespart, vorausgesetzt, der Aktienfonds erreicht eine jährliche Durchschnittsrendite von 6 Prozent.

Um die gleiche Summe zu erreichen, müssen Sie bei einer Spardauer von 25 Jahren und wiederum 6 Prozent jährlicher Entwicklung 145 Euro pro Monat aufbringen. Je später Sie mit dem Vermögensaufbau beginnen, desto höhere Raten sind nötig, um auf die gleichen Ergebnisse zu kommen. Den Zusammenhang sehen Sie in der nachfolgenden Grafik.

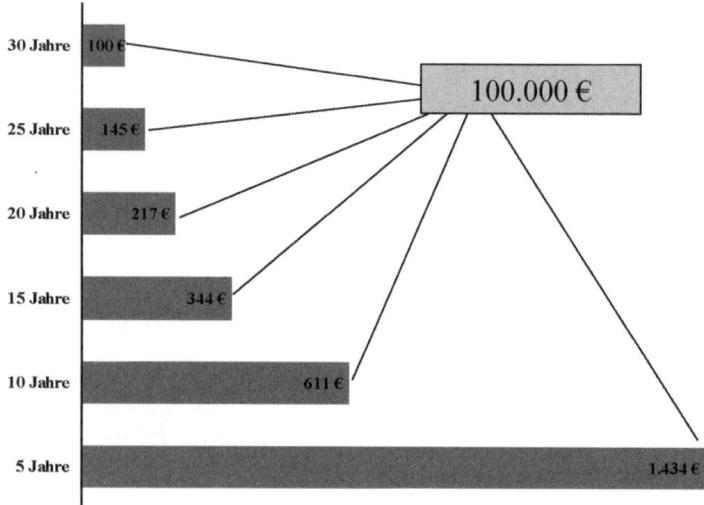

Monatliche Sparraten für einen Anlageerfolg von 100.000 Euro bei 6 Prozent Verzinsung.

Diversifizierung: Streuen Sie Ihre Anlagen!

Der zweitwichtigste Anlagegrundsatz lautet: Investieren Sie nie Ihr gesamtes Vermögen in einen einzigen Wert. (Sie wissen ja: Don't put all eggs into one basket!) Wer alles auf eine Karte setzt, kann alles verlieren. Denn viele Faktoren sind nicht prognostizierbar – den 100-prozentig richtigen Tipp gibt es nicht. Erst eine ausgewogene Streuung der Anlagen führt zu einer nachhaltigen Vermögenssicherung.

Ihre Risikoneigung als Anleger, Ihre Anlageziele und bereits vorhandenes Vermögen bilden die Grundlage für eine bestimmte Verteilung vorhandener Gelder und zukünftiger Liquidität auf die unterschiedlichen Anlageformen. Wie Sie diese bestimmen können und wie Sie die Ergebnisse nutzen, um Ihre finanzielle Situation zielgerichtet aufzubauen, erfahren Sie in dem Kapitel „Die eigene finanzielle Situation verstehen" ab Seite 17 und in dem Kapitel „Die eigene Finanzstrategie entwickeln" ab Seite 71.

Das Konzept für die individuelle Verteilung des Vermögens wird **Asset Allocation** genannt. Die Asset Allocation verdient die größte Sorgfalt beim Aufbau und der Verwaltung Ihrer Finanzen. Eine optimale, individuell auf Ihre Bedürfnisse abgestimmte Verteilung Ihres Gesamtver-

mögens auf verschiedene Anlageklassen wie Geldmarktpapiere, festverzinsliche Wertpapiere, Aktien, Immobilien oder Beteiligungen bringt den
größten Erfolg für Ihr gesamtes Anlagekonzept.

Achten Sie bei der Gestaltung Ihres Gesamtportfolios darauf, dass Ihre
wichtigsten Ziele die notwendige Aufmerksamkeit finden. So dürfen zum
Beispiel starke Aktienverluste die Substanz Ihres Vermögens nicht auf-
zehren – ein Teil des Vermögens sollte daher in konservativen Werten
sichergestellt sein.

Tipp!
Investmentfonds sind mittlerweile in einem ausgewogenen Portfolio unverzichtbar. Sie erlauben es jedem Anleger, sein Vermögen breit zu diversifizieren:
international, über verschiedene Branchen und in unterschiedlichen Anlageklassen.

Dennoch gilt bei aller Streuungsliebe: Weniger ist mehr! Achten Sie darauf, stets den Überblick zu behalten und jedes einzelne Investment mit gut proportionierten Losgrößen auszustat-
ten.

Weniger ist mehr

Der richtige Anlagehorizont ist entscheidend!

Wie Sie mittlerweile wissen, wird die Anlagedauer durch die Anlageziele bestimmt: Für langfristige Ziele dürfen ertragreichere Anlageformen
zur Anwendung kommen, wie zum Beispiel Aktien und Aktienfonds.
Anleihen haben geringere Schwankungen, aber langfristig gesehen auch
niedrigere Durchschnittserträge als Aktien bzw. Aktienfonds. Die unterschiedlichen Ertragserwartungen und Anlagehorizonte führen auch zu
unterschiedlichen Anlageergebnissen.

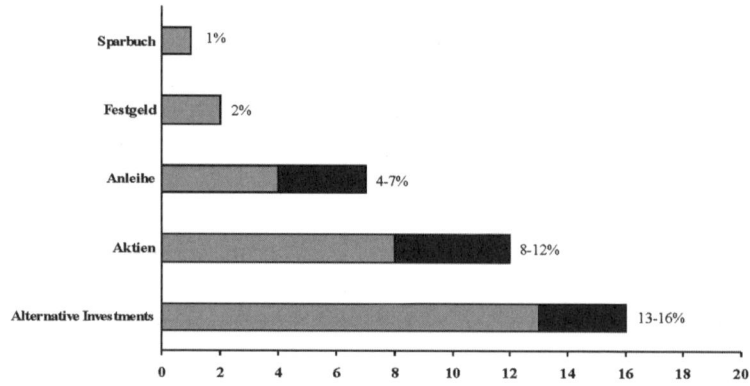

Stand: 7/2007; Renditevergleich über 20 Jahre,
(Quelle: Venture Economics, Mackewicz)

Die durchschnittliche Entwicklung verschiedener Anlagen seit 1987

In der Grafik sehen Sie sehr gut, dass unterschiedliche Anlagen in 20 Jahren andere Ergebnisse erwirtschaften können. Lassen Sie sich aber nicht durch hohe Zahlen verleiten. Wie Sie aus den vorangegangenen Kapiteln wissen, ist Rendite immer mit Risiko verbunden. Je höher die Renditechancen, desto höher ist ein mögliches Verlustrisiko. Gerade Aktienanleger haben in den vergangenen zehn Jahren zum Teil sehr heftige Berg- und Talfahrten erleben müssen. Ein Mehrwert von Aktienanlagen gegenüber Anleihen wurde teilweise mit hohem psychischem Einsatz bezahlt – oder konnte in teilweise auch gar nicht erwirtschaftet werden.

Tipp!

Für kurzfristigere Anlagen wählen Sie besser sichere Anlagen, die zwar weniger Rendite versprechen, dafür aber weniger schwankungsanfällig und damit eine stabilere Größe für die Anlageziele sind, die sicher innerhalb weniger Jahre oder Monate erreicht werden sollen.

Für langfristige Anlageziele gilt: Gut Ding braucht Weile! Die größeren Kursschwankungen von Aktien, die kurzfristig zu deutlichen Verlusten führen können, schlagen sich langfristig in höheren Kursgewinnen nieder. Bei langfristiger Betrachtung war die Entwicklung der Aktienmärkte – trotz zwischenzeitlich zum Teil heftiger Schwankungen – positiv.

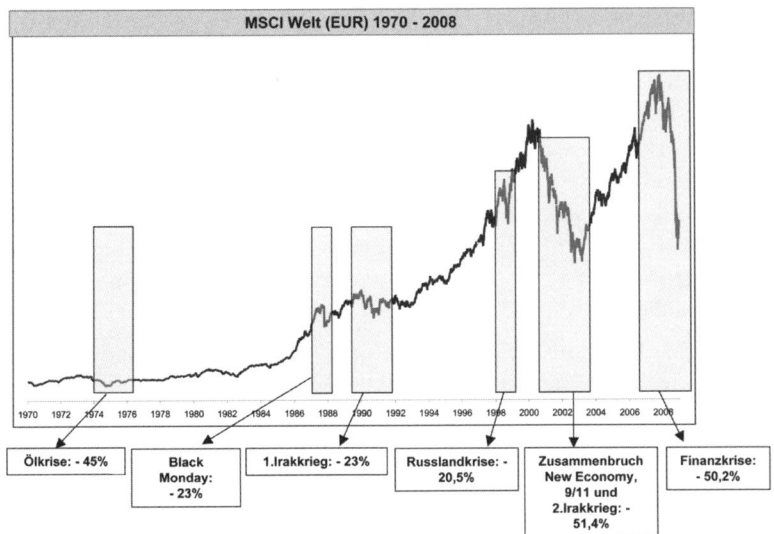

MSCI Welt (in Euro) 1970 - 2008

Am Monatsanfang sparen

Noch so viel Monat und so wenig Geld? Nichts da zum Anlegen? Wenn man Sie jetzt fragen würde, ob Sie zu wenig verdienen, werden Sie das mit Blick auf Ihre Ausgaben sicher bejahen. Aber: Geben Sie vielleicht auch zu viel aus? Überprüfen Sie in Ihrem Haushaltsbuch, wofür Sie das meiste Geld ausgeben. Wo gibt es Einsparpotenziale? Legen Sie einen Betrag fest, den Sie gut auf die Seite legen können, ohne sich zu sehr einschränken zu müssen. Und diesen Betrag sparen Sie am besten gleich zu Monatsanfang. Legen Sie die Gelder, die Sie anlegen wollen, gleich am Monatsbeginn zur Seite und investieren Sie in die verschiedenen Anlageformen.

Setzen Sie keine Anlageziele aufs Spiel!

Investieren Sie auch nur das Geld in langfristige Anlageformen, das Sie nicht dringend kurzfristig benötigen. Sollten Sie im Notfall Kapitalbedarf haben und über keine Rücklagen verfügen, laufen Sie Gefahr, Ihre langfristigen Anlageziele zu kannibalisieren. Die Existenz des Lebensunterhaltes hat grundsätzlich Vorrang.

Überschüssiges Kapital ist die beste Basis für Ihren Vermögensaufbau. Spekulieren Sie nicht auf Kredit – leihen Sie sich kein Geld aus, um es anzulegen. Da an der Börse der Erfolg bei weitem nicht vorprogrammiert ist, wäre es geradezu leichtsinnig, mit geliehenem Geld zu spekulieren, also risikoreichere Anlagen damit zu finanzieren. Denn ein Kursverlust richtet dann doppelten Schaden an: Sie verlieren Teile des eingesetzten Geldes und müssen den Kreditbetrag auch noch zurückzahlen. Beschränken Sie sich lieber auf einen kleinen Betrag, auf den Sie schlimmstenfalls auch verzichten können, als hinterher auf einem Berg von Schulden sitzen zu bleiben.

Wählen Sie für Aktienanlagen die Investition über einen Fondssparplan und nutzen Sie zusätzlich den Cost Average Effekt, damit federn Sie das Risiko von Kursschwankungen deutlich ab.

Kein Timing - Nutzen Sie den Cost Average Effekt

Versuchen Sie nicht, den richtigen Einstiegszeitpunkt zu erwischen. Es gibt ihn nämlich nicht. Zwar bestimmt der Zeitpunkt der Anlage den Preis, aber die Bestimmung des richtigen Zeitpunktes ist unmöglich. Das Ziel, Anlagen gerade am Tiefstpunkt zu kaufen und zum Höchstpreis wieder zu verkaufen, hat noch niemand auf Dauer erreichen können. Niemand weiß, wann genau gute oder schlechte Börsenzeiten anstehen.

Im November 2007 wurde von der IESE Business School in Barcelona eine Studie veröffentlicht, in der in 15 Ländern die langfristigen Kursentwicklungen der Aktienbörsen untersucht wurden. Kernaussage der Studie: Extreme Kursausschläge treten an den Börsen weitaus häufiger auf als generell angenommen und sind nicht prognostizierbar.

Die folgende Grafik zeigt die Entwicklung des weltweiten Aktienindizes MSCI Welt (hier in Euro dargestellt) seit 1995. Wer am 1. Januar 1995 1.000 Euro angelegt hat, konnte sich nach 13 Jahren trotz teilweise heftiger Schwankungen über 1.853 Euro freuen. Wer aber die drei besten Tage verpasste, erhielt rund 16 Prozent weniger, immerhin noch 1.559 Euro. Ohne die fünf besten Tage hätte der Einsatz nur noch 1.431 Euro gebracht, rund 23 Prozent weniger. In dem betrachteten Zeitraum machen fünf Tage weniger also 0,15 Prozent aller betrachteten Handelstage aus, – und diese fünf Tage im vornherein zu bestimmen, ist nahezu unmöglich. Außerdem spielen Emotionen eine große Rolle bei der Anlage: der beste aller Tage fiel in den Juli 2002, in eine Zeit, in der eher Angst und Zurückhaltung viele Anleger bremste.

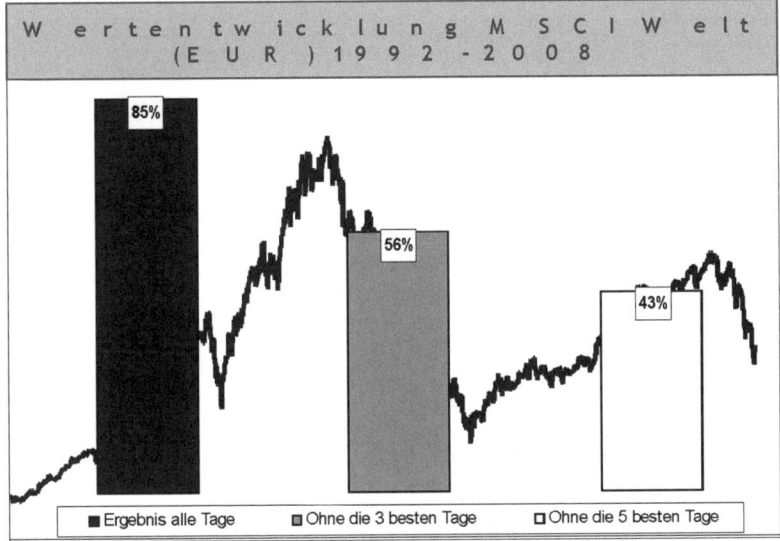

Entwicklung MSCI Welt (in Euro) 1.1.1992 – 31.3.2008

Anstatt zu versuchen, die Märkte zu timen, sollte man besser eine zeitlose Investmentstrategie fahren – nutzen Sie den Cost-Average-Effekt: Wenn Sie monatlich einen festen Betrag in einen Fonds investieren, machen Sie sich vom optimalen Einstiegszeitpunkt unabhängig. Bei höheren Kursen werden weniger, bei niedrigen Kursen dagegen mehr Anteile gekauft, wodurch man – über einen längeren Zeitraum betrachtet – zu einem „Durchschnittskurs" einkauft. Dieser ist über einen längeren Zeitraum meist günstiger als der einmalige Kauf von Anteilen.

Zeitlose Investmentstrategie

Ein Beispiel: Nehmen wir einmal an, Sie investieren monatlich 100 Euro in drei verschiedene Fonds, Fonds 1, Fonds 2 und Fonds 3. Der Sparplan dauert ein Jahr. In dem Chart sehen Sie den Verlauf der Fonds während des Jahres und ihre Kurse jeweils zu Monatsbeginn.

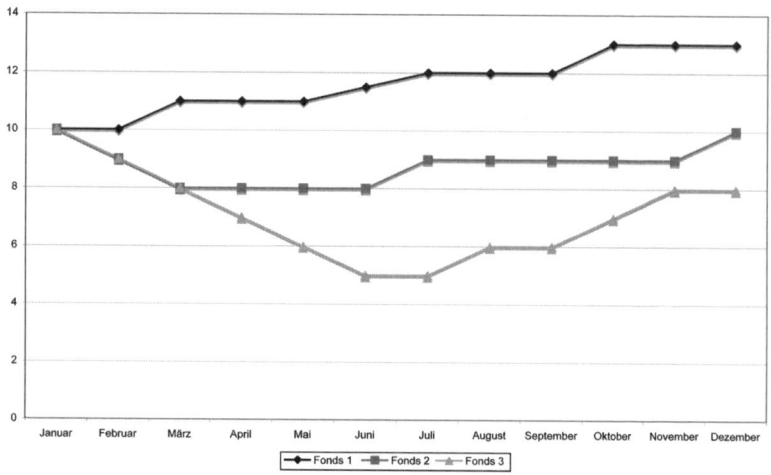

Die Ergebnisse der Fonds nach einem Jahr sehen folgendermaßen aus:

Fonds 1: plus 30 Prozent

Fonds 2: plus/minus 0 Prozent

Fonds 3: minus 20 Prozent.

Ihre Fondssparpläne hätten sich folgendermaßen entwickelt:

Fonds 1:

Monat	Anlagebetrag	Anteile
Januar	100 Euro zu 10 Euro Kurswert	10
Februar	100 Euro zu 10 Euro Kurswert	10
März	100 Euro zu 11 Euro Kurswert	9,1
April	100 Euro zu 11 Euro Kurswert	9,1
Mai	100 Euro zu 11 Euro Kurswert	9,1
Juni	100 Euro zu 11,5 Euro Kurswert	8,7
Juli	100 Euro zu 12 Euro Kurswert	8,33
August	100 Euro zu 12 Euro Kurswert	8,33
September	100 Euro zu 12 Euro Kurswert	8,33
Oktober	100 Euro zu 13 Euro Kurswert	7,69
November	100 Euro zu 13 Euro Kurswert	7,69
Dezember	100 Euro zu 13 Euro Kurswert	7,69

Insgesamt wurden 1.200 Euro angelegt. Zum Jahresende haben Sie 104,06 Anteile von Fonds 1 im Depots zu einem Kurswert von 13 Euro = 1.352,78 Euro. Der durchschnittliche Einkaufskurs beläuft sich auf 11,63 Euro. Wenn Sie das Ergebnis mit dem gesamten Kapitaleinsatz vergleichen, haben Sie eine Rendite von 12,73 Prozent erwirtschaftet.

Fonds 2:

Monat	Anlagebetrag	Anteile
Januar	100 Euro zu 10 Euro Kurswert	10
Februar	100 Euro zu 9 Euro Kurswert	11,11
März	100 Euro zu 8 Euro Kurswert	12,5
April	100 Euro zu 8 Euro Kurswert	12,5
Mai	100 Euro zu 8 Euro Kurswert	12,5
Juni	100 Euro zu 8 Euro Kurswert	12,5
Juli	100 Euro zu 9 Euro Kurswert	11,11
August	100 Euro zu 9 Euro Kurswert	11,11
September	100 Euro zu 9 Euro Kurswert	11,11
Oktober	100 Euro zu 9 Euro Kurswert	11,11
November	100 Euro zu 9 Euro Kurswert	11,11
Dezember	100 Euro zu 10 Euro Kurswert	10

Insgesamt wurden 1.200 Euro angelegt. Zum Jahresende haben Sie 136,66 Anteile von Fonds 2 im Depots zu einem Kurswert von 10 Euro = 1.366,60 Euro. Der Durchschnittskurs beläuft sich auf 8,83 Euro. Bezogen auf den gesamten Kapitaleinsatz beläuft sich die Rendite auf 13,88 Prozent.

Fonds 3:

Monat	Anlagebetrag	Anteile
Januar	100 Euro zu 10 Euro Kurswert	10
Februar	100 Euro zu 9 Euro Kurswert	11,11
März	100 Euro zu 8 Euro Kurswert	12,5
April	100 Euro zu 7 Euro Kurswert	14,29
Mai	100 Euro zu 6 Euro Kurswert	16,67
Juni	100 Euro zu 5 Euro Kurswert	20
Juli	100 Euro zu 5 Euro Kurswert	20
August	100 Euro zu 6 Euro Kurswert	16,67
September	100 Euro zu 6 Euro Kurswert	16,67
Oktober	100 Euro zu 7 Euro Kurswert	14,29
November	100 Euro zu 8 Euro Kurswert	12,5
Dezember	100 Euro zu 8 Euro Kurswert	12,5

Insgesamt wurden 1.200 Euro angelegt. Zum Jahresende haben Sie 177,2 Anteile von Fonds 3 im Depot zu einem Kurswert von 8 Euro = 1.417,60 Euro. Der durchschnittliche Einkaufskurs beläuft sich auf 7,08 Euro. Bezogen auf den gesamten Kapitaleinsatz beläuft sich die Rendite auf 18,13 Prozent.

Der Fonds mit der im Jahresverlauf schlechtesten Entwicklung hat durch das monatliche Ansparen seinen Beitrag für das Depot genau umkehren können und ein zweistelliges Plus erwirtschaftet. Bei sinkenden Kursen konnten für den gleichen Anlagebetrag mehr Fondsanteile gekauft werden, die den Wiederanstieg des Kurses alle mitgetragen haben. Auch der Fonds 2 mit einer gleichbleibenden Entwicklung im Jahresverlauf hat durch den monatlichen Sparplan einen Mehrwert im Depot erzielen können.

Mit einem Fondssparplan folgen Sie einer wichtigen Marktregel: „Wenig kaufen, wenn es teuer ist, viel kaufen, wenn es günstig ist." Vorübergehende Kurseinbrüche wirken sich auf diese Weise nicht so nachteilig auf das investierte Kapital aus. Sie weisen sogar einen renditebringenden Vorteil auf: Durch die regelmäßigen Käufe zu jeweils günstigeren Kursen wird der durchschnittliche Einstandspreis erheblich gesenkt.

Achtung!

Die Methode setzt allerdings voraus, dass der Fonds auf lange Sicht eine positive Wertentwicklung aufweist. Ein Fondssparplan eignet sich für alle Risikoklassen. Besonders deutlich wird der Resultat in ertragreichen, aber sehr volatilen, also schwankungsreichen, Märkten.

Beispiel

Die Pateneltern haben gleich zu Geburt der kleinen Amelie einen Fondssparplan eröffnet, um sie später einmal bei ihrer Ausbildung finanziell zu unterstützen. Bis zu Amelies 18. Geburtstag haben sie monatlich 50 Euro eingezahlt, insgesamt 10.800 Euro. Die Anlage war bis dahin auf 19.368 Euro gestiegen. Das entspricht einer durchschnittlichen Entwicklung von 6 Prozent pro Jahr. Natürlich ist die Wertsteigerung vor allem dem guten Fonds zu verdanken. Aber auch der Zinseszins- und der Cost-Average-Effekt haben maßgeblich zur Wertsteigerung beigetragen.

Wichtig: Mit zunehmender Dauer nehmen Sparpläne mehr und mehr den Charakter einer Einmalanlage an, da das bereits investierten Kapital im Verhältnis zu den Sparraten immer mehr ansteigt. Durch Umschichtung von Fondsanteilen und gezielte Diversifikation kann ein zunehmendes Klumpenrisiko wieder auf mehrere Standbeine verteilt werden.

Kaufen Sie nicht die Katze im Sack!

Investieren Sie nur in Anlagen, die Sie kennen (gelernt haben) und verstehen. Kaufen Sie nichts, was Ihnen unbekannt oder nicht verständlich ist. Auf diese Regel wurde in diesem Buch schon mehrfach hingewiesen. Dies ist Absicht. Viele Anleger verlieren Geld, weil sie die grundsätzlichen, einfach scheinenden Regeln nicht befolgen.

Die Entwicklung an den Kapitalmärkten hängt nicht von den Anlageprodukten ab, sondern von den Emotionen und Stimmungen der Anleger. Anleger sehen oft bei Wertpapieren, die in jüngster Zeit an Wert verloren haben, nur das Risiko, und bei solchen, die stark gestiegen sind, nur die Ertragschancen. Die Wertentwicklung in der Vergangenheit ist aber kein Garant für die Zukunft.

Angst und Gier gehören zu den häufigsten Ursachen, die Anleger zu Fehlentscheidungen bei ihren Investmentgeschäften verleiten – in Unkenntnis ihrer Anlagen und deren Merkmalen. Nur wenn Sie ein Produkt verstehen und über mögliche Kursschwankungen oder Ertragspotenziale Bescheid wissen, erfolgt eine Kaufentscheidung auf fundierter und bewusster Basis.

Kauf nur bei Kenntrnis

> **Tipp!**
> Meiden Sie bitte Anlagen, deren Konzept Sie nicht durchschauen. Das Gleiche gilt für den Kauf von Aktien: Kaufen Sie keine Aktien von Unternehmen, deren Geschäftskonzept sich Ihnen nicht klar erschließt.

Seien Sie beständig und konsequent!

Und noch ein guter Rat: Halten Sie beständig an Ihrer langfristigen Strategie fest. Oder wollen Sie Ihr Haus ständig von Grund auf abreißen und wieder neu errichten? Bei der Geldanlage zählen Geduld und Gelassenheit. Glauben Sie an Ihre Strategie und lassen Sie sich nicht durch neue Trends oder vermeintliche Schnäppchen von Ihrem Weg abbringen. Gefühle und Erlebnisse der Vergangenheit beeinflussen permanent die Handlungen in der Gegenwart. Zudem handeln Anleger oft sehr emotional und vergessen ihre langfristigen wirtschaftlichen Ziele.

Verlieben Sie sich auf der anderen Seite aber auch nicht in Ihre Anlagen. Schlechte oder nicht mehr passende Anlagen sollten konsequent abgestoßen werden, um Verluste zu minimieren. Grundlegende Veränderungen am Markt, neue steuerliche und wirtschaftliche Rahmenbedingungen und Änderungen der persönlichen Lebenssituation müssen Berücksichtigung in Ihrer Anlagestrategie finden.

> **Tipp!**
> Aktienengagements lassen sich mit Stop-Loss-Order gegen allzu heftige Kursverluste absichern. Eine Stop-Loss-Order ist eine Verkaufsorder, die erst ab Erreichen eines gewählten niedrigeren Kurses ausgeführt wird – quasi wie ein Sicherheitsnetz, das den Wert der Anlage ab diesem Zeitpunkt in Geldwerten bewahrt.

Viele Anleger verkaufen ihre Werte zu schnell mit Gewinn und lassen Verlust bringende Titel immer weiter laufen. Schlagen Sie genau den umgekehrten Weg ein: „Gewinne laufen lassen, Verluste begrenzen".

Seien Sie mutig!

Seien Sie mutig – aber nur dann, wenn es passt. Dieser Rat bezieht sich nicht nur auf die Produktseite, sondern vor allem auf Ihre Risikoneigung. Sie mögen zwar vom Kopf her alles verstehen und nachvollziehen können, doch wenn der Bauch grummelt, dann ist diese Anlage (noch) nichts für Sie. Es gibt keine allgemeingültigen Gesetze – Sie müssen sich mit der Anlage wohlfühlen. Schlechter Schlaf, Sorgen und Augenringe lassen sich mit keiner Rendite aufwiegen.

Pepp im Portfolio
Dennoch: ein bisschen Pepp muss auch sein! Wenn Sie auf Dauer höhere Renditen erzielen wollen, müssen Sie ein bisschen Risiko in Ihr Portfolio aufnehmen. Es muss ja nicht gleich ein Zockerwert sein – aber Anlagen, die auf lange Sicht einen Mehrwert gegenüber konservativen Anlagen erwirtschaften können, wie Aktien, Aktienfonds oder andere Sachwertbeteiligungen. Wenn Sie wissen, dass Ihr Vermögenshaus auf einem soliden Fundament steht, können Sie bei langfristig ausgerichteten Anlagen auch Schwankungen ertragen.

Ihre Bereitschaft und Fähigkeit zu mehr Risiko kann durchaus wachsen. Mit steigendem Vermögen und zunehmender Erfahrung kann sich die Einstellung zu bestimmten Anlagen durchaus ändern.

Bedenken Sie, dass schon geringe Renditevorsprünge langfristig deutliche Mehrerträge bringen. Wie stark die Unterschiede ausfallen können, sehen Sie in nachfolgender Grafik. Sie zeigt die Anlageergebnisse, die eine Einmalanlage von 50.000 Euro bei unterschiedlicher Wertentwicklung nach 25 Jahren erwirtschaften kann.

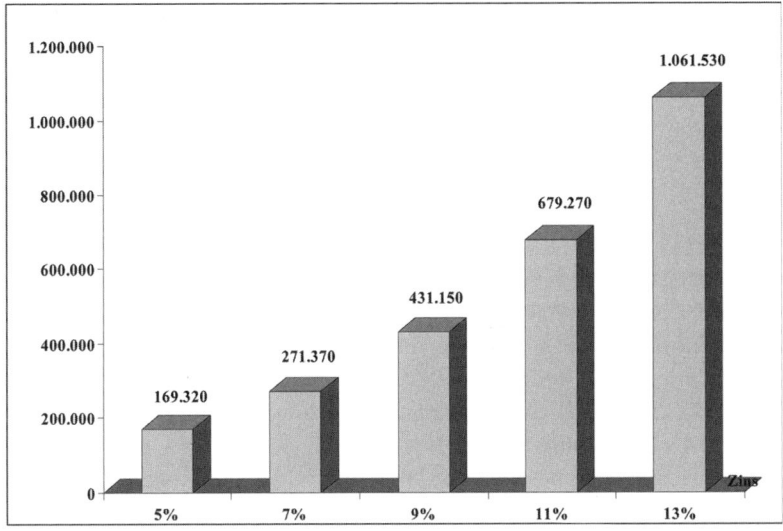

Entwicklung von 50.000 Euro nach 25 Jahren

Patriotismus ist fehl am Platz

Blickt man in die Depots deutscher Anleger, findet man sehr häufig eine Übergewichtung deutscher Werte und Titel. Sie verzichten damit auf Diversifikationsvorteile und die Wahrnehmung von Anlagechancen in anderen Ländern und Regionen der Welt.

Sicher gibt es gute Gründe, sein Geld im Heimatmarkt anzulegen: Informationen über Aktien sind einfach und in deutscher Sprache erhältlich. Als weiterer Grund wird oft die Furcht vor Währungsschwankungen genannt – was allerdings angesichts des großen Euroraumes kein stichhaltiges Argument mehr ist: Von Skandinavien bis zu den Mittelmeerländern ergibt sich ein deutlich größeres und interessanteres Anlageuniversum, als dies der deutsche Markt alleine bieten könnte.

Wer sein Geld ausschließlich innerhalb der Grenzen des eigenen Landes anlegt, hat alle Risiken am gleichen Ort. Bedenken Sie, auch der deutsche Markt ist starken Schwankungen ausgesetzt. Deutsche Aktien machen nur ca. 4 Prozent der Weltmarktkapitalisierung aus. Die wirtschaftlichen Hauptaktivitäten finden (auch) an vielen anderen Weltmärkten statt. Und wer den Verlauf des deutschen Aktienindex Dax seit 2001 betrachtet, muss feststellen, dass dieser seine Verluste seit seinem Höchststand im März 2000 auch nach sieben Jahren noch nicht aufgeholt hat. Andere Märkte haben im Vergleich deutlich besser abgeschnitten.

Tipp!

Diversifizieren Sie Ihr Depot konsequent, nutzen Sie die weltweiten Anlagen, die Sie über Investmentfonds mit geringem Aufwand und Kosten erreichen können.

Die Wertschöpfungs- und Wachstumsprozesse von Ländern und Regionen unterliegen einem ständigen Wandel. Kein Land ist immer gut – oder schlecht, wie die unten stehende Übersicht beweist. Die Tabelle zeigt die Entwicklung des jeweils wichtigsten nationalen Aktienindexes in dem jeweiligen Jahr. Sie sehen, dass zwischen einzelnen Ländern gewaltige Unterschiede im jeweiligen Jahresergebnis liegen und dass der Gewinner des einen Jahres ganz schnell im nächsten Jahr zu den Verlierern zählen kann und umgekehrt.

Italien	Italien	Singapur	Italien	Großbritannien	Singapur	Hongkong	Hongkong	Japan	Singapur	Hongkong
57,5	42,3	101,3	5,3	11,8	-16,4	37,5	25,1	44,6	35,5	41,6
USA	USA	Hongkong	Großbritannien	USA	Hongkong	Singapur	Italien	Großbritannien	Hongkong	Singapur
33,4	30,1	60,1	-4,5	12,4	-17,8	34,7	22,8	20,1	30,7	20,4
Japan	Hongkong	USA	Hongkong	Hongkong	Italien	Japan	Großbritannien	Singapur	USA	USA
-14,5	-2,9	21,9	-14,5	18,6	-21,4	22,7	11,5	16,5	15,8	5,4
Singapur	Japan	Italien	Japan	Japan	USA	Großbritannien	Japan	Hongkong	Großbritannien	Italien
-15,7	-8,9	16,8	-19,8	19	-23,1	18,8	10,8	8,1	14,6	-4,3
Hongkong	Singapur	Großbritannien	Singapur	Italien	Großbritannien	Italien	USA	USA	Japan	Japan
-23,3	-14,7	16,1	-24,8	22,6	-23,4	14,7	10,1	5,1	7,3	-10,2

Quelle: ACMBernstein

Eine einseitige Spezialisierung ist nicht nur in Bezug auf die Ländergewichtung die falsche Mischung. Auch ein Branchenfokus im Depot stellt keine Diversifikation dar. Sehr oft investieren Anleger in die Branche, in der sie auch beruflich tätig sind. Weil sie die Branche zu kennen glauben, richten sie ihr gesamtes Portfolio danach aus. Damit werden sowohl Einkommen als auch Vermögen vom gleichen Umfeld bestimmt. Die notwendige Stabilität ihrer Anlagen kann jedoch nur durch Streuung in andere Bereiche hergestellt werden.

Ihre Geldanlage in verschiedenen Lebensphasen

So wie sich in unterschiedlichen Lebensphasen die Ansprüche und die Möglichkeiten des Wohnens umstellen, so verändern sich auch die Strategien zur Geldanlage. Als Student oder Berufsanfänger ist die Studentenbude oder die WG genau das Richtige. Später einmal möchte man sein eigenes Reich und anstelle der Matratze auf dem Boden doch lieber ein richtiges Bett. Auch im Hinblick auf Ihr Vermögenshaus verschieben sich im Laufe des Lebens die Einnahmen und Ausgaben, die Wünsche und Ansprüche. In der Regel kommt nach Ausbildung oder Studium der erste Job. Mit zunehmendem Einkommen und Alter steigen die Konsumwünsche: der Wunsch nach einer Familie, der Traum vom eigenen Haus, ein tolles Auto oder die große Reise. In dieser Phase sind die ersten Ersparnisse meist aufgebraucht. Oft werden nun Kredite, zum Beispiel für den Wohnungs- oder Hauskauf, benötigt. Je schneller sie zurückgezahlt werden, desto frühzeitiger kann man neue Reserven aufbauen.

Menschen in den besten Jahren haben wiederum ganz andere finanzielle Ziele als Berufseinsteiger. Mit Beginn des Ruhestandes spielen die Ersparnisse wieder eine wichtige Rolle: Die staatliche Rente ist in der Regel geringer als das vorherige Einkommen. Damit entsteht eine Versorgungslücke, die abgedeckt werden muss. Sparen ist daher über alle Lebensphasen nicht nur sinnvoll, sondern auch notwendig.

Jeder Mensch durchläuft während seines Lebens verschiedene Lebensphasen und Lebenssituationen. In jedem dieser Lebensabschnitte gibt es unterschiedliche Interessen, Probleme, Wünsche, Ziele, Bedürfnisse, Motive und Einstellungen. Das Reizvolle am Leben ist nicht zuletzt der Wandel. Und darauf sind die meisten von uns auch eingestellt – wir haben für jedes Wetter die passende Kleidung, für Regen oder Sonne das passende Schuhwerk. Doch was, wenn das Wetter unserer persönlichen Lebenssituation umschlägt? Ihr Geld ist das Mittel zum Zweck, um das Leben leben zu können, das Sie wollen.

Auf den folgenden Seiten erfahren Sie, welche Lösungen für welches Alter und welche Lebenssituation in Betracht kommen. Achtung: Das Lebensphasenmodell bietet lediglich eine Richtschnur, wie man in den jeweiligen Lebensphasen optimal investieren könnte. Je nach persönlichen Präferenzen und Risikoneigungen kann der Anleger von diesem Modell abweichen. So kann zum Beispiel der 55-jährige Investor seinen Aktienanteil drastisch übergewichten und zusätzlich versuchen, mit Optionen und Futures kurzfristige Handelssignale umzusetzen, während der 30-Jährige von Natur aus dem Aktienmarkt skeptisch gegenübersteht und stattdessen sein Kapital lieber in festverzinsliche Wertpapiere investiert.

Berufsanfänger

Am Anfang eines Berufslebens sind die finanziellen Mittel oft noch beschränkt. Konsumwünsche stehen im Vordergrund.

Anpassungen im Absicherungskonzept

* Wer nicht mehr bei den Eltern lebt, braucht eine eigene Haftpflichtversicherung.

* Einkommensausfälle sollten abgesichert werden, Berufsanfänger haben nahezu keine gesetzliche Versorgung. Lesen Sie hierzu auch noch einmal die Ausführungen zur Berufsunfähigkeitsabsicherung auf Seite 41.

* In dieser Lebensphase ist eine Risikolebensversicherung meist noch unwichtig, da Hinterbliebenenversorgung noch keine Rolle spielt. Erst wenn ein Ehepartner und Kinder abzusichern sind, sollte eine reine Risikolebensversicherung abgeschlossen werden.

Vermögen und Vorsorge

Bildung von Rücklagen für unvorhergesehene Ereignisse: Zu Beginn des Berufslebens sind Geldanlagen, die flexibel angespart werden können (zum Beispiel Geldmarkt-, Renten- und Aktienfonds) zur Vermögensbildung besser geeignet als beispielsweise eine private Rentenversicherung.

Aufbau von längerfristigen Anlagen: Je früher, desto besser. Der Zinseszinseffekt hilft und nicht nur der. Der Staat unterstützt das Sparen junger Leute, die noch kein hohes Einkommen haben, zum Beispiel mit vermögenswirksamen Leistungen, die in einem Fonds mit Arbeitnehmersparzulage angespart werden.

Tipp!

Zahlreiche Unternehmen zahlen ihren Angestellten monatlich vermögenswirksame Leistungen (VWL) aus. Die Höhe der monatlichen Zuschüsse ist abhängig von der Branche und den jeweils geltenden tarifvertraglichen Vereinbarungen. Wer die Zuschüsse nicht in Anspruch nimmt, verschenkt nicht nur die Arbeitgeberleistung, sondern auch die vom Staat gewährte Arbeitnehmer-Sparzulage für Arbeitnehmer, deren Einkünfte unterhalb von 17.900 Euro für Ledige und 35.800 Euro für Verheiratete liegen.

Das Ansparen von vermögenswirksamen Leistungen in einem Aktienfonds oder Bausparvertrag ist Voraussetzung für die staatliche Arbeitnehmer-Sparzulage. Der Anspruch auf Arbeitnehmersparzulage entsteht mit Ablauf des Kalenderjahrs, in dem die vermögenswirksamen Leistungen angelegt worden sind. **Die Arbeitnehmersparzulage** wird aber erst zur Auszahlung fällig, muss aber jedes Jahr mit der Steuererklärung beantragt werden. Falls ein Sparer hohe Werbungskosten oder Freibeträge für Kinder anrechnen kann, besteht unter Umständen auch bei einem höheren Bruttoeinkommen ein Anspruch auf die Arbeitnehmer-Sparzulage.

Ist man im Job einigermaßen gefestigt, sollte der Altersvorsorge ein besonderes Augenmerk zukommen. Dank der langen Spardauer und dem Zinseszinseffekt kann ein Berufsanfänger sein im Ruhestand benötigtes Kapital mit viel niedrigeren monatlichen Beiträgen ansparen. Kann über den Arbeitgeber Entgeltumwandlung betrieben werden oder bietet sich eine Riester-Rente an?

Die Ausführungen zur Entgeltumwandlung oder auch betrieblichen Altersvorsorge und zur Riester-Rente finden Sie ab Seite 155 in dem Kapitel zur Altersvorsorge.

Erst wenn dann noch Geld verfügbar ist, sollte der eigentliche Vermögensaufbau in Form von breit gestreuten Aktienfonds und Anleihen erfolgen. Zu empfehlen sind hier Fondssparpläne: Nutzen Sie den Cost-Average-Effekt zum langfristigen Vermögensaufbau.

Jobwechsel

Ein Wechsel des Arbeitsplatzes findet heutzutage in vielen Lebensläufen statt. Wenn Sie zu einem anderen Arbeitgeber wechseln oder sich beruflich ganz neu ausrichten wollen, sind einige Punkte zu beachten?

Anpassungen im Absicherungskonzept

Manchen Versicherungsgesellschaften muss für die Berufsunfähigkeitsversicherung ein Jobwechsel mitgeteilt werden.

Vermögen und Vorsorge

Wenn möglich, sorgen Sie für die Übertragung der ehemaligen Form der Betrieblichen Altersvorsorge auf den neuen Arbeitgeber. Bringt der Jobwechsel ein besseres Gehalt mit sich, können höhere Sparraten in Erwägung gezogen werden.

Ist die Liquiditätsreserve aufgebaut und steht sicher – das Fundament des Vermögenshauses – kann mehr Geld in den Aufbau lang- und mittelfristiger Ziele fließen.

Heirat

Am Hochzeitstag ändern sich nicht nur der Ehestand, Rechtsstatus und vielleicht auch der Name: Der Start in das Eheleben bringt auch für das Finanzkonzept eines Brautpaares einige Änderungen mit sich. Zunächst ändert sich bei einer Eheschließung fast immer die Steuerklasse. Die Steuerklasse I betrifft in der Regel die Ledigen und muss nach der Heirat geändert werden. Grundsätzlich bleibt es jedem Paar überlassen, mit welchen Kombinationen aus Steuerklassen es seinen unterjährigen Lohnsteuereinbehalt gestaltet. Durch die Einkommensteuererklärung wird am Ende alles wieder ausgeglichen. Die Wahl der optimalen Steuerklasse hängt von der Höhe der Einkommen der Ehegatten ab und soll die unterjährige Liquidität bestmöglich gestalten. Verdienen die Partner etwa gleich viel, empfiehlt sich Steuerklasse IV für beide. Auf diese Weise erfolgt eine Besteuerung der beiden Ehegatten ähnlich wie bei Alleinstehenden. Bezieht nur einer der beiden Partner ein Einkommen, ist die Steuerklasse III am besten. Verdienen beide Partner, haben jedoch unterschiedliche Einkommen, sollte am besten wie folgt vorgehen: Derjenige, der mehr verdient, wählt die Steuerklasse III, der Ehepartner mit dem niedrigeren Einkommen beantragt die Steuerklasse V.

Die endgültige Steuerschuld wird erst nach Ablauf eines Kalenderjahres durch eine Einkommensteuerveranlagung festgestellt. Durch Wahl von Lohnsteuerklassen (etwa III und V im Gegensatz zu IV und IV) lassen sich daher keine endgültigen Steuervorteile erzielen. Die einbehaltene Lohnsteuer wird auf die Einkommensteuer angerechnet. Wurde mehr Lohnsteuer einbehalten als Einkommensteuer festgesetzt wird, ergibt sich eine Einkommensteuererstattung. Ist die festgesetzte Einkommensteuer höher als die einbehaltene Lohnsteuer, wird eine Einkommensteuernachzahlung fällig.

Anpassungen im Absicherungskonzept

In der Regel machen die Versicherungsgesellschaften wenig Unterschiede zwischen Eheleuten und Paaren ohne Trauschein. Es empfiehlt sich jedoch, die vorhandenen Policen zu überprüfen und der neuen Situation anzupassen. Bei vielen Versicherungen reicht eine Police für beide Partner, zum Beispiel bei der Hausrat-, Haftpflicht- und Rechtsschutzversicherung. Wer zusammenzieht, benötigt beispielsweise nur noch eine Hausratversicherung, die aber gegebenenfalls dem höheren Wert des gemeinsamen Hausstandes angepasst werden muss. Der Vertrag mit der kürzeren Laufzeit wird von der Versicherungsgesellschaft in der Regel unproblematisch beendet. Gleiches gilt auch für die Haftpflichtversicherung. Hatten beide Partner eine Haftpflichtversicherung, kann der jüngere der Verträge gekündigt werden. Um sicherzustellen, dass der Partner mit versichert ist, muss allerdings der Name in den Vertrag aufgenommen werden.

> **Tipp!**
> Diese Änderungen können auch Paare vornehmen, die zusammen leben. Eine Ehegemeinschaft ist für hierfür nicht erforderlich.

Zudem müssen bestehende Versicherungen auf das Bezugsrecht im Todesfall überprüft werden, also wer Empfänger der Leistungen aus dem Vertrag im Todesfall sein soll. Ist das Bezugsrecht auf die gesetzlichen Erben bestimmt, muss es nicht geändert werden, da der Ehepartner dann zuerst begünstig ist. Allerdings wissen viele nicht was eingetragen wurde, wenn schon längere Zeit vergangen ist. Ist die Mutter, der Vater oder die Schwester namentlich eingetragen, muss es schriftlich auf den Ehepartner vom Versicherungsnehmer geändert werden.

Vermögen und Vorsorge

Auch wenn der Gedanke an einen Ehevertrag reichlich unromantisch erscheinen mag, die Konsequenzen einer Eheschließung sollten jedem bewusst sein: Ohne Ehevertrag gelten automatisch die gesetzlichen Regelungen. Betroffen hiervon ist vor allem der gesetzliche Güterstand einer Ehe, die Zugewinngemeinschaft. Das gesamte Vermögen und alle Verbindlichkeiten, die ein Partner mit in die Ehe bringt, bleiben weiterhin ihm. Hier gilt der Grundsatz der Vermögenstrennung. Zugewinn ist jegliches Vermögen, das während der Ehe zu dem ursprünglichen Vermögen hinzukommt. Bei einer Scheidung wird das Vermögen, das während der Ehezeit erwirtschaftet wurde, zu gleichen Teilen auf die Ehepartner aufgeteilt. Der Ehegatte, der am Ende der Ehe den größeren Zugewinn erwirtschaftet hat, muss dem anderen einen Ausgleich zahlen. Vermögen, das der Einzelne mit in die Ehe gebracht hat, geerbt oder geschenkt bekommen hat, wird nicht geteilt. Insgesamt werden nur echte Vermögenswerte berücksichtigt, Hausrat spielt keine Rolle. Soll ein anderer Güterstand vereinbart werden oder sollen bestimmte Teile des Vermögens aus dem Zugewinn ausgeschlossen werden, muss dies über einen Ehevertrag geregelt werden.

Für Paare (und wieder gilt dies nicht nur für Ehepaare) muss ein zusätzlicher Finanzplan erstellt werden. Da durch einen gemeinsamen Haushalt viele Kosten geteilt werden können, sollten die Partner jeder für sich, aber auch beide gemeinsam, ihre Ziele und Strategien überdenken. Zum Beispiel könnten nun höhere Beiträge in die Altersvorsorge fließen oder der Wunsch nach einer eigenen Immobilie kann gemeinsam geplant und umgesetzt werden.

> **Tipp!**
> Sind gewisse Investitionen schon absehbar, sollte der Anteil von Fonds, Zertifikaten und Aktien zugunsten kurzfristigerer und sichererer Anlageformen (zum Beispiel gemischte Fonds oder Anleihen) reduziert werden.

Bei jüngeren Paaren ist es ratsam, den Vermögensaufbau und die Altersvorsorge über Aktienfondssparpläne darzustellen, um von den Wertentwicklungen am Aktienmarkt profitieren zu können. Auch bei der Anlage größerer Geldbeträge lohnt es sich, einen Sparplan mit einer hohen Einmalzahlung zu beginnen und danach mit einer frei wählbaren monatlichen Rate zu besparen. Anleihen hingegen können nur per Einmalanlage dargestellt werden und bilden mit Laufzeiten von drei bis fünf Jahren den kurzfristig verfügbaren Teil der Geldanlage. Je nach Risikoprofil können alternative Investmentanlagen, wie zum Beispiel Beteiligungen, sinnvoll sein.

Junge Familien mit Kindern

In einer Familie muss an mehrere Personen gleichzeitig gedacht werden. Eltern und Alleinerziehende müssen überlegen, was zum einen für die gesamte Familie und zum anderen für den Einzelnen wichtig ist (Hauptverdiener, Ehepartner oder die Kinder).

Anpassungen im Absicherungskonzept

- In der privaten Haftpflichtversicherung sollten die Deckungssummen überprüft und bei Bedarf angepasst werden. Kinder sind in der Privathaftpflichtversicherung automatisch mitversichert.
- Eltern haften für ihre Kinder – das gilt nicht automatisch und in jedem Fall. Kinder sind bis zum siebten Lebensjahr in jeder Hinsicht schuldunfähig, bis zum zehnten Lebensjahr bei Unfällen mit Kraftfahrzeugen. Kippt beispielsweise ein Vierjähriger beim Fahrversuch mit seinem Rad um und zerkratzt dabei den Lack eines parkenden Autos, geht der Autobesitzer meist leer aus. Gleiches gilt, wenn ein Achtjähriger einen Auffahrunfall verursacht, weil er plötzlich auf die Straße läuft, um seine Katze wieder einzufangen. Allerdings ist die Schuldfrage im Sinne der Aufsichtspflicht nicht immer klar. Schon aus diesem Grund ist eine Privathaftpflicht sinnvoll. Streitpunkt bei derartigen Unfällen ist meist, ob die Eltern ihre Aufsichtspflicht verletzt haben. Die Privathaftpflicht übernimmt für die Eltern die Kosten von Anwalt oder Gutachtern. Kommt das Gericht zu dem Schluss, dass die Eltern nicht richtig aufgepasst haben, zahlt die Privathaftpflicht den Schadenersatz.
- Sinnvoll ist auch eine Risikolebensversicherung für beide Partner: Vorsorge sollte getroffen werden für den Fall, dass der Hauptverdiener stirbt, aber auch für den Todesfall des Partners, der sich verstärkt um die Kinder gekümmert hat. Auf diese Weise hat der verbleibende Partner die finanziell gesicherte Möglichkeit, sich eine Auszeit zu nehmen und die Situation neu zu ordnen.
- Setzt ein Partner ganz oder vorübergehend mit dem Berufsleben aus (zum Beispiel aufgrund Elternzeit oder Arbeitslosigkeit), kann der Abschluss einer privaten Unfallversicherung für den Invaliditätsfall sinnvoll sein. Manche Gesellschaften versichern auch Hausfrauen und -männer gegen Berufsunfähigkeit.
- Kinder brauchen zudem eine Unfall- oder Invaliditätsversicherung. Der Schutz der gesetzlichen Unfallversicherung ist unzureichend, denn abgesichert sind die Kinder nur im Kindergarten, der Schule und der Universität (einschließlich der Wege). Der häusliche und der Freizeitbereich sind bei der gesetzlichen Unfallversicherung vollkommen ausgespart.

> **Tipp!**
> In der Police sollte eine sogenannte „Progression" vereinbart werden. In diesem Fall zahlt die Versicherung bei kleinen Folgeschäden weniger, bei Vollinvalidität hingegen entsprechend mehr.

- Einige Versicherer bieten eine Kinderinvaliditätsversicherung an, die Schutz nicht nur bei Unfallfolgen, sondern auch bei Behinderungen aufgrund von Krankheit bietet. Wird ein Kind invalide, hat das weit reichende Folgen. Eine Unfallversicherung zahlt im Ernstfall nur einmal eine größere Summe. Weil Kinder aber noch das ganze Leben vor sich haben, reicht die maximal mögliche Summe oftmals nicht aus. Wurde die Invalidität zudem nicht durch einen Unfall, sondern durch Krankheit ausgelöst, greift die Unfallversicherung in der Regel nicht. Hier kann die Kinderinvaliditätsversicherung finanziell weiterhelfen. Sie leistet in der Regel ab 50 Prozent Invalidität, egal ob diese durch Unfall oder Krankheit verursacht wurde. Tumore oder auch die Folgen von Zeckenbissen sind zum Beispiel mit abgesichert.

- Für Inhaber eines Riester-Vertrag gilt: Für jedes Kind wird eine eigene Zulage in einen Riester-Vertrag gezahlt – sofern es dem Zulagenamt angezeigt wird.

Vermögen und Vorsorge

Junge Familien mit Kindern müssen ihre Ziele meist überdenken und neu planen – in der Folge ist oft eine Anpassung mancher Anlagen notwendig. Die entsprechenden Fragen lauten: Ist das Depot richtig aufgestellt? Müssen wir unsere Sparbeiträge ändern?

Spielt der Gedanke an eine eigene Immobilie eine Rolle? Am besten sollte man sich frühzeitig damit beschäftigen, wie dieser Traum Gestalt annehmen kann. Natürlich muss auch die Anlagestrategie entsprechend ausrichtet werden, um ausreichend Eigenkapital aufbauen zu können. Da sich eine Immobilienfinanzierung oft bis über 30 Jahre erstrecken kann, bis die Immobilie lastenfrei ist, ist eine langfristige Planung in der Regel unumgänglich.

Spätestens mit dem ersten Kind wird bei den meisten Familien der Wunsch nach den eigenen vier Wänden immer stärker. Dazu kommen die Absicherung der Kinder sowie die Bildung von Rücklagen für deren Ausbildung. Obendrein rückt mit zunehmendem Alter auch die Altersvorsorge immer mehr in den Mittelpunkt der Anlageziele. Solange nur für die eigenen vier Wände gespart wird, ändert sich im Vergleich zur Anlagestrategie eines Paares ohne Kinder nicht viel, außer dass ein Teil des Geldes bewusst für die Ausbildung der Kinder angespart wird.

Die Vorsorge des Partners, der aufgrund der Kinder zwischenzeitlich nicht berufstätig ist, sollte so weit wie möglich im Rahmen der finanziellen Möglichkeiten beibehalten werden. Oft sind es nach wie vor die Frauen, die mit dem Beruf aussetzen. Sie sind meist ohnehin auf der Lohn- und Gehaltsseite schlechter gestellt und verzichten durch das Ausscheiden oder Aussetzen auf Weiterzahlung in die gesetzliche Rente oder betriebliche Altersversorgung.

Auch das Bundesverfassungsgericht sieht in seinem Beschluss vom 5.2.2002 vor: „Nicht die Höhe des ökokomischen Werts der eingebrachten Leistung ist ausschlaggebend; Kindererziehung und Haushaltsführung stehen vielmehr gleichwertig neben der Beschaffung des Einkommens." Das heißt, wer im Rahmen der gemeinsamen Arbeits- und Aufgabenverteilung zu Hause bleibt, Kinder und Haushalt versorgt und dafür auf eigenes Einkommen und Karriere verzichtet, hat rechtlich gesehen Anspruch auf die Hälfte des Einkommens des erwerbstätigen Partners.

Prüfen Sie, inwieweit Verträge aus der betrieblichen Altersvorsorge übernommen und privat weiter angespart werden können. Oder schließen Sie einen eigenen Vertrag ab, über den die Altersvorsorge des nicht berufstätigen Partners gesichert werden kann.

Alle Ausführungen zur Altersvorsorge lesen Sie in entsprechendem Kapitel auf Seite 155.

Tipp!

Viele Eltern oder Großeltern wollen dem Nachwuchs mittels einer Ausbildungs- oder Aussteuerversicherung einen Grundstock für das Studium oder eine mögliche Existenzgründung legen. Diese Versicherung ist teuer und unflexibel. Sie ist wie die Kapitallebensversicherung eine Mischung aus Geldanlage und Versicherung. Die Bezeichnung „Ausbildungsversicherung" ist dabei irreführend, denn sie versichert nämlich keineswegs die Ausbildung, sondern lediglich das Leben der versicherten Person. Die flexiblere Lösung sind Fondssparpläne. Über eine günstige Risikolebensversicherung kann sichergestellt werden, dass die Beiträge für eine Geldanlage im Falle des Todes weiter gezahlt werden können. Verstirbt der Beitragszahler, können die Beiträge aus der dann fälligen Versicherungssumme weiter geleistet werden.

Kauf einer Immobilie

Zahlreiche Paare teilen den Traum von den eigenen vier Wänden. Sei es, weil sie keine Miete mehr zahlen wollen, oder weil sie einfach mehr Platz benötigen. Viele sehen im Wohneigentum auch eine ideale Form der Altersvorsorge. Der Wunsch nach einem Eigenheim ist immer noch der häufigste Grund für den Kauf einer Immobilie. Kapitalanleger folgen mit deutlichem Abstand. Die richtige Immobilienfinanzierung ist neben der optimalen Immobilie wesentlicher Bestandteil eines Immobilienprojektes und hängt immer auch von den persönlichen Lebensverhältnissen ab.

> **Tipp!**
> Immobilienwerte nehmen einen großen Bestandteil in der Gesamtstruktur ein. Bei der Baufinanzierung ist es daher nicht nur wichtig, den geeigneten Kredit zu finden sowie die passende Tilgung und die optimale Zinsbindung zu wählen. Das Immobilienvorhaben muss ebenso abgesichert werden.

Anpassungen im Absicherungskonzept

- Welchen Schutz brauchen Sie für Ihr Immobilienprojekt tatsächlich? Ein Darlehen muss unbedingt durch eine Risikolebensversicherung abgedeckt werden – es sei denn, es ist ausreichend Vermögen vorhanden, um ein etwaiges Risiko selbst tragen zu können. Der Tod des Hauptverdieners kann die Hinterbliebenen in erhebliche finanzielle Schwierigkeiten stürzen und ein Baufinanzierungskonzept ins Wanken bringen. Aus diesem Grund ist eine Absicherung gegen den Todesfall mit einer Risikolebensversicherung ein wichtiger Baustein eines schlüssigen Absicherungskonzeptes.

- Auch die Berufsunfähigkeitsversicherung sollte überprüft werden. Unter Umständen muss sie aufgrund der gestiegenen Kosten durch die Finanzierungsbelastung angepasst werden, damit die Immobilie nicht im Notfall verkauft werden muss.

- Bauherren sind bei Bauvorhaben über ihre Privathaftpflichtversicherung nur bis maximal 10.000 Euro abgesichert. Das reicht natürlich für den Bau eines Hauses nicht aus. Deshalb ist der Abschluss einer Bauherrenhaftpflichtversicherung ratsam.

- Für die Immobilie selbst muss eine Wohngebäudeversicherung abgeschlossen werden, die gegen Gefahren wie Feuer, Leitungswasserschäden, Sturm, Hagel und Rohrbruch absichert. Andernfalls spielen Sie im wahrsten Sinn des Wortes mit dem Feuer.

- Immobilienbesitzer sind für eine, alle Bauwerke umfassende Sicherheit auf ihrem Grundstück verantwortlich. Stürzt zum Beispiel ein Mieter in einem schlecht beleuchteten Treppenhaus oder rutscht ein Passant auf dem nicht geräumten Gehweg vor dem Haus aus, so kann der Betroffene vom Eigentümer Schadenersatz verlangen. Hiergegen kann sich der Immobilienbesitzer durch eine Haus- und Grundbesitzerhaftpflicht absichern.

- Auch Öltankbesitzer brauchen eine besondere Versicherung, die Gewässerschadenhaftpflichtversicherung. Wussten Sie, dass ein Liter Heizöl ausreicht, um eine Million Liter Trinkwasser zu verseuchen?

Vermögen und Vorsorge

Das Anlageverhalten ändert sich nach einem Immobilienerwerb meist grundlegend. Wurde vorher für das zukünftige Wohneigentum gespart wurde, fließt nach Abschluss der Finanzierung ein Großteil aller Ersparnisse in die Tilgung der aufgenommenen Hypothek sowie deren Zinsen. Oft werden große Teile des Vermögens für die Anschaffung der Immobilie verwendet. Wichtig ist neben der Bedienung der Finanzierungskosten, die Rücklagen wieder aufzubauen. Müssen andere Ziele angepasst oder zurückgestellt werden?

Der Ausgleich für ein neu aufgenommenes Darlehen sollte durch einen Teil der Mittel erfolgen, die bislang in Aktien, Fonds, Anleihen und andere längerfristige Vermögensanlagen geflossen sind. Auf keinen Fall ist es ratsam, die Beiträge zur Altersvorsorge zu kürzen, denn diese dienen der Absicherung des Ruhestandes. Versuchen Sie außerdem, die Rücklagen für Notfälle oder unvorhergesehenen Geldbedarf aufzustocken, da diese nach Verbrauch meist nicht mehr so schnell wieder aufgefüllt werden können wie noch vor dem Kauf der Immobilie.

Paare ohne Kinder

In einer Partnerschaft ohne Kinder sind öfter beide Partner berufstätig. Im Gegensatz zu Singles können viele Kosten geteilt werden – ob Ausgaben oder Wohnraum, der finanzielle Spielraum ist meist größer. Die finanzielle Planung sollte sich an den Plänen und Wünschen des Paares orientieren: Ist Nachwuchs gewünscht, der Kauf einer Immobilie geplant oder die berufliche Selbstständigkeit in Vorbereitung? Alle Vorhaben müssen vor dem Hintergrund eines gemeinsamen Finanzplanes besprochen werden.

Anpassungen im Absicherungskonzept

- Bei vielen Versicherungen reicht eine Police für beide Partner, zum Beispiel bei der Hausrat-, Haftpflicht- und Rechtsschutzversicherung. Hatten beide Partner eine Haftpflichtversicherung, kann der jüngere der Verträge gekündigt werden. Auch für den gemeinsamen Hausstand bedarf es nur noch einer Hausratversicherung (eventuell muss jedoch die Versicherungssumme erhöht werden).

- Paare, die größere gemeinsame Investitionen abzahlen, sollten sich finanziell durch eine Risikolebensversicherung mit gegenseitigem Bezugsrecht absichern. Die Risikolebensversicherung zahlt bei Tod eines Partners an den Hinterbliebenen.

- Wenn die Werte des Hausstandes durch teure Anschaffungen gestiegen sind und eine Neubeschaffung ein Loch in das Haushaltsbudget reißen würde, ist über eine Hausratversicherung nachzudenken.

Vermögen und Vorsorge

Wächst das liquide Vermögen an, sollten Sie überprüfen, ob Ihre Geldanlage ausreichend und ausgewogen gestreut ist.

Paare mit erwachsenen Kindern

Wenn die Kinder das Haus verlassen, ändert sich nicht automatisch das ganze bisherige Versorgungskonzept. Studenten und Auszubildende werden oft von den Eltern unterstützt, auch größere Anschaffungen und finanzielle Durststrecken werden meist übernommen. Auch der Versicherungsschutz verfällt nicht zwangsläufig. Unverheiratete erwachsene Kinder sind bis zum Ende der Lehre oder des Studiums mitversichert, das Gleiche gilt für den Zivil- oder Wehrdienst. Auch wer vor Ausbildungsbeginn eine Wartezeit überbrücken muss, bleibt mitversichert. Sobald Tochter oder Sohn heiraten bzw. berufstätig werden, brauchen sie eine eigene Versicherung.

Anpassungen im Absicherungskonzept

- Wenn die Kinder aus dem Haus sind, können die Versicherungen, die ursprünglich für die gesamte Familie ausgelegt waren, meist auf die neue Situation angepasst werden. So kann zum Beispiel spätestens, wenn die Kinder in den Beruf einsteigen, die Kinderunfallversicherung gekündigt werden. Die Kinder müssen sich jetzt in allen Bereichen selbst versichern.

- Die Haftpflichtversicherung hingegen sollte unbedingt beibehalten werden. Laut Bürgerlichem Gesetzbuch (BGB) haftet jeder für verschuldete Drittschäden in unbegrenzter Höhe. Dies gilt altersunabhängig.

- Ob die Berufsunfähigkeitsversicherung und die Unfallversicherung zur Disposition stehen können, hängt im Wesentlichen von zwei Kriterien ab: Besteht ein Anspruch auf Erwerbs- und Berufsunfähigkeitsrente in der gesetzlichen Rentenversicherung? (Eine entsprechende Auskunft kann beim jeweiligen staatlichen Versicherungsträger angefordert werden.) Oder ist das vorhandene Vermögen bereits so groß, dass die regelmäßig fließenden Kapitalerträge in Kombination mit dem gesetzlichen Rentenanspruch die Lücke zum Netto-Einkommen schließen? Wenn ja, können Sie die Berufsunfähigkeitsversicherung und die Unfallversicherung kündigen. Ist noch eine Lücke vorhanden, will eine Kündigung wohl überlegt sein. Zwischen dem 40. und dem 60. Lebensjahr treten die meisten Berufsunfähigkeitsfälle nach Krankheit auf. Ist eine Berufsunfähigkeitsversicherung gekündigt, ist ein Neueinstieg häufig nur erschwert und gegen einen erheblich höheren Beitrag möglich.

- Lasten noch erhebliche Schulden auf der eigenen Immobilie und ist das ansonsten vorhandene Vermögen nicht ausreichend, um die Hypotheken auf einen Schlag zu tilgen, sollte die Risikolebensversicherung in jedem Fall beibehalten werden. Ansonsten – gerade wenn genügend Rücklagen für die Hinterbliebenenversorgung gebildet sind – können Sie sich auch von der Risikolebensversicherung trennen.

Vermögen und Vorsorge

Fangen die Kinder an, auf eigenen finanziellen Beinen zu stehen, können sich Änderungen in der finanziellen Strategie ergeben. Mit der neuen Lebenssituation fallen viele Ausgaben für die Eltern weg. Diese können genutzt werden, um Lücken in der Altersvorsorge zu decken oder noch bestehende Immobilienfinanzierungen womöglich zurückzuzahlen. Eine Überprüfung der vorhandenen Situation auf die zukünftigen Ziele ist jetzt notwendig.

Partnerschaften ohne Trauschein

Entschließen sich Paare, ohne Trauschein oder eingetragener Lebensgemeinschaft zusammen zu leben, wird jeder von ihnen in allen rechtlichen, steuerrechtlichen und finanziellen Aspekten wie ein Single behandelt. Diese Nachteile werden meist erst dann sichtbar, wenn Probleme auftauchen. Zum Beispiel bringt der Postbote ein wichtiges Einschreiben für den Partner, doch ist der andere nicht berechtigt, es in seiner Abwesenheit entgegenzunehmen. Oder ein Partner ist schwer erkrankt, doch die Ärzte dürfen dem Lebensgefährten aufgrund der Schweigepflicht keine Auskunft geben.

> **Tipp!**
> Fällen wie diesen können Sie vorbeugen, indem Sie sich gegenseitig Vollmachten ausstellen. Im Fall einer Trennung können Sie diese einfach und schnell widerrufen.

Anpassungen im Absicherungskonzept

- Bei Hausrat-, Haftpflicht- und Rechtsschutzversicherung werden Partner ohne Trauschein wie Eheleute behandelt: Es genügt, wenn das Paar jeweils eine gemeinsame Police besitzt. In der Regel werden die jüngeren Verträge dann einfach aufgelöst. Denken Sie bei der Hausratversicherung daran, die Deckungssumme der Police so weit aufzustocken, dass sie im Schadensfall den gemeinsamen Hausrat absichert.

- Um gemeinsame Immobilien und größere Anschaffungen abzusichern, ist es sinnvoll, Überkreuz-Lebensversicherungen abzuschließen. Das heißt: Beide Partner schließen Lebensversicherungen auf das Leben des anderen ab, zahlen aber selbst die Beiträge. Versicherungsnehmer ist jeweils der eine Partner, versicherte Person der andere und umgekehrt. Auf diese Weise bleibt die Auszahlung im Todesfall steuerfrei.

Vermögen und Vorsorge

Für freie Partnerschaften gibt es keine speziellen gesetzlichen Regelungen, wenn die Lebensgemeinschaft aufgelöst wird. Aufwendungen und persönliche Dienste, die für das Zusammenleben geleistet wurden, können bei einer Trennung weder nachträglich vergütet noch zurückgefordert werden. Vermögenswerte bleiben bei dem Eigentümer oder

Kontoinhaber. Aus der Partnerschaft leitet sich im Fall der Trennung kein Unterhaltsanspruch ab. Nur in einer „eingetragenen Lebenspartnerschaft" haben sie ähnliche Rechte und Absicherungen wie ein Ehepaar: Zugewinngemeinschaft, Versorgungsansprüche, Familien-Krankenversicherung, Hinterbliebenenrente, Pflichterbteil.

Für viele freie Partnerschaften empfiehlt sich daher ein Partnerschaftsvertrag. Diese Vereinbarung kann von beiden Partnern selbst aufgesetzt werden, sie sollte aber von einem Notar beglaubigt werden. Grundsätzlich sollte ein Partnerschaftsvertrag Vollmachten, die gesetzliche Vertretung in Rechtsdingen und die Vorsorge für den Todesfall regeln. Neben den individuellen Vorstellungen des Paares gehören folgende Punkte in jeden Partnerschaftsvertrag:

- die Aufteilung der Finanzierung des Haushalts,
- die Eigentumsverhältnisse der Besitztümer und gegebenenfalls die Aufteilung des Hausstands,
- der Ausgleich des während der Beziehung erwirtschafteten Vermögens,
- eine Vereinbarung zur Rückzahlung gemeinsamer Schulden,
- das Sorge- und Besuchsrecht für die gemeinsamen Kinder,
- die Unterhaltszahlungen für gemeinsame Kinder,
- eine Verpflichtung zur Unterhaltszahlung an die nicht eheliche Mutter,
- die Nutzung der gemeinsamen Wohnung nach einer Trennung,
- die Pflege bei Krankheit und im Alter,
- die Erbfolge im Todesfall eines der Partner.

Diese Empfehlungen gelten sowohl für gleichgeschlechtliche als auch für nicht gleichgeschlechtliche Paare, sofern sie keine eingetragene Partnerschaft eingehen wollen.

Rente in Sicht

Die Absicherung bereits erreichter Vermögenswerte ist im Hinblick auf die Altersvorsorge ein elementarer Faktor. Wie „kurz" es noch bis zur Rente sein mag, dafür wird jeder Mensch sein eigenes Zeitgefühl haben. Auf jeden Fall sollten Sie mit einem regelmäßigen Vermögenscheck die zukünftige Situation der Rentenleistungen eingehend prüfen – sowohl die gesetzliche oder berufsständische Rente als auch die Ansprüche aus betrieblicher oder privater Altersvorsorge.

Anpassungen im Absicherungskonzept

- Die Haftpflichtversicherung sollte unbedingt beibehalten werden. Laut Bürgerlichem Gesetzbuch (BGB) haftet jeder für verschuldete Drittschäden in unbegrenzter Höhe. Dies gilt altersunabhängig.

- Ob die Berufsunfähigkeitsversicherung und die Unfallversicherung zur Disposition stehen können, hängt im Wesentlichen von zwei Kriterien ab: Besteht ein Anspruch auf Erwerbs- und Berufsunfähigkeitsrente in der gesetzlichen Rentenversicherung? (Eine entsprechende Auskunft kann beim jeweiligen staatlichen Versicherungsträger angefordert werden.) Oder ist das vorhandene Vermögen bereits so groß, dass die regelmäßig fließenden Kapitalerträge in Kombination mit dem gesetzlichen Rentenanspruch die Lücke zum Netto-Einkommen schließen? Wenn ja, können Sie die Berufsunfähigkeitsversicherung und die Unfallversicherung kündigen. Ist noch eine Lücke vorhanden, will eine Kündigung wohl überlegt sein. Zwischen dem 40. und dem 60. Lebensjahr treten die meisten Berufsunfähigkeitsfälle nach Krankheit auf. Ist eine Berufsunfähigkeitsversicherung gekündigt, ist ein Neueinstieg häufig nur erschwert und gegen einen erheblich höheren Beitrag möglich.

- Lasten noch erhebliche Schulden auf der eigenen Immobilie und ist das ansonsten vorhandene Vermögen nicht ausreichend, um die Hypotheken auf einen Schlag zu tilgen, sollte die Risikolebensversicherung in jedem Fall beibehalten werden. Ansonsten – gerade wenn genügend Rücklagen für die Hinterbliebenenversorgung gebildet sind – können Sie sich auch von der Risikolebensversicherung trennen.

Vermögen und Vorsorge

Ein Kassensturz zeigt, inwieweit die bisherigen Anlagen für die finanzielle Zukunft ausreichen. Kurz vor der Rente ist es ratsam, den Aktienfonds-

Anpassung vor Rentenbeginn

anteil zu reduzieren, um nicht durch plötzliche Kurseinbrüche den erreichten Bestand zu gefährden. Dabei ist „kurz vor der Rente" ein dehnbarer Begriff. Manche Anleger beginnen bereits zehn Jahre vor Rentenbeginn mit der Umschichtung ihrer Vermögensanlagen. Zu empfehlen ist jedoch eine Anpassung der Anlagestrategie auf die bevorstehende Änderung der Lebenssituation spätestens fünf Jahre vor Eintritt in den Ruhestand.

In erster Linie sollte Ihr Portfolio so umgeschichtet werden, dass möglichst viele laufende Erträge anfallen, die zur Aufstockung der gesetzlichen Rente beitragen. Der Anteil an Aktien und Aktienfonds sollte verringert und der Anteil an Rentenfonds sowie Anleihen aufgestockt werden. Auch der Anteil kurzfristig zur Verfügung stehender Gelder kann wieder stärker gewichtet werden.

Oft kommen nun Lebensversicherungen bei entsprechender Laufzeit zur Auszahlung. Ein Teil dieser meist relativ hohen Summen sollten in einen Sparplan oder in konservative Anlagen investiert werden, die zu Rentenbeginn in einen Auszahlungsplan umgewandelt werden können und somit eine regelmäßige Zusatzrente darstellen können.

Rücklagen für eine Immobilienfinanzierung in Form eines Bausparvertrages o. Ä. tauchen jetzt in der Regel nicht mehr in der Anlagestrategie auf – denn wer jetzt noch nicht gebaut hat, wird es auch im Ruhestand eher nicht mehr tun.

Rentner

Endlich ist Zeit für Dinge, die während des ganzen Berufslebens zu kurz gekommen sind, zum Beispiel auf Reisen gehen, eine Fremdsprache lernen oder ehrenamtlich tätig sein. Damit die neuen Aufgaben im Rentenalter auch wirklich genossen werden können, ist eine Anpassung der Finanzstrategie wichtig. Denn die Pensionierung hat im privaten Finanzhaushalt einen Umbruch zur Folge. Einnahmen und Ausgaben erfahren gegenüber der Erwerbsphase starke Veränderungen. Mit dem Eintritt in das Rentenalter geht die Aufbauphase der Vermögensbildung zu Ende.

Anpassungen im Absicherungskonzept

- Die Risikolebensversicherung kann jetzt in den meisten Fällen gekündigt werden – es sei denn, sie dient noch als Sicherheit für Immobilienschulden. Die Kapitallebensversicherung ist meist schon ausgeschüttet oder wird in Kürze fällig. Auf keinen Fall sollte eine neue Kapitallebensversicherung abgeschlossen werden.

Beispiel

Rentenzeit – Reisezeit. Darauf haben Katie und Alan sich schon die ganze Zeit gefreut: Sie wollen drei Monate lang Australien und Neuseeland mit dem Auto durchqueren. Auch die Fjorde in Norwegen wollte Katie schon immer mal besichtigen. Alan hingegen möchte unbedingt nach Italien zur Mandelblüte. Auch Irland wäre kein schlechtes Reiseziel, schließlich sind sie beide passionierte Whiskytrinker. Damit sie auf ihren Reisen gut abgesichert sind, haben sie eine Auslandsreisekrankenversicherung abgeschlossen. Sie übernimmt alle notwendigen Behandlungskosten im Ausland weltweit. Falls notwendig, werden auch die Aufwendungen für den Rücktransport übernommen. Man kann ja nie wissen. Für die längere Australienreise benötigen sie jedoch eine spezielle Versicherung – die Auslandsreisekrankenversicherung schützt nur maximal sechs bis acht Wochen am Stück.

Vermögen und Entnahme

Die Asset Allocation (die Aufteilung der Gelder auf verschiedene Anlageklassen – zum Nachlesen in Kapitel „Anlagestrategien" auf Seite 106) ist auch im Rentenalter wichtiger Bestandteil des Finanzplanes. Während sich die Einnahmen nach der Pensionierung in der Regel nachhaltig ändern, bleiben die Ausgaben meist dieselben. Allerdings können sie sich in der Höhe deutlich verändern. Während sich die Aufwendungen für Altersvorsorge oder Absicherung reduzieren oder ganz entfallen, steigen auf der anderen Seite die Ausgaben für Freizeitgestaltung. Nicht von ungefähr gelten Senioren schon seit vielen Jahren als begehrte und solvente Konsumenten. Der Finanzplan muss auf die neue Situation rechtzeitig ausgerichtet werden. Neben der Bestimmung der Einkommensquellen ist es deshalb ebenso wichtig, die zu erwartenden Ausgaben zu ermitteln. Um den eigenen Finanzbedarf festzulegen, muss man sich daher vor allem Klarheit über den beabsichtigten Lebensstil verschaffen.

Für kurzfristige größere Ausgaben sollte ein Teil des Gelds jederzeit verfügbar sein, zum Beispiel auf einem gut verzinsten Tagesgeldkonto. Der konservative Anteil innerhalb der Vermögensstrukturen sollte stärker gewichtet werden. Aber auch auf einen Aktienanteil, der für mehr Vermögenszuwachs sorgt, sollten Sie nicht gänzlich verzichten. Lesen Sie noch einmal zum Risikoprofil von Anlagen das Kapitel „So prüfen Sie das Risikoprofil von Anlagen" auf Seite 87 nach.

Für eine Entnahme aus dem angesparten Vermögen stehen Ihnen zwei Wege offen: eine Verrentung über eine Versicherung oder ein Entnahmeplan, der sich auf Wertpapieranlagen stützt.

So funktioniert die Verrentung über eine Versicherung: In die private Rentenversicherung wird einmalig ein großer Betrag eingezahlt. Die Versicherung zahlt dafür bis ans Lebensende eine monatliche Rente. Dabei ist ein Teil der Zahlungen garantiert, darüber hinaus werden je nach Versicherer mehr oder weniger hohe Überschussbeteiligungen gezahlt. Vorteil der Rentenversicherung ist, dass sie lebenslange Zahlungen garantiert. Unabhängig vom erreichten Alter wird die Rente sicher gezahlt. Gegen die Rentenpolice spricht, dass der Versicherte bis zu seinem Lebensende an den Vertrag gebunden ist und nicht mehr an sein Kapital gelangt. Zudem gehen seine Erben nach Ablauf einer vertraglich vereinbarten Rentengarantiezeit leer aus. Das restliche Geld fließt zurück in den allgemeinen Anlagetopf der Versicherungsgesellschaft. Verstirbt die versicherte Person dagegen frühzeitig nach Rentenbeginn, erhalten die Erben das Geld bis Ende der vereinbarten Rentengarantiezeit ausbezahlt.

Bei einem Entnahmeplan wird hingegen das eingezahlte Kapital in Anleihen oder Investmentfonds investiert. Monat für Monat – oder auch fallweise – wird Geld entnommen. Bei Kapitalerhalt schüttet der Entnahmeplan lediglich die Erträge aus, bei Kapitalverzehr wird das Guthaben komplett verrentet. Für den Anleger und seine potenziellen Erben ist das Guthaben des Fondsdepots jederzeit verfügbar.

Beispiel

Ursula Eberhardt freut sich: In ihrem 60. Lebensjahr stehen 100.000 Euro aus einer Lebensversicherung zur Auszahlung an. Sie möchte diesen Betrag nutzen, um ihre Rente von ca. 800 Euro, die sie ab dem 65. Lebensjahr erhalten wird, aufzustocken. Ausgaben für Miete hat sie nicht, die Wohnung gehört ihr. Auf dem Depot hat sie noch ungefähr 80.000 Euro in Bundesanleihen liegen, das Geld und die Zinsen daraus möchte sie aber nur für Reisen, Theaterbesuche und Notfälle nutzen. Da ihre Rente womöglich nicht ausreichen wird, um alle laufenden Kosten zu decken, ist für sie der Sicherheitsaspekt der Anlage extrem wichtig. Auf dem Tagesgeldkonto bekommt sie zurzeit über 4 Prozent Zinsen. Frau Eberhardt wählt eine Kombination aus Tagesgeld und Bundesanleihen. In fünf Jahren kann sie damit gute 121.000 Euro erwarten. Mit 65 stehen ihr jedes Jahr etwa 4.000 Euro Zinsen zu, das sind 333 Euro pro Monat. Wenn Ursula Eberhardt zusätzlich noch das Kapital aus dem Depot aufbraucht, kann sie zum Beispiel über eine Dauer von 25 Jahren jeden Monat insgesamt etwas mehr als 1.000 Euro aus dem gesamten Anlagebetrag entnehmen – vorausgesetzt, die Zinsen bleiben auf dem jetzigen Niveau. Mit 90 stünde ihr nur noch die geringere staatliche Rente zur Verfügung.

Alternativ lässt sich Frau Eberhardt zu einer aufgeschobenen Rentenversicherung beraten. Das gesamte Kapital würde fünf Jahre in der Versicherung verzinst, mit dem 65. Lebensjahr stünden ihr garantierte 422 Euro Rente im Monat zu Verfügung. Mit Überschüssen würde ihr die Versicherungsgesellschaft sogar 575 Euro zahlen und zwar das ganze Leben lang. Würde sie wiederum das Geld aus dem Depot ebenfalls aufbrauchen, könnte sie zusätzlich zu ihrer Rente jeden Monat wiederum etwa 1.000 Euro verbrauchen.

Fazit: Wird Ursula Eberhardt über 90 Jahre alt, ist die Versicherung für sie die vorteilhaftere Variante: Der Betrag ist garantiert, sie müsste sich um nichts kümmern – Geldanlage und Auszahlung übernimmt die Versicherung. Auf der anderen Seite hat sie über eine Anlage auf Konto und Depot eine höhere Flexibilität. Sollte sie einmal weniger Bedarf haben, kann sie das Geld einfach ruhen lassen, braucht sie aber einmal mehr Geld, könnte sie sofort darauf zugreifen. Frau Eberhardt wird sich beide Beispiele noch einmal unter steuerlichen Gesichtspunkten betrachten, bevor sie sich entscheidet.

Bevor Sie sich für eine Anlageform entscheiden, sollten Sie sich zu folgenden Fragen Gedanken machen:

1) Wozu wird der monatliche Auszahlungsbetrag benötigt? Zur Erhaltung des Lebensstandards oder soll er möglicherweise sogar für die Grundversorgung herhalten?

2) Welche Summe soll monatlich zur Verfügung stehen?

3) Für welchen Zeitraum sollen die Monatsraten mindestens ausreichen?

4) Kann das Geld vollständig verbraucht werden oder soll am Ende möglichst viel übrig bleiben?

Achtung!

Die Grundversorgung muss auf jeden Fall gesichert sein – sei es über die gesetzliche Rente, über Leistungen der betrieblichen Altersvorsorge oder über andere Sparformen. Möglich ist auch eine Kombination aus privater Rentenversicherung und Entnahme aus einem Fonds. Auf diese Weise können Sie sowohl Sicherheit als auch Flexibilität verbinden.

Selbstständige

Mit dem Schritt in die Selbstständigkeit ändern sich viele Dinge im Leben. Man ist sein eigener Chef – und für sein berufliches Handeln selbst verantwortlich. Schon allein aus diesem Grund, und weil ein Selbstständiger auch viel mehr Möglichkeiten als ein Angestellter hat, muss das private und berufliche Versicherungsportfolio durchleuchtet und auf die neue Situation ausgerichtet werden. Denn: wird ein Selbstständiger krank oder geht beruflich etwas schief, hilft ihm niemand. Und dafür muss Vorsorge getroffen werden.

Anpassungen im Absicherungskonzept

- Das Risiko, das Sie durch Ihre Selbstständigkeit tragen, bedarf eines besonderen Versicherungsumfangs sowohl im geschäftlichen als auch im privaten Bereich. Selbstständige brauchen eine Berufs-, Betriebs- oder Bürohaftpflichtversicherung. Denn sie haften für Schäden, die sie selbst oder ihre Mitarbeiter gegenüber Dritten durch grob fahrlässiges Verhalten verursachen. Das private Haftpflichtrisiko kann meist im betrieblichen Haftpflichtvertrag mit abgesichert werden.

Beispiel

Der Raumdesigner Carsten Kleve bohrt beim Anbringen von Rand-leisten versehentlich eine Heizungsleitung an. Der Schaden wird nicht gleich bemerkt. In der darunter liegenden Wohnung breitet sich all-mählich ein riesengroßer Wasserfleck an der Decke aus. Die Reparatur der Leitung sowie die Malerarbeiten in der Wohnung von insgesamt Euro 2.500 werden Herrn Kleve in Rechnung gestellt. Wie gut, dass er vor zwei Jahren eine Betriebshaft-pflichtversicherung abgeschlossen hat.

- Die Betriebshaftpflichtversicherung kommt für sämtliche Schäden auf, die im Zusammenhang mit den betrieblichen Tätigkeiten entstehen. So zum Beispiel auch, wenn die Tagesmutter auf die am Boden liegen-de Brille des betreuten Kindes tritt. Oder wenn ein Restaurantgast bei einem Besuch des Speiselokals eine Lebensmittelvergiftung erleidet. Doch welche Absicherung ist wichtig? Es macht durchaus einen Un-terschied, ob Sie ein Bauunternehmen, eine Webdesign-Agentur oder einen Gastronomiebetrieb leiten. Die Gefahren sind verschieden und erfordern unterschiedliche Maßnahmen zur Absicherung.

Tipp!

Lassen Sie sich bei den Versicherungen, die die berufliche Tätigkeit und das Unternehmen selbst betreffen, unbedingt fachmännisch beraten.

- Auch der Abschluss einer Firmen-Rechtsschutzversicherung inklusi-ve einer Privat-Rechtsschutzversicherung ist sinnvoll. Für den betrieb-lichen Teil erstreckt sich der Versicherungsschutz auf sämtliche Fir-menfahrzeuge, gewerblich gemietete Räume und Rechtsstreitigkeiten mit den Mitarbeitern und dem Finanzamt. Streitigkeiten mit Kunden oder Lieferanten sind vom Versicherungsschutz jedoch ausgeschlos-sen.

- Hinzu kommen Berufsunfähigkeit und Vorsorge vor Arbeitslosigkeit. Selbstständige und Freiberufler haben meist keinen Schutz bei Be-rufsunfähigkeit über gesetzliche Renten. Deshalb ist der Abschluss bzw. die Beibehaltung einer Berufsunfähigkeitsversicherung emp-fehlenswert. Bestand eine Berufsunfähigkeitsversicherung bereits zu Zeiten einer Anstellung, sollten die Summen und auch die Berufsan-gaben überprüft werden.

> **Tipp!**
> Wer zwei Jahre vor seiner Selbstständigkeit mindestens zwölf Monate in die Arbeitslosenversicherung einbezahlt hat, kann sich freiwillig weiter gegen Arbeitslosigkeit versichern. Voraussetzung ist ein Eintritt in die Selbstständigkeit nach dem 1.1.2004.

Vermögen und Vorsorge

Selbstständige und Freiberufler sind für ihre Alters- und Hinterbliebenenversorgung selbst verantwortlich. Dabei sollte – je nach Familiensituation – bei einer Unternehmensgründung zunächst die Hinterbliebenenabsicherung über eine günstige Risikolebensversicherung im Vordergrund stehen.

Auch der Aufbau finanzieller Rücklagen ist in den ersten Jahren der Selbstständigkeit essenziell – vor allem, um anwachsende Steuerbelastungen in der Zukunft tragen zu können. Ist der Geschäftsverlauf stabil, können Beiträge in eine private Rentenversicherung oder in eine Rürup-Rente geleistet werden.

Ausführliche Informationen zu den Möglichkeiten der Altersvorsorge erhalten Sie im Kapitel „Keine Sorge – Altersvorsorge" ab Seite 155.

Nach einer Scheidung

„Scheidung? Das passiert uns doch nicht", denken viele Paare bei der Eheschließung. Doch die Statistik spricht eine andere Sprache: Jede dritte Ehe geht hierzulande in die Brüche. Sinnvoll ist es auf jeden Fall, vor der Hochzeit über einen möglichen Ehevertrag nachzudenken. Ein nicht unwichtiger Nebenaspekt dabei: Um einen Ehevertrag zu regeln, setzen sich beide Partner mit unliebsamen Themen auseinander, die sonst womöglich unausgesprochen blieben. Scheiden tut immer weh – umso mehr, wenn nicht nur das gemeinsame Eheglück, sondern auch die finanzielle Sicherheit in die Brüche geht. Denn gesetzlich sind beide Partner erst einmal allein für den eigenen Lebensunterhalt verantwortlich. Wenn einer der Ehepartner aber seinen Beruf für die Kindererziehung aufgegeben hat, arbeitslos ist oder an einer schweren Krankheit leidet, ist der berufstätige Partner zu Unterhalt verpflichtet. Aber Sicherheit gibt es auch hier nicht: Nach dem neuen Scheidungsrecht haben Kinder Vorrang vor dem Expartner. Wenn der unterhaltspflichtige Ehegatte nicht genug Geld hat, um alle Unterhaltsforderungen zu erfüllen, werden zuerst die Kinder bedient und der unterhaltsberechtigte Partner kann dennoch leer ausgehen.

Und das gilt auch für Kinder, die aus einer neuen Beziehung kommen – die Ansprüche der Kinder haben Vorrang.

Frauen, die während der Ehe ihren Beruf für die Kinderbetreuung aufgegeben haben, stehen durch das reformierte Unterhaltsrecht oft schlechter da als zuvor und sind meist gezwungen, sich einen Job zu suchen, um den Lebensunterhalt darstellen zu können.

Eine Scheidung erfordert viel Organisation. Ehepaare, die sich scheiden lassen möchten, müssen nicht nur den Unterhalt regeln, sondern sich auch um die Verteilung ihres Vermögens, die Versicherungen und die Altersvorsorge kümmern.

Anpassungen im Absicherungskonzept

- Nach einer Trennung sind beide Noch-Ehepartner vorerst weiter gemeinsam versichert, bis die Scheidung rechtskräftig ist. Der Partner, der bisher als Versicherungsnehmer eingetragen war, bleibt dies auch weiterhin, bei allen Versicherungsverträgen. Der andere muss sich neu versichern.

- Minderjährige Kinder bleiben weiterhin mitversichert. Risikoversicherungen zugunsten der Kinder sollten auf jeden Fall weiterlaufen.

Beispiel

Nach 24 Jahren Ehe lassen sich Ruth Kellner und ihr Mann scheiden. Frau Kellner war nie berufstätig, sie hat sich immer um die beiden Kinder und den Haushalt gekümmert. Während ihrer Ehe hat sie sich nie Gedanken um den Aufbau einer eigenen Altersvorsorge oder Absicherung gemacht. Schließlich hat Edgar Kellner seit der Hochzeit viel Geld in eine Lebensversicherung eingezahlt. Für den Todesfall ist Frau Kellner als Bezugsberechtigte eingetragen. Sie geht fest davon aus, dass das auch nach der Scheidung so bleiben wird. Schließlich war es ja das gemeinsame Geld, das in die Lebensversicherung geflossen ist. Edgar Kellner als Versicherungsnehmer darf jedoch jederzeit das Bezugsrecht bei seiner Lebensversicherung ändern – leider auch ohne dass sie etwas davon erfährt. Er kann die Kinder, aber auch eine neue Partnerin einsetzen lassen. Wäre in der Versicherung ein unwiderrufliches Bezugsrecht eingetragen, dürfte er eine Änderung nur mit ihrer Zustimmung vornehmen.

Vermögen und Vorsorge

Eine Scheidung ist für alle Beteiligten immer eine schwierige Änderung der Lebenssituation. Auch die beste Gesetzgebung ändert nichts an wirtschaftlichen Gegebenheiten. Eine Scheidung macht aus einem Haushalt immer zwei. Diese Tatsache erfordert natürlich eine sinnvolle und realistische Planung. Zur Klärung der finanziellen Ansprüche und des Versorgungsausgleiches sollte unbedingt der professionelle Rat eines Rechtsanwaltes hinzugezogen werden.

Wer keinen individuellen Ehevertrag abschließt, tritt mit der Hochzeit in den gesetzlichen Güterstand der Zugewinngemeinschaft ein. Bei einer Scheidung wird das Vermögen, das während der Ehezeit erwirtschaftet wurde, zu gleichen Teilen auf die Ehepartner aufgeteilt. Der Ehegatte, der am Ende der Ehe den größeren Zugewinn erwirtschaftet hat, muss dem anderen einen Ausgleich zahlen. Geldanlagen müssen nicht zwingend halbiert werden, sie können als Ganzes auf die Partner verteilt werden. Wichtig ist nur, dass das Zugewinnvermögen am Ende gleichmäßig aufgeteilt wird. Auch gemeinsame Schulden teilen sich die Partner. Wurde Gütertrennung vereinbart, entfällt grundsätzlich der Zugewinnausgleich. Unter Umständen können die Ehegatten aber dennoch bei der Scheidung einen Ausgleichsanspruch gegeneinander haben.

Besondere Umsicht bedarf die Altersvorsorge: Wer gemeinsam lebt, spart meist auch gemeinsam für das Alter. Durch den Versorgungsausgleich werden Rentenansprüche, die Ehegatten während der Ehe erworben haben, gleichmäßig auf beide Partner aufgeteilt. Dadurch soll auch derjenige für den Ruhestand abgesichert werden, der während der Ehe weniger berufstätig war - etwa weil er sich verstärkt um Haushalt und Kinder gekümmert hat. Es zählen alle Versicherungen, die als Rente ausgezahlt werden: Gesetzliche Rentenversicherung, private Rentenpolicen, Riester- und Rürup-Verträge.

Bei der gesetzlichen Rentenversicherung oder der Beamtenversorgung werden die Ansprüche in Rentenentgeltpunkte der gesetzlichen Rentenversicherung umgerechnet. Der ausgleichsberechtigte Partner bekommt einfach eine entsprechend höhere gesetzliche Rente, der andere eine geringere.

Private Rentenversicherungen oder und ausländische Versorgungsanwartschaften unterliegen dem schuldrechtlicher Versorgungsausgleich. Hier muss der ausgleichspflichtige Partner die Ausgleichsrente selbst zahlen. Jedoch erst, wenn der ehemalige Partner das Rentenalter erreicht. Verlangt aber der Partner eine Abfindung aus dieser Versicherung und hält das Gericht dies für zumutbar, muss der Gegenwert der Versicherung auf einen Schlag gezahlt werden. Dieses Geld ist zweckgebunden und darf wiederum nur in die Altersvorsorge investiert werden.

Vermögensstrukturen und Anpassungsbedarf

Ist Ihr Vermögenshaus einmal gebaut, soll es Sie dauerhaft begleiten. Sie werden es weiter ausbauen und bei Bedarf Änderungen und Reparaturen vornehmen. Neue gesetzliche Vorschriften werden Maßnahmen erforderlich machen – so wie beispielsweise in Spanien, wo seit 2007 alle neuen und renovierten Häuser mit Solaranlagen ausgestattet werden müssen. Genauso wird es Ihnen auch mit Ihrer Finanzplanung ergehen. Finanzplanung ist Lebensplanung und ein langfristiger Prozess – denn viele Aspekte entwickeln erst in der Zukunft, beispielsweise im Ruhestand, ihre vollen Wirkungen. In diesem Kapitel erfahren Sie, wie Sie schnell und einfach Ihre Vermögensstrukturen überprüfen können. Kontrollieren Sie regelmäßig, ob diese hinsichtlich der Anlagedauer und der Einteilung in Risikoklassen noch Ihren Vorstellungen und Vorgaben entspricht. Dazu aktualisieren Sie die in Kapitel „Die eigene finanzielle Situation verstehen" (ab Seite 17) erstellte Vermögensbilanz mit den zeitgemäßen Werten und ordnen alle Anlagen in die neue zeitliche Struktur und die entsprechenden Risikoklassen ein.

Achtung!

Ihre Finanzplanung lebt mit Ihnen mit, begleitet Sie durch verschiedene Lebensphasen hindurch und erfährt deshalb immer wieder Anpassungen. Die individuellen Lebenswege sind heutzutage generell mehr Veränderungen unterworfen, als dies in den vergangenen Jahrzehnten der Fall war. Private Finanzen müssen daher häufiger an veränderte Bedingungen angepasst werden. Wenn sich zum Beispiel ein Ziel oder die Sparrate ändert, verschieben sich Vermögensstrukturen und Anlagestrategien.

Überprüfen Sie regelmäßig Ihre Anlagestruktur

Überprüfen Sie regelmäßig, ob Ihre Vermögensstruktur im Einklang mit den Zielen und Ihrer aktuellen Lebenssituation steht. Stellen Sie sich hierzu die folgenden Fragen:

- Entspricht Ihr Wertpapierdepot Ihrer Risikobereitschaft und Ihrem Anlagehorizont?

- Welche Rendite erzielen die einzelnen Anlagen und Ihr gesamtes Vermögen nach Steuern?

- Wie ist die Versorgung im Risikofall sichergestellt?
- In welchem Umfang wird Vermögen für die Altersvorsorge aufgebaut?
- Sind die einzelnen Bausteine die richtigen?
- Passt die Anlagestrategie zu Ihrer aktuellen Lebenssituation?
- Gibt es möglicherweise Missstände, die unbedingt behandelt werden müssen?

Mögliche Schieflagen in den privaten Finanzen können Sie beispielsweise erkennen, wenn die Liquiditätsreserve aufgebraucht ist, aber nicht ausreichend Geld hereinkommt, um sie wieder aufzufüllen. Wenn das Konto bei laufenden Sparverträgen immer weiter ins Minus rutscht, sollten Sie Ihr Haushaltsbuch überprüfen und entweder die Ausgaben oder die Sparraten reduzieren. Ist das Vermögen nicht ausreichend auf verschiedene Anlageklassen gestreut, hilft die Aufstellung und Einteilung der Vermögensbausteine, um Übergewichtungen und nicht ausreichend beachtete Strukturen festzustellen. Sind die falschen Bausteine im System, besteht Ihr Vermögen aus „schlechten" Finanzprodukten, müssen Sie diese zugunsten besserer Anlagen austauschen.

Behalten oder wechseln?

Trennen Sie sich von schlechten Anlagen

Überprüfen Sie alle Anlagen: Welche können ruhen gelassen werden, welche müssen unbedingt weiter bedient werden? Bei angespannter Finanzlage können Fondssparpläne ausgesetzt werden, die Risikoabsicherungen sollten aber auf jeden Fall weiterlaufen, um im Ernstfall eine finanzielle Absicherung zu gewährleisten. Trennen Sie sich von schlechten Anlagen und richten Sie Ihre Anlage konsequent neu aus.

> **Tipp!**
>
> Eine Anlage, die aufgrund schlechter Verfassung an den Kapitalmärkten ebenfalls im Minus liegt, muss beileibe noch keine schlechte Anlage sein. Wenn Sie über die Entwicklung unglücklich sind, kann es auch sein, dass die Anlage nicht zu Ihrer Risikoneigung passt.

Anhand der folgenden beiden Fragen können Sie relativ zuverlässig herausfinden, ob Sie Ihr Investment weiterhin behalten oder verkaufen und in konservative Anlageformen wechseln sollen:

1. „Passt dieses Investment zu meinen Anlagezielen? Bin ich auch bereit, das Investment mittel- und längerfristig zu behalten – auch dann, wenn die Kursentwicklung zumindest vorübergehend gegen mich läuft?"

2. „Würde ich das gleiche Investment auch heute und sogar zu niedrigeren Kursen genauso wieder tätigen?"

Lautet eine der beiden Antworten „nein", so hat das Investment vielleicht von Anfang an nicht zu Ihren Erwartungen und Ihrem Risikoprofil gepasst – und sollte zugunsten einer sichereren Anlage getauscht werden.

Achtung!

Grundsätzlich gilt für alle Lebensphasen: Die existenzielle Absicherung gegen Krankheit, Berufsunfähigkeit und Tod ist der wichtigste Baustein in Ihrem Finanzplan und hat Vorrang. Außerdem muss eine Liquiditätsreserve für unvorhergesehene Ausgaben stets vorhanden und nach Verzehr als Erstes wieder aufgefüllt werden.

Nehmen Sie jetzt die Aufstellung Ihrer Bilanz noch einmal zur Hand. In der nachfolgenden Checkliste, die Sie auch auf der beiliegenden CD-ROM finden, ordnen Sie die bestehenden Anlagen Ihrem jeweiligen Risikoprofil zu und schreiben die Anlagedauer daneben. In der Spalte Wertansatz setzen Sie den aktuellen Wert der Anlage ein. Wählen Sie aus der Spalte Anlagehorizont „kurz", wenn die Anlage jederzeit oder bis in maximal zwei Jahren zur Verfügung stehen muss. Wählen Sie „mittel", wenn die geplante Anlagedauer länger als zwei Jahre, aber nicht länger als sieben Jahre beträgt. Alle zeitlich darüber hinausreichenden Anlagen erfassen Sie mit „lang". In der Spalte rechts daneben teilen Sie die Risikoklassen der jeweiligen Anlage ein. (Die Einstufung verschiedener Anlagen in Risikoklassen finden Sie auf Seite 87.)

Checkliste „Überprüfung Status"			
	Wertansatz	Anlagehorizont	Risikoklasse
Vorhandenes Vermögen		kurz: bis 2 Jahre; mittel: 3 - 7 Jahre; lang: ab 7 Jahre	Sicherheit; Ertrag; Wachstum; Chance; Spekulation;
Geld- und Wertpapiervermögen			
Liquidität			

Girokonten			
Geldmarktanlagen			
Wertpapiere			
Depot bei Hausbank			
davon Rentenwerte			
davon Aktienmarkt			
davon weitere			
davon weitere			
davon weitere			
Depot bei Onlinebank			
davon Rentenwerte			
davon Aktienmarkt			
davon weitere			
davon weitere			
davon weitere			
Sparplan in			
Sparplan in			
Summe Konten und Depots	-		
Beteiligungen			
Summe Beteiligungen	-		
Immobilien			
Immobilie 1			
Darlehen			
Summe Immobilie 1	-		
Immobilie 2			
Darlehen			
Summe Immobilie 2			
Summe Immobilienvermögen	-		
Weiteres Vermögen			
Versicherungen, sonstige Vermögenswerte oder Verbindlichkeiten			
...			
...			
Summe weiteres Vermögen	-		
Summe bestehendes Vermögen			

Altersvorsorge			
Entgeltumwandlung			
Riester-Rente			
Rürup-Rente			
Sonstige Altersvorsorgemaßnahmen			
Summe Altersvorsorge			

Nutzen für Sie für Ihre Überprüfung die Checkliste auf der CD-ROM. Tragen Sie hier alle Daten in die Tabelle ein. Sie erhalten daraufhin eine grafische Auswertung, die Ihnen schematisch zeigt, mit welcher Kapitalbindung und in welchem Chance-Risikoverhältnis Ihr Vermögen aufgestellt ist. So sehen Sie am besten, welche Rolle bei Ihnen die Parameter Verfügbarkeit, Rendite und Risiko spielen. Entspricht dieses Bild Ihren Vorstellungen? Wenn nicht, wo besteht Handlungsbedarf?

Aufteilung nach Anlagehorizont

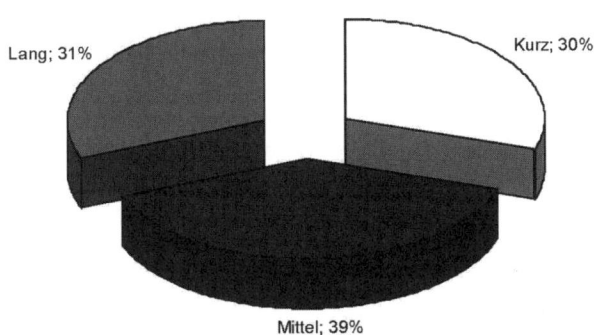

Portfolio nach Anlagehorizont

Für die folgende grafische Darstellung nach Risikoklassen empfehlen sich folgende Fragen: Fühlen Sie sich mit der Risikoaufteilung wohl? Soll Risiko reduziert werden oder muss es erhöht werden? Ist Ihr Vermögen zu „brav" ausgerichtet für Ihre Situation?

Aufteilung nach Risikoklassen

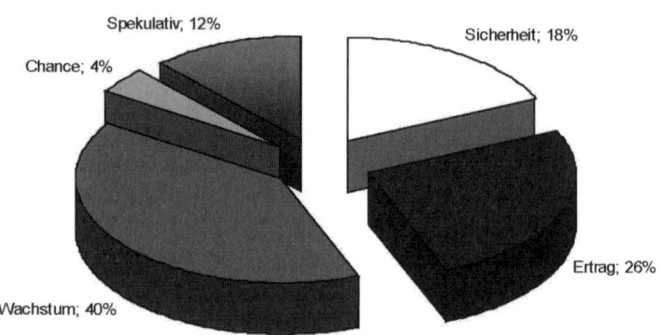

Spekulativ; 12%

Chance; 4%

Sicherheit; 18%

Ertrag; 26%

Wachstum; 40%

Beispiel

Andreas Lang hat Kassensturz gemacht. Auf seinem Konto liegen 30.000 Euro, die er gerne sinnvoll in seine Vermögensstruktur einpassen würde. Er hat sich aber schon lange nicht mehr um seine Anlagen gekümmert und hat ein bisschen den Überblick verloren. Daher hat er für alle Anlagen den jeweils aktuellen Wert ermittelt, sie nach zeitlicher Rangfolge und nach Risikoklasse geordnet. Bei seiner Onlinebank hat er 15.000 Euro auf dem Extra-Konto, das bringt im Moment 5 Prozent. Dieses Geld soll für Notfälle als eiserne Reserve zur Verfügung stehen, daher notiert er hier „kurz" für den Anlagehorizont und „Sicherheit" für die Risikoklasse. Bei der gleichen Bank führt Andreas Lang auch ein Depot, darin sind für etwa 22.000 Euro Anleihen enthalten. Darunter ist sind aber auch einige Unternehmensanleihen, die in der letzten Zeit ganz schön verloren haben. Seine Erwartung an diese Papiere sieht einen mittelfristigen Rahmen vor und vom Risiko muss er die Anleihen in der Stufe Wachstum einordnen. Weitere 31.000 Euro sind in Aktienfonds investiert, weltweit anlegend; die Fondsgesellschaften selbst haben die Fonds in die mittlere Risikostufe eingeordnet. Das übernimmt Herr Lang so in seine Liste. Bei seiner alten Hausbank gibt es ebenfalls ein Depot, darin liegen Bundesanleihen und Pfandbriefe im Wert von ca. 165.000 Euro, die in den nächsten drei bis fünf Jahren peu à peu fällig werden. Die Aktienfonds sind genau die Gleichen wie im anderen Depot, eigentlich könnte er die beiden Depots auch einmal zusammenlegen. Die Hausbank verlangt auch immer so hohe Depotführungsgebühren.

Bei einer Fondsplattform hat Andreas Lang zwei Fondssparpläne laufen, einen in einen Emerging Markets Fonds, den anderen in einen Fonds, der in Zukunftswerte investiert. Gute 5.000 Euro liegen in beiden Fonds, wobei der Zukunftswertefonds in letzter Zeit ein bisschen besser gelaufen ist. Aus alten Zeiten hat Herr Lang noch eine fondsgebundene Rentenversicherung, die er sich in sieben Jahren auszahlen lassen kann. Der aktuelle Policenwert beläuft sich auf 12.500 Euro. Seine Direktversicherung weist momentan einen Rückkaufswert von 24.000 Euro auf, aber die ist mindestens noch bis zum 60. Lebensjahr gebunden. In seine Liste trägt er alle Werte ein. Auch seine Immobilie, die er vor fünf Jahren gekauft hat, und das Darlehen mit dem aktuellen Kontosaldo werden erfasst. Um den Wert der Immobilie genau zu wissen, hat Herr Lang den Makler um Auskunft gebeten, der vor zwei Wochen die Wohnung der Nachbarin verkauft hat.

Überprüfung Status Andreas Lang			
	Wertansatz	Anlagehorizont	Risikoklasse
Vorhandenes Vermögen		Kurz: 0 – 2 Jahre; Mittel: 3 - 7 Jahre; Lang: 7 Jahre	Sicherheit; Ertrag; Wachstum; Chance; spekulativ;
Geld- und Wertpapiervermögen			
Liquidität			
Girokonten	30.000	Kurz	Sicherheit
Geldmarktanlagen	15.000	Kurz	Sicherheit
Wertpapiere			
Depot bei Hausbank			
davon Rentenwerte	65.000	Mittel	Ertrag
davon Aktienmarkt	31.000	Lang	Wachstum
Depot bei Onlinebank			
davon Rentenwerte	22.000	Mittel	Wachstum
davon Aktienmarkt	31.000	Lang	Wachstum
Sparplan in Emerging Markets	5.000	Lang	Chance
Sparplan in Zukunftswerte	5.500	Lang	Chance
Summe Konten und Depots	204.500		
Immobilien			
Immobilie 1	320.000		
Darlehen	-75.000		
Summe Immobilie 1	245.000	Lang	Sicherheit
Weiteres Vermögen			
Fondsgebundene Rentenversicherung	12.500	Mittel	Wachstum
Summe weiteres Vermögen	12.500		
Altersvorsorge			
Entgeltumwandlung	24.000	Lang	Wachstum
Summe Altersvorsorge	24.000		

Die zwei in der Checkliste enthaltenen Grafiken setzen sich nun aus seinen Daten zusammen. Bezüglich seines Anlagehorizontes sieht Andreas Lang folgendes Bild:

Aufteilung nach Anlagehorizont

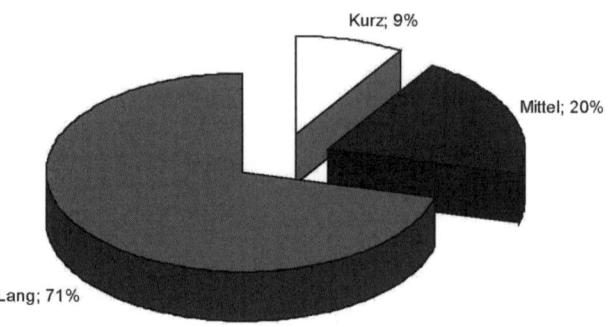

Mehr als zwei Drittel seines Vermögens sind langfristig ausgerichtet. Den größten Anteil daran nimmt die Immobilie ein. Wenn Herr Lang so recht überlegt, dann steht seine Wohnung, in der er selbst wohnt, eigentlich für die jetzige Überlegung gar nicht zur Debatte. Er hat nicht vor, diese zu veräußern. Daher streicht er für seine weitere Entscheidung die Immobilie aus seiner Erfassung und erhält nun folgendes Bild:

Nach wie vor nehmen die langfristigen Anlagen eine große Gewichtung ein, aber sind gegenüber den kurz- und mittelfristigen Anlagen nicht mehr so überproportioniert.

Auch seine Risikoaufteilung betrachtet er einmal mit Immobilie und einmal ohne. Die Grafik mit Betrachtung seiner Wohnung zeigt ihm folgendes Bild:

Aufteilung nach Anlagehorizont

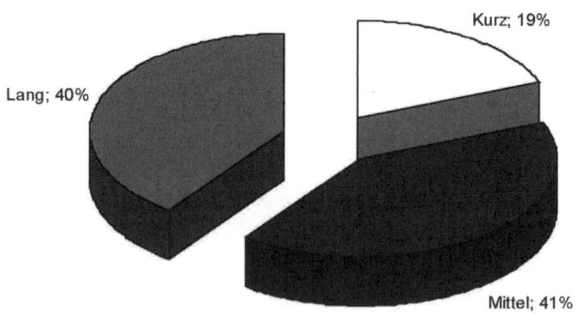

Aufteilung nach Risikoklassen

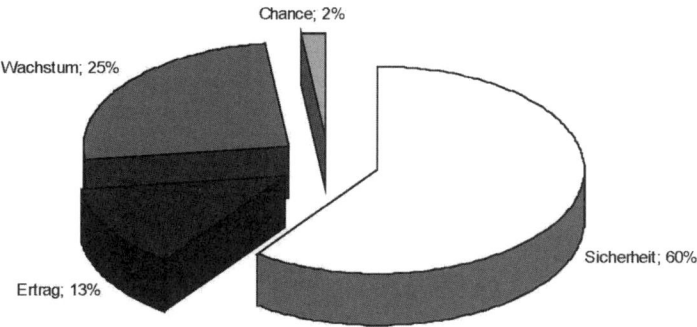

Natürlich liefert die Wohnung aufgrund ihres hohen Anteils am gesamten Vermögen viel Sicherheit, aber wie ist das restliche Vermögen investiert? Die Betrachtung ohne Immobilie zeigt ein anderes Bild: Jetzt ist der wachstumsorientierte Anteil deutlich stärker am gesamten Vermögen gewichtet.

Aufteilung nach Risikoklassen

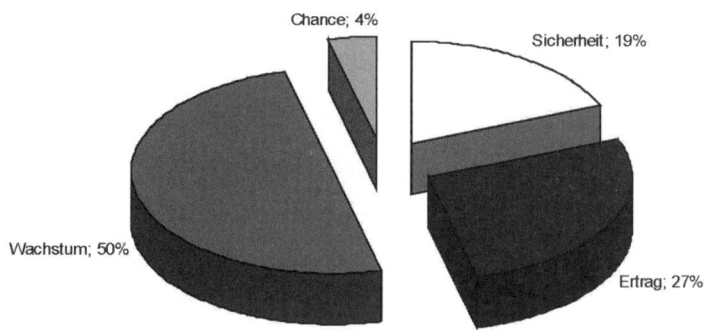

In Anbetracht seines Anlagewunsches, das Darlehen vollständig zu tilgen, will Andreas Lang die 30.000 Euro zum großen Teil in den ertragsorientierten Bereich investieren. Bundesanleihen erscheinen ihm bei dem derzeitigen Marktumfeld die sicherste Anlage. Einen weiteren Teil packt Lang auf das Extra-Konto. Jeweils 2.000 Euro schiebt er als Sonderzahlung in die Sparpläne hinein.

Selber machen oder beraten lassen?

Eine nachhaltige finanzielle Lebensplanung selbst vorzunehmen, beinhaltet oft hohen eigenen Aufwand. Das persönliche Anlagemanagement von Konten, Depots und anderen Anlagen erfordert Zeit und Geld – und das Interesse, sich mit seinen eigenen Finanzen kontinuierlich zu beschäftigen. Die meisten Menschen wissen besser über Ihren Kühlschrank Bescheid, als über den Hausbau und Ihre Finanzplanung – obwohl es sich in beiden Fällen um die zumeist wichtigsten Planungen in ihrem Leben handelt. Je mehr Sie als Bauherr Ihres Vermögenshauses Bescheid wissen, desto überzeugender können Sie Beratung und Dienstleistung von Dritten hinterfragen.

Mithilfe dieses Buches haben Sie sich nun schon viel Wissen angeeignet, um sich durch Fachchinesisch oder mangelndes Vertrauen in Ihre eigenen Kompetenzen nicht mehr abschrecken zu lassen. Über (Fach-) Zeitschriften, Wirtschaftszeitungen, Anlegermagazine und andere Publikationen, Fernsehen und Internet lassen sich weitere Informationen gewinnen.

Gerade im Internet finden Sie zahlreiche, wenn auch nicht immer hochwertige Berichte, Darstellungen und Erklärungen. Nützliche Informationen gibt es unter anderem auf den folgenden Seiten:

- Stiftung Warentest (http://www.test.de)
- Bund der Versicherten (http://www.bundderversicherten.de)
- Bundesanstalt für Finanzdienstleistungsaufsicht (http://www.bafin. de)
- Bundesversicherungsanstalt für Angestellte (http://www.bfa.de)
- Deutsches Aktieninstitut (http://www.dai.de)
- Deutsches Institut für Altersvorsorge (http://www.dia-vorsorge.de)
- Verbraucherzentrale Bundesverband e.V. (http://www.vzbv.de)
- Institut für Finanzdienstleistungen e.V. – Glossar zu Finanzdienstleistungen (http //glossar.iff-hh.de)
- Bundesverband Investment und Asset Management e.V. (http://www. bvi.de)

Fragen Sie sich, inwieweit Sie sich selbst um Ihr Vermögen kümmern wollen und können – oder an welcher Stelle Sie vielleicht Hilfe benötigen. Sie können sich in einzelnen Anlagen oder in der gesamten Finanzstrategie unterstützen und beraten lassen. Nicht bei allen Anlagen ist es sinnvoll, sich selbst darum zu kümmern. Komplexe Themen wie Berufsunfähigkeitsabsicherung, Rürup-Rente oder Anlagen aus dem Private Equity- oder Hedge-Fondsbereich sind besser vom Fachmann betreut. In anderen Fällen kann es sogar günstiger sein, die Arbeiten vom Fachmann ausführen zu lassen, anstatt sich mit wesentlich größerem Zeitaufwand selbst abzumühen.

Den Überblick über alle Parameter einer Finanzplanung zu gewinnen und zu behalten, alle Zusammenhänge zwischen verschiedenen Anlagezielen, unterschiedlichen Bausteinen sowie die jeweiligen Konsequenzen alternativer Umsetzungsmöglichkeiten zu begreifen – und dabei stets die fachliche und kritische Distanz zu wahren –, ist ohne qualifizierte fachliche Beratung eigentlich nicht möglich. Aufgrund der Tatsache, dass der Kapitalmarkt immer vielschichtiger wird, ist eine kompetente Vermögensberatung unerlässlich und bringt dem Anleger letztendlich einen höheren Profit mit einer besseren Risikostruktur. Ich empfehle Ihnen daher, Ihre persönlichen Anlagewünsche und -ziele mit einem Vermögensberater abzustimmen.

Achtung!

Ein Blick ins Branchenbuch zeigt, dass es neben den Banken und Sparkassen sehr viele Anlageberater, Vermögensverwalter und Finanzdienstleistungsunternehmen gibt. Die Bezeichnung Anlageberater oder Finanzberater ist nicht geschützt und kann unabhängig von einer tatsächlichen Qualifikation und Eignung angegeben werden.

Doch wie finden Sie heraus, ob ein Berater qualifiziert ist und Sie im Sinne Ihrer Belange berät? Gesunder Menschenverstand ist hier mitunter der beste Helfer. So wie Sie als Bauherr Ihren Architekten erst einmal kennen lernen sollten, kann schon ein erster Beratungstermin beim „Vermögens-Architekten" helfen, seinen Stil und seine Arbeitsqualität einzuschätzen. Bedenken Sie: Für Dritte ist es immer einfach, das Geld anderer anzulegen – doch sie müssen meist nicht mit den Konsequenzen einer falschen Beratung leben. Diese treffen immer zuerst Sie und Ihre Familie. Dann hilft es Ihnen nicht, sich auf Fehlberatung zu berufen oder eigene Unkenntnis anzuführen.

Informieren Sie sich: Wie steht es mit der Qualifikation eines Beraters, über welche Berufserfahrung verfügt er, können Sie Referenzen einholen? Wie ist der Berater organisiert, steht er unter Aufsicht der Bundesanstalt für Finanzdienstleistungsaufsicht (BaFin)? Welchen Verbänden gehört er an?

Fragen Sie sich außerdem nach den Interessen des Beraters. Verdient er an Provisionen oder bezahlen Sie ein Beratungshonorar? Kann er frei beraten oder ist er an Produktinteressen eines Hauses oder eines Finanzvertriebes gebunden? Leider ist in Deutschland nach wie vor eine Beratung auf Honorarbasis wenig akzeptiert. Für eine Zusammenkunft mit einem Anwalt oder Steuerberater nimmt jeder eine Rechnung selbstverständlich hin. Bei einem Vermögensberater hingegen werden Kompetenz, Unabhängigkeit und Seriosität meist zum Nulltarif erwartet. Dass sich viele Berater aus Provisionen finanzieren, ist nachvollziehbar.

> **Tipp!**
> Alle Banken, Versicherungsgesellschaften, Bausparkassen und andere Produktanbieter sind keine Samariter, sondern verdienen natürlich in erster Linie an ihren eigenen Produkten. Das sollten Sie bei einer Beratung immer im Hinterkopf bewahren.

Das bedeutet nicht, dass Berater, die kein Honorar verlangen, grundsätzlich unseriös handeln, im Gegenteil. Gute Berater wissen langfristige Kundenbeziehung vor kurzfristiger eigener Gewinnmaximierung sehr wohl zu unterscheiden. Transparenz in der Kostenstruktur ist ein wichtiges Kriterium, nach dem Sie fragen sollten. Und bei aller Kritik an den Banken und Finanzberatern: Deren Praktiken entbinden die Anleger nicht von ihren eigenen Informations- und Nachfragepflichten.

Vereinbaren Sie für das Beratungsgespräch stets einen Termin, nur so können Sie sich entsprechend vorbereiten. Beratungen und Verkaufsgespräche am Telefon, um die Sie nicht gebeten haben, sind unseriös.

Während des Gespräches achten Sie auf folgende Kriterien:

- Nimmt Ihr Berater oder Ihre Beraterin sich Zeit für Sie?
- Stellt er sich vor und gibt Auskunft über seine Qualifikation und Beratungspraxis?
- Fragt er zuerst umfassend nach Ihrer aktuellen Situation? Sowohl nach der persönlichen und beruflichen Situation als auch nach Ihrer finanziellen Situation? Werden bestehende Anlagen und Versicherungen berücksichtigt?
- Fragt er Sie nach Ihren persönlichen Wünschen und erarbeitet mit Ihnen Ihre finanziellen und wirtschaftlichen Ziele? Wird Ihre steuerliche Situation in den Überlegungen angesprochen? Werden Sie nach Ihrer persönlichen Risikobereitschaft gefragt? Notiert er während des Gespräches alle wichtigen Daten?

- Erhalten Sie während des Gespräches ausreichend Informationen, werden Erklärungen verständlich abgegeben oder spricht der Berater nur „fachchinesisch"? Werden Ihnen die Chancen und Risiken der besprochenen Anlagen verständlich dargestellt?

- Wie ist die Gesprächsatmosphäre, ist sie freundlich? Werden Sie dazu ermuntert, Fragen zu stellen und nachzuhaken, wenn etwas nicht verstanden wurde? Ein guter Berater wird versuchen, so lange Erklärungen zu geben, bis Sie alles verstanden haben. Fühlen Sie sich ernst genommen, geht Ihr Berater auf Sie ein?

- Werden Lösungen entwickelt, die ganz auf Sie und Ihre persönliche Situation abgestimmt sind? Eine individuelle Beratung ist nicht durch systemische Beratung zu ersetzen, sie kann nur dadurch ergänzt werden.

- Wird Ihnen nur ein Anlagevorschlag gemacht oder werden Ihnen auch Alternativen aufgezeigt? Zu jedem Anlageziel gibt es nie nur den einen optimalen Weg, sondern immer Alternativen, deren Vorteile, aber auch Kosten und Nachteile Ihnen vorgestellt werden sollten.

- Erhalten Sie Vorschläge, Empfehlungen und Alternativen schriftlich ausgehändigt?

- Zieht der Berater bei komplexen Themen oder Fachfragen Spezialisten hinzu? Selbst ein guter Finanzberater wird niemals alles wissen können. Achten Sie daher darauf, ob der Berater im Rahmen eines Netzwerkes aus Steuerberatern, Versicherungsmaklern, Rechtsanwälten oder anderen Experten arbeitet.

- Drängt der Berater Sie zu einer Unterschrift oder erhalten Sie nach der Beratung Zeit, sich alles noch einmal ausführlich durch den Kopf gehen zu lassen? Es ist absolut in Ordnung, wenn der Berater auch von Ihnen eine gewisse Verbindlichkeit fordert. Sie sollten ihm zumindest ein Feedback auf seine Beratung geben, wenn kein Folgetermin für konkrete Umsetzungen vereinbart wird. Aber Sie dürfen sich zu keiner Anlage gedrängt fühlen und auch weitere Fragen stellen können, bevor Sie zu Tatsachen schreiten. Bei den meisten Verträgen haben Sie ein Widerspruchsrecht von zwei Wochen bei entsprechender Belehrung über dieses Recht. Werden Sie nicht entsprechend unterrichtet, bleibt das Widerspruchsrecht länger bestehen.

- Wählen Sie nur Anlagen, die Sie wirklich verstehen. Sie – und nicht Ihr Berater – müssen sich mit der gefundenen Lösung wohlfühlen.

Durch dieses Buch haben Sie das nötige Rüstzeug zur Hand, um einschätzen zu können, ob der Berater auf Sie und Ihre Situation eingeht und Ihnen Vorschläge unterbreitet, die Ihren Anforderungen und Zielen gerecht werden. Sie wissen ja, Ihre finanziellen Ziele, Ihre Anlegermentalität und Ihr heutiges Vermögen bilden den Ausgangspunkt für mögliche Entscheidungen. Die Anlagen mit ihrer jeweiligen Funktionalität und Risikokategorie müssen dazu passen.

Eine längerfristige Zusammenarbeit können Sie je nach eigenem Interesse und Zeit unterschiedlich gestalten: Sie lassen sich vor dem Hintergrund Ihrer gesamten Vermögensstruktur zu einzelnen Anlagezielen beraten, verantworten die Entscheidung und Umsetzung selber (Anlageberatung). Oder Sie lassen Ihr Vermögen durch Dritte verwalten (Vermögensverwaltung). Dazu wird ein Vermögensverwaltungsvertrag geschlossen, der Art und Umfang der Vermögensverwaltung, alle anfallenden Kosten, die Möglichkeiten der Einsichtnahme und Berichterstattung (Reporting), die Kündigungsmöglichkeiten sowie Regelungen für den Todesfall beinhalten sollte.

Das Wertpapierhandelsgesetzes (WpHG) schreibt Banken, Sparkassen, Direktanlagebanken und Vermögensverwaltern vor, bei jeder Depoteröffnung bzw. bei Verwaltungsverträgen bestimmte Angaben zu den persönlichen Verhältnissen, den Anlageerfahrungen, dem Vermögensstatus und den Einkommensverhältnissen sowie den Anlagezielen zu erfragen und zu dokumentieren. Auch Art, Umfang, Häufigkeit und Zeitraum vergangener Anlagegeschäfte müssen dokumentiert werden, ebenso die Risikoneigung und der zeitliche Horizont. Achten Sie darauf, dass Sie neben diesen Minimalanforderungen weitere Unterlagen erhalten, die die besprochenen Sachverhalte und Informationen darstellen und belegen.

Der Berater muss auf Basis Ihrer Angaben eine „Eignungsprüfung" vornehmen und darstellen, inwieweit das empfohlene Produkt oder eine Anlagestrategie Ihren Anlagezielen entspricht. Ändern sich Ihre Angaben, insbesondere die Risikobereitschaft, so muss ein neuer WpHG-Bogen erstellt werden.

Auf der Seite das BaFin (www.bafin.de) sind alle Finanzdienstleister aufgeführt, die eine Zulassung durch das BaFin erhalten haben. Diese Zulassung beinhaltet rechtliche und organisatorische Vorschriften, ist aber kein alleiniges Gütesiegel. Auch bei Verbraucherzentralen finden Sie weitere Informationen zu Anlageberatern und Anlageberatungen.

Tipp!

Wenn Sie Sorge vor dubiosen Beratern oder zweifelhaften Produkten haben, hilft ein Blick in die Warnliste der Stiftung Warentest (www.finanztest.de/warnliste). Sie enthält unseriöse Angebote und Anbieter, vor denen Finanztest in der Vergangenheit gewarnt hat.

Keine Sorge – Altersvorsorge

In diesem Kapitel beschäftigen wir uns mit dem Ausbau und der Instandhaltung des Fundaments Ihres Vermögenshauses, der Altersvorsorge. Mithilfe der kontinuierlichen Pflege und Wartung des Fundamentes stellen Sie sicher, dass Ihr Vermögenshaus auch später einmal auf soliden Beinen stehen wird und Ihnen im Alter den gewünschten Lebensraum bieten kann. Zunächst erhalten Sie jedoch einen Überblick über die Leistungen und Voraussetzungen der verschiedenen Formen der Altersvorsorge – von der gesetzlichen Rentenversicherung über die betriebliche Altersvorsorge bis hin zu den privaten Vorsorgemaßnahmen.

Rechtzeitige Vorsorge

Die gesetzliche Rente wird auch in Zukunft für einen großen Teil der Bevölkerung eine wichtige Einnahmequelle bleiben. Weiter sinkende Rentenleistungen machen es jedoch unumgänglich, Eigeninitiative zu ergreifen und zusätzliche Gelder in die eigene Altersvorsorge zu investieren. Finden Sie in diesem Kapitel heraus, welche Vorsorgemaßnahmen für Ihre Lebenssituation, Ihre Möglichkeiten und Ihre Ziele am besten geeignet sind.

Warum sollte ich Altersvorsorge betreiben?

Lassen Sie sich von der Zukunft nicht überraschen. Und wenn, dann nur positiv. Halten wir zunächst fest: Vorsorge für das Alter muss sein. Sicherlich erscheint in jungen Jahren der Weg bis zum Rentenalter noch weit. Zudem haben die meisten ganz andere Prioritäten als Geld für die Altersvorsorge abzuzweigen – einige Gedanken und Überlegungen in Richtung Altersversorgung tun jedoch not. Schließlich will man ja auch das Leben nach dem Beruf richtig genießen können.

Oft werden für die Zeit „nach dem Berufsleben" (und nicht für das Alter, denn nach dem Berufsleben ist man noch lange nicht alt) Träume formuliert: der Segeltörn für ein Jahr, die Weltreise, das Ferienhäuschen in Italien, viel Geld für Kunst, Kultur und Reisen, das Leben im eigenen schuldenfreien Haus oder auch einfach nur der Wunsch gut zu leben.

Ob das Geld im Alter reicht, hängt vor allem von Ihren persönlichen Wünschen an die finanzielle Ausstattung ab. Prinzipiell gilt: Nach einer Reihe von Reformen wurde das Leistungsniveau der gesetzlichen Rentenversicherung deutlich abgesenkt. Wer sich ausschließlich auf die gesetzliche Rente verlässt, muss sich im Ruhestand finanziell stark einschränken. Die Leistungen der gesetzlichen Rentenversicherung können später einmal nur eine Grundsicherung bieten. Die zunehmende Besteuerung von Rentenleistungen und die Inflation, die bis zum Ruhestand den zukünftigen Geldwert im Vergleich zu heute schmälern wird, lassen eine finanzielle Lücke für den späteren Bedarf nur noch größer werden.

Die gesetzliche Rentenversicherung funktioniert nach dem Umlageverfahren. Dieses System basiert auf dem sogenannten Generationenvertrag.

Generationen-
vertrag

Die von den heute Erwerbstätigen aktuell eingezahlten Beiträge werden unmittelbar als Renten an die heutigen Rentner ausgezahlt. Im Gegensatz zu Einzahlungen bei Banken oder privaten Versicherungen wird also kein Geld angespart. Die heute erwerbstätige Generation erwirbt durch ihre Beitragszahlungen den staatlich garantierten Anspruch, von der nachfolgenden Generation im Alter ebenfalls auf diese Weise versorgt zu werden. Und hier wird das Problem sichtbar: In den nachfolgenden Generationen gibt es immer weniger Beitragszahler.

Altersaufbau der Bevölkerung Deutschlands am 31.12.2007
Ergebnisse der Bevölkerungsfortschreibung

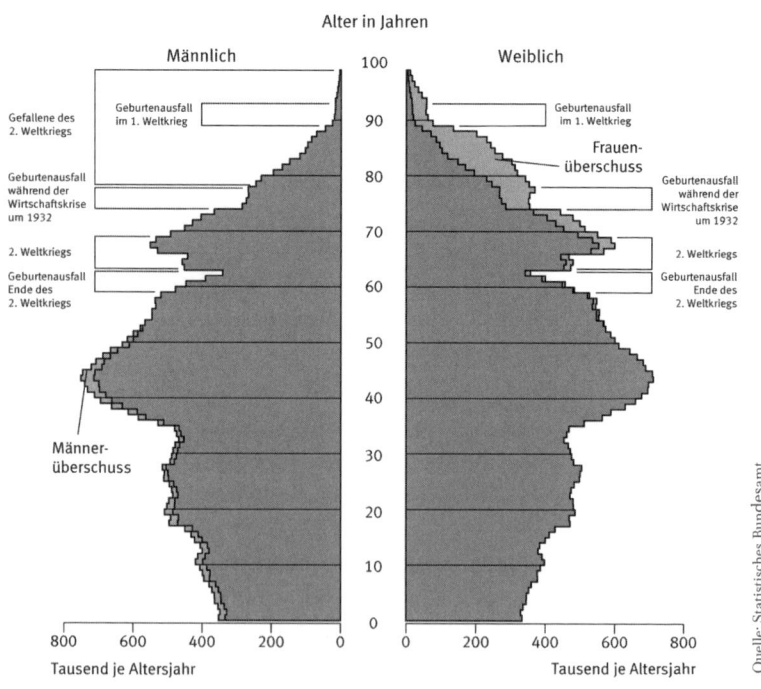

Quelle: Statistisches Bundesamt

Laut statistischem Bundesamt werden der Bevölkerung im Erwerbsalter künftig immer mehr Senioren gegenüberstehen. Im Jahr 2005 entfielen auf 100 Personen im Erwerbsalter (20 bis 65 Jahre) 32 ältere Personen (65 oder mehr Jahre). Im Jahr 2030 wird dieser Altersquotient – die Zahl der Rentner im Verhältnis zur Zahl der Menschen im Erwerbsalter - für Männer bei 50 und für Frauen bei 52 liegen, im Jahr 2050 bei 60 beziehungsweise 64.

Zwangsläufig wird dadurch die finanzielle Unterstützung für nachfolgende Generationen zunehmend schwächer. Aber nicht nur das Rentenniveau wird in den kommenden Jahrzehnten sinken: Der steuerpflichtige Teil der Rente wird hingegen ansteigen. Und dank des medizinischen Fortschritts und besserer Lebensbedingungen werden wir alle älter als noch vor 50 Jahren.

Lebenserwartung 60-jähriger seit 1932

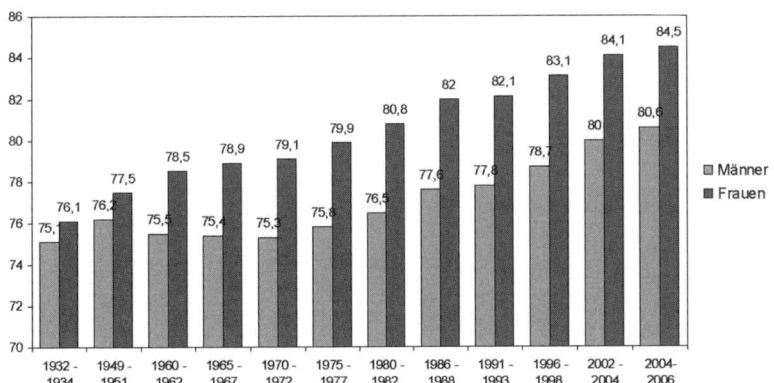

Entwicklung der Lebenserwartung 60-Jähriger

Quelle: Statistisches Bundesamt

Wenn Sie zum Beispiel mit 60 in Rente gehen, haben Sie heute durchschnittlich noch mindestens 21 oder 25 Jahre vor sich, in denen Sie Ihren Ruhestand genießen können. Und dafür ist entsprechendes Geld notwendig. Sie haben jetzt die Möglichkeit, sich darüber Gedanken zu machen, und sind in der Lage, aktiv etwas dafür zu tun. Wer sich vor unerfreulichen Überraschungen schützen möchte, sollte sich aufrichtig und realistisch mit der Frage beschäftigen, mit welcher finanziellen Ausstattung man leben möchte – und kann. Sonst wird der Ruhestand ein Unruhestand.

> **Tipp!**
> Verschiedene Anbieter im Internet stellen den Nutzern einen Lebenserwartungsrechner zur Verfügung (zum Beispiel www.lebenserwartung.ch). Durch die Beantwortung ausgewählter Fragen zu verschiedenen Faktoren, wie zum Beispiel Sport, gesunde Ernährung oder Idealgewicht, können Sie ermitteln, auf wie viele glückliche Jahre Sie sich noch freuen können.

Nur wer rechtzeitig eigenständig vorsorgt, hat in der späteren Phase seines Lebens keine finanziellen Sorgen zu befürchten. Dabei gilt: je früher, desto besser. Erinnern Sie sich noch an den Zinseszinseffekt? Jedes Jahr, das Sie später anfangen, macht am Ende einige tausend Euro aus. Und je früher Sie anfangen, desto besser können Zins und Zinseszins für die Vorsorge arbeiten. Und desto geringer können Ihre Sparbeiträge ausfallen.

„Die" Form der Altersvorsorge gibt es nicht. Es gibt keine Standardlösung, die ein sorgenfreies Leben garantieren wird. Die optimale Altersvorsorge eines jeden Einzelnen ist ein Mix aus unterschiedlichen Anlageformen und Wegen, der sich aus Ausstattung, Lebenssituation und Verlauf verschiedener Lebensphasen ergibt.

Was kann ich für meine Altersvorsorge tun?

Altersvorsorge ist eine sehr persönliche Sache. Die Voraussetzungen für den Aufbau eines ausreichenden Einkommens im Alter sind individuell. Wichtig ist es daher, den richtigen persönlichen Mix aus den verschiedenen Möglichkeiten der Altersvorsorge herauszufinden.

Es gibt nicht „die" optimale Altersvorsorge. Ihre gesamten Einkünfte im Alter werden sich aus verschiedenen Bausteinen zusammensetzen. Das seit 2005 in Deutschland geltende Alterseinkünftegesetz teilt die Vorsorgemöglichkeiten in drei Schichten ein:

* Die **Basisversorgung**, zu der die gesetzliche Rentenversicherung, berufsständische Versorgungswerke, die Landwirtschaftliche Alterskasse und die Rürup-Rente gezählt werden,
* die **geförderte Zusatzversorgung**, die sämtliche Durchführungswege der betrieblichen Altersvorsorge und die Riester-Rente umfasst,
* die **private Altersvorsorge**, die alle sonstigen Kapitalanlageprodukte und sonstigen Versicherungsprodukte für die Altersvorsorge beinhaltet.

Die einzelnen Vorsorgemaßnahmen aus den drei Schichten können weitgehend flexibel miteinander kombiniert werden und sichern so Ihr späteres Einkommen. Für jede der drei Schichten gelten eigene Regeln hinsichtlich staatlicher Förderung und steuerlicher Behandlung von Beiträgen, Erträgen und lebenslangen Renten.

Die nachstehende Grafik veranschaulicht das Drei-Schichten-Modell der Alterssicherung in Deutschland.

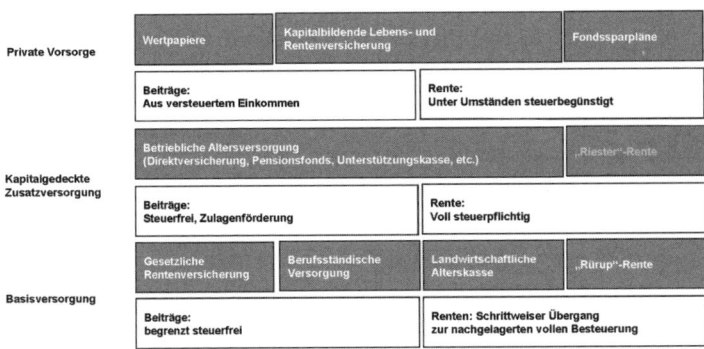

System der Altersvorsorge in Deutschland

Kernelement des Alterseinkünftegesetzes ist der schrittweise Übergang zur nachgelagerten Besteuerung der gesetzlichen und privaten Altersvorsorge. Nachgelagerte Besteuerung bedeutet, dass die Sparbeiträge zur Altersvorsorge steuerlich gefördert oder steuerfrei gestellt werden. Im Gegenzug unterliegen die daraus erzielten Alterseinkünfte der Einkommensteuer.

- Was sind Ihre Vorteile?

Durch die geringere Steuerlast während der Ansparphase steht mehr Geld für die private Altersvorsorge zur Verfügung. Im Ruhestand sind die steuerpflichtigen Einkünfte meist geringer und die steuerliche Belastung ist niedriger.

- Was sind Ihre Nachteile?

Auch im Ruhestand werden Steuern gezahlt werden müssen.

Tipp!
Entwickeln Sie möglichst frühzeitig einen auf Ihre individuellen Bedürfnisse und Möglichkeiten zugeschnittenen Fahrplan. Prüfen Sie zunächst, welche finanziellen Mittel Ihnen zur Verfügung stehen und welche Anlageformen angesichts Ihrer Lebenssituation sinnvoll sind. Überprüfen Sie regelmäßig den einmal eingeschlagenen Weg zur Altersvorsorge und passen ihn bei Bedarf an.

Verschaffen Sie sich zunächst einen Überblick darüber, mit welchen Leistungen Sie aus der ersten Schicht, der Basisversorgung, rechnen können.

1. Schicht: Basisversorgung

Zur Basisversorgung gehören die gesetzliche Rentenversicherung, alle Arten einer berufsständischen Versorgung (zum Beispiel das Versorgungswerk der Architekten oder Rechtsanwälte), die landwirtschaftliche Alterskasse und die Basis- oder Rürup-Rente.

Die Bedingungen in der Basisversorgung sind für alle Beitragszahler gleich. Die erworbenen Ansprüche – die Rentenleistungen – können ausschließlich in Form einer lebenslangen Rente in Anspruch genommen werden. Sie sind nicht kapitalisierbar das heißt, sie können nicht als einmalige Kapitalauszahlung abgerufen werden. Die erworbenen Anwartschaften sind

- nicht vererblich,

- nicht beleihbar,

- nicht übertragbar und

- ausschließlich dem Zweck der persönlichen Altersvorsorge des Beitragszahlers gewidmet.

Die Auszahlung erfolgt frühestens ab dem 60. Lebensjahr. Für alle Beitragszahler, die ab dem Jahr 2012 mit Einzahlungen in eine Form der Basisvorsorge beginnen, beginnen die Rentenzahlungen nicht vor dem 62. Lebensjahr.

Die **gesetzliche Rentenversicherung** in Deutschland ist Pflicht für alle Arbeiter und Angestellte mit wenigen Ausnahmen, sonstige Versicherungspflichtige und freiwillig Versicherte: Per Gesetz müssen sie einen Teil ihres Lohnes oder Gehaltes an die „Deutsche Rentenversicherung", den gesetzlichen Rentenversicherer, bezahlen. Grundsätzlich wird die Rentenversicherung durch Beiträge finanziert, die je zur Hälfte von Arbeitnehmern und Arbeitgebern getragen werden. Der Beitrag wird durch die zuständige gesetzliche Krankenkasse erhoben und an den zuständigen Rentenversicherungsträger gezahlt. Der Rentenversicherungsbeitrag wird als Prozentsatz vom Bruttolohneinkommen erhoben. Seit 2007 liegt der Beitragssatz bei 19,9 Prozent. Der Höchstsatz, also der Beitrag, der zur gesetzlichen Rentenversicherung maximal gezahlt werden kann, orientiert sich an der sog. Beitragsbemessungsgrenze und beträgt im Jahr 2008 1.054,70 Euro pro Monat.

Einen Anspruch auf die sogenannte Regelaltersrente ab 65 hat fast jeder gesetzlich Versicherte, der in seinem Leben gearbeitet oder Kinder erzogen hat. Es müssen lediglich fünf Jahre Versicherungszeit vorliegen. Um die volle Höhe der Altersrente zu erhalten, muss der Versicherte bis zum 65. Lebensjahr 45 Jahre Pflichtbeiträge gezahlt haben. Das Renteneintrittsalter wird ab dem Jahr 2012 stufenweise von 65 Jahren auf 67 Jahre angehoben.

Die Höhe der staatlichen Rente ist hauptsächlich von den Beitragszeiten und der Beitragshöhe abhängig, d. h. wie viele Jahre man versicherungspflichtig beschäftigt war und wie viele sonstige rentenrechtliche Zeiten angerechnet werden können. Für jeden Versicherten werden diese Angaben bei den Rentenversicherungsträgern erfasst und auf ein Konto übertragen.

Wichtig: Versicherte sollten ihr Rentenkonto immer gut kontrollieren. Denn nicht immer liegen alle Angaben wie Wehrdienst oder auch die Geburt von Kindern lückenlos vor. Doch nur wenn alle Angaben vollständig im Rentenkonto erfasst sind, können Versicherte ihre Rente richtig berechnen. Seit 2005 sollten alle Rentenversicherten jährlich Auskunft über den Stand ihres Kontos erhalten.

Fordern Sie bei der Deutschen Rentenversicherung Bund Ihre aktuellen persönlichen Renteninformationen an. Daraus können Sie folgende Informationen entnehmen:

- die Höhe der bisher erworbenen Rentenansprüche,

- den aktuellen Stand des persönlichen Rentenkontos,

- eine Hochrechnung über die voraussichtliche Rente im 65. Lebensjahr,

- Informationen über eventuelle Lücken im persönlichen Rentenkonto, also Zeiten, in denen keine Beiträge eingezahlt wurden.

Bei einem durchschnittlich verdienenden Versicherten mit 45 Beitragsjahren beträgt die Rente heutzutage ca. 68 Prozent des durchschnittlichen Jahreseinkommens. Das Problem bei den Musterberechnungen ist jedoch, dass diese meist vom bundesdeutschen Durchschnittseinkommen ausgehen und auf einer rentenversicherungspflichtigen Lebensarbeitszeit von 45 Jahren basieren. So viele Jahre arbeiten die meisten Versicherungspflichtigen aber gar nicht. Wegen des fallenden Rentenniveaus sind bei der errechneten Summe also weitere Abschläge abzuziehen.

Die sogenannte „Standardrente", also die Rente, die eine Person erhalten würde, die immer das Durchschnittsgehalt aller gesetzlich Versicherten bezogen hat und genau 45 Jahre in die Rentenversicherung eingezahlt hat, beträgt seit Juli 2007 nach Angaben der Deutschen Rentenversicherung Bund 1.182,15 Euro für die alten Bundesländer. Die tatsächlich gezahlte Durchschnittsrente liegt bei Männern bei 969 Euro pro Monat, bei Frauen bei 465 Euro (alte Bundesländer).

Achtung!

Alle Renten aus der gesetzlichen Rentenversicherung werden nur auf Antrag gezahlt. Um Ihren Rentenanspruch geltend zu machen, müssen Sie unbedingt drei Monate vor dem geplanten Rentenbeginn einen Antrag stellen.

Die Leistungen aus der gesetzlichen Rente müssen versteuert werden. Der steuerpflichtige Anteil erhöht sich jedes Jahr. Bei einem Rentenbeginn im Jahr 2008 liegt der steuerpflichtige Anteil bei 56 Prozent. Dieser Anteil muss mit dem persönlichen Steuersatz versteuert werden. Bis zum Jahr 2040 werden 100 Prozent der Rente steuerpflichtig. Es gibt jedoch einen Steuerfreibetrag in Höhe von 16.800 Euro für alleinstehende Rentner und in Höhe von 33.200 Euro für verheiratete Rentnerpaare (2008), bis zu dem die Renteneinkünfte steuerfrei bleiben – vorausgesetzt, es werden keine sonstigen Einkünfte erzielt.

Tipp!

Wenn es um die gesetzliche Rente geht, sind die entsprechenden Rentenversicherungsträger Ansprechpartner Nummer eins. Zuständig für alle Angestellte und Arbeiter ist die Deutsche Rentenversicherung Bund. Für Fragen hat die Deutsche Rentenversicherung eine kostenlose Servicehotline: 0800/10004800. Im Internet gehen Sie für weitergehende Informationen auf die Seite www.deutsche-rentenversicherung-bund.de.

Berufsständische Versorgungswerke sind besondere Versicherungseinrichtungen auf landesrechtlicher Grundlage. Sie sichern die Altersversorgung für bestimmte Berufe wie Ärzte, Apotheker, Architekten, Notare und Rechtsanwälte, Steuerberater und andere mehr. Diese zahlen ihre Beiträge nicht in die Deutsche Rentenversicherung ein, sondern müssen an das jeweilige Versorgungswerk leisten. Die berufsständische Versorgung ist stark durch die Selbstverwaltung durch die betroffenen

Berufsstände geprägt und bietet ihren Mitgliedern analog der Sozialversicherung eine Alters-, Berufsunfähigkeits- und Hinterbliebenenversorgung. Mit der Dauer der Zugehörigkeit zu einem berufsständischen Versorgungswerk erwirbt das Mitglied eine Anwartschaft, das heißt einen Anspruch auf Leistungen, deren Umfang und Höhe sich aus der Satzung und den eingezahlten Beiträgen ergibt.

Auch die **Rürup-Rente** zählt zur Basisversorgung. Sie soll in erster Linie Selbstständigen den Aufbau einer Alterssicherung ermöglichen, die sonst keine andere Möglichkeit haben, mithilfe staatlicher Förderung für ihr Alter vorzusorgen. Die Rürup-Rente ist eine privat abgeschlossene Versicherung, die im Prinzip wie die gesetzliche Rentenversicherung funktioniert.

Rürup-Rente

- Die Rürup-Rente darf nur als lebenslange Rente gezahlt werden.
- Ihre Auszahlung darf nicht vor dem 60. Lebensjahr beginnen (bei Verträgen ab 2012 nicht vor dem 62. Lebensjahr).
- Die Ansprüche sind nicht vererblich, nicht veräußerbar, können nicht beliehen oder kapitalisiert werden. Wenn für Hinterbliebene gesorgt werden muss, sollte eine Absicherung der eingezahlten Beiträge unbedingt separat erfolgen.
- Die Besteuerung erfolgt nachgelagert genau wie bei der gesetzlichen Rente.

Aufgrund der Regelungen zur Rürup-Rente kann ein Versicherungsvertrag vor Rentenbeginn nicht aufgelöst werden. Aus diesem Grunde darf der Wert des Vertrages zum Beispiel beim Arbeitslosengeld II nicht berücksichtigt werden. Ebenso ist eine Rürup-Rente während der Ansparzeit unpfändbar, das angesparte Kapital ist im Falle einer Insolvenz also vor jeglichem Gläubigerzugriff geschützt.

Beiträge zur Basisrente sind nur an Ehegatten oder Kinder, die Anspruch auf Waisenrente haben, vererbbar. Bei Tod vor dem Rentenbeginn fällt das Kapital ansonsten der Versicherungsgesellschaft zu. Eine Absicherung der eingezahlten Beiträge für die Hinterbliebenen muss daher separat dargestellt werden, indem beispielsweise eine Beitragsrückgewähr im Versicherungsvertrag mit abgeschlossen wird.

Absetzbarkeit der Beiträge:

Alle Beiträge zur Basisversorgung können als Vorsorgeaufwendungen schrittweise abgesetzt werden. Der absetzbare Höchstbetrag beträgt 20.000 Euro, bei Verheirateten 40.000 Euro. Im Jahr 2007 waren 64 Prozent der maximal möglichen Beiträge abzugsfähig, im Jahr 2008 66 Prozent – und im Jahr 2025 werden die gesamten Aufwendungen von maximal 20.000 Euro (40.000 Euro) abzugsfähig sein. Auf der anderen Seite werden Rentenleistungen Jahr für Jahr stärker besteuert. Seit 2005 sind die Renten zu 50 Prozent steuerpflichtig. Bei einem späteren Rentenbeginn erhöht sich der zu versteuernde Teil der Renten auf bis zu 100 Prozent ab dem Jahr 2040.

Beispiel

Im Jahr 2008 verdient Kai Oehrig 40.000 Euro. Davon zahlt er 3.980 Euro in die Rentenversicherung, sein Arbeitgeber zahlt noch einmal den gleichen Betrag. Von dem Gesamtbetrag, der für die Rentenversicherung abgeführt wird, also 7.960 Euro, können für das Jahr 2008 66 Prozent steuerlich angesetzt werden, also 5.254 Euro. Von diesem Betrag muss Herr Oehrig jedoch den Anteil seines Arbeitgebers, folglich 3.980 Euro, abziehen. Er kann damit letztendlich 1.274 Euro als Sonderausgaben beim Finanzamt geltend machen.

Für Angestellte ist der Sonderausgabenabzug oft nicht mehr sehr attraktiv, da der Anteil der Sozialversicherungsbeiträge, den der Arbeitgeber leistet, bei der Ermittlung der absetzbaren Höhe angerechnet werden muss. Für Selbstständige, die nicht in die gesetzliche Rentenversicherung einzahlen und keinen Arbeitgeberanteil berücksichtigen müssen, ist der Sonderausgabenabzug für Altersvorsorgeaufwendungen meist die einzige Möglichkeit, steuerliche Förderung in Anspruch zu nehmen.

Beispiel

Als Selbstständiger hat Gerhard Pauly keine Möglichkeit, eine Riester-Rente abzuschließen oder über eine betriebliche Altersversorgung anzusparen. Seine Einnahmen schwanken stark, aber 2008 war ein gutes Jahr. Das will Herr Pauly ausnutzen: Er zahlt noch im November 2008 den Höchstbetrag von 20.000 Euro in seine Rürup-Rente ein. 13.200 Euro, also 66 Prozent des Höchstbetrages, wird er in seiner Steuererklärung 2008 geltend machen.

2. Schicht: Zusatzversorgung

Die zweite Schicht im Altersvorsorgesystem enthält Vorsorgemaßnahmen, die der Staat durch Zulagen oder steuerliche Vorteile, wie zum Beispiel die Möglichkeit des steuerlichen Sonderausgabenabzugs oder die komplett steuerfreie Umwandlung von Gehaltsanteilen, staatlich fördert. Hierdurch sollen Anreize geschaffen werden, mehr Eigenvorsorge aufzubauen.

Zur Zusatzversorgung gehören die **Riester-Rente** und die **betriebliche Altersvorsorge**. Beide Wege zeichnen sich gegenüber der gesetzlichen Rente in der Basisversorgung durch eine tatsächlich kapitalgedeckte Altersvorsorge aus – die Beiträge fließen in eine Kapitalanlage, die auf den eigenen Namen abgeschlossen wird und deren Leistungen dem Beitragszahler bzw. dessen Hinterbliebenen zur Verfügung stehen. Zudem ist die Flexibilität während der Ansparphase und in der Leistungsgestaltung größer. So können beispielsweise die Beiträge in die Altersvorsorge erhöht, reduziert oder auch einmal ausgesetzt werden. Auf der anderen Seite kann bei der Riester-Rente einen Teil der Leistungen als Kapital abgerufen werden, bei der betrieblichen Altersvorsorge gibt es sogar die Möglichkeit, sich die gesamten Ersparnisse auf einen Schlag auszahlen zu lassen. Auch sind die angesparten Ansprüche in der zweiten Schicht besser für die Hinterbliebenen abgesichert als in der Basisversorgung.

Auch die Produkte der geförderten Zusatzversorgung unterliegen der nachgelagerten Besteuerung. Im Gegensatz zur Basisversorgung, deren nachgelagerte Besteuerung schrittweise ansteigt, sind jedoch Rentenzahlungen aus der Riester-Rente oder der betrieblichen Altersvorsorge sofort in vollem Umfang steuerpflichtig.

Die Riester-Rente – das müssen Sie wissen

Die Riester-Rente, benannt nach dem früheren Bundesarbeitsminister Walter Riester, war der erste Schritt weg von dem Generationenvertrag hin zu einer geförderten privaten Vorsorge. Sie wurde eingeführt, um die Versorgungslücke in der gesetzlichen Rente nach der Rentenreform 2001 durch Eigenvorsorge zu schließen.

So funktioniert das Riester-Modell

Bei der Riester-Rente gehen Sie sozusagen in Vorleistung und zahlen aus Ihrem privaten Einkommen einen Beitrag in ein riesterzertifiziertes Produkt. Der Staat fördert diese private Vorsorge durch Zuschüsse. Daneben sind die privat geleisteten Beiträge teilweise steuerlich absetzbar

Um in den Genuss der staatlichen Zuschüsse zu kommen, muss pro Jahr ein bestimmter Prozentsatz des Bruttoeinkommens des Vorjahres in einen Riester-Vertrag eingezahlt werden. Hierfür wird man dann mit einem Zuschuss in vom Staat belohnt. Um die maximale staatliche Förderung zu erhalten, müssen seit 2008 4 Prozent des sozialversicherungspflichtigen Vorjahreseinkommens eingezahlt werden. Neben den Zuschüssen wird die Riester-Rente durch die steuerliche Absetzbarkeit der gezahlten Beiträge zusätzlich gefördert. Das Einkommensteuergesetz sieht vor, dass die Beiträge zur Riester-Rente als Sonderausgaben von der Steuer abgesetzt werden können.

Dazu füllen Sie in Ihrer Steuererklärung die Anlage AV mit den gezahlten Beiträgen aus. Das Finanzamt prüft dann, ob die Steuerersparnis aufgrund des Sonderausgabenabzuges höher ist als die Zulagen. Fällt die Steuerersparnis höher aus als alle gezahlten Zulagen, wird der darüber hinausgehende Betrag erstattet. Ergeben dagegen alle Zulagen zusammen mehr als die Steuerersparnis, erhalten Sie nur die Zulagen.

Beispiel

Sechs Monate nach ihrem Jobwechsel überlegt sich Heidi Hoffmann, für ihre Altersvorsorge eine Riester-Rente abzuschließen. 2007 hat sie 33.000 Euro verdient. Um die volle Zulage zu erhalten, zahlt sie 4 Prozent ihres Vorjahresbrutto in eine Versicherung ein, also 1.320 Euro. Dafür erhält sie die staatliche Zulage von 154 Euro. Nach der Steuererklärung, in der sie den Beitrag als Sonderausgabe angegeben hat, werden ihr noch einmal 273 Euro rückerstattet. Frau Hoffmann rechnet nach: Unter dem Strich hatte sie einen eigenen Aufwand von 893 Euro, in ihre Anlage sind aber 1.320 Euro geflossen, die Differenz hat quasi der Staat übernommen.

Der Antrag auf Zulagen muss spätestens innerhalb von zwei Jahren nach Ablauf des Beitragsjahres gestellt werden. Mittlerweile übernehmen dies die meistem Produktanbieter für den Kunden. Bei Vertragsschluss wird ein Dauerzulagenantrag gestellt, der automatisch jährlich für den Beitragszahler eingereicht wird. Eine Änderung des Riester-Vertrages ist erforderlich, wenn sich an der Lebenssituation des Versicherten etwas ändert und im Vertrag berücksichtigt werden soll – zum Beispiel die Geburt eines Kindes für die Kinderzulage.

Wer wird gefördert?

Gefördert werden alle, die gesetzlich oder freiwillig Pflichtverträge in die gesetzliche Rentenversicherung einzahlen, deren Ehegatten sowie alle Beamten und deren Ehegatten.

Ehepartner, die nicht direkt förderberechtigt sind – wie zum Beispiel Hausfrauen oder Freiberufler –, können einen eigenen Riester-Vertrag abschließen, sofern der Partner direkt riesterberechtigt ist und einen eigenen Riester-Vertrag hat. Sie müssen keinen Eigenbeitrag leisten, erhalten aber die Grundzulage sowie unter Umständen die Kinderzulage.

Förderung und Mindestbeitrag

Um die volle Förderung zu erhalten, muss seit 2008 ein Beitrag in Höhe von 4 Prozent des rentenversicherungspflichtigen Vorjahreseinkommens geleistet werden – maximal 2.100 Euro abzüglich Zulagen. Die Zulagen setzen sich zusammen aus Grundzulage und Kinderzulage. Seit 2008 betragen diese 154 Euro bzw. 185 Euro für alle vor 2008 geborenen Kinder. Für alle Geburten ab 2008 gibt es eine Kinderzulage in Höhe von 300 Euro. Die Kinderzulage wird für alle kindergeldberechtigten Kinder gezahlt – in der Regel an die Person, die Kindergeld bezieht. Auf Antrag kann die Kindergeldzulage auch dem anderen Partner zugeschrieben werden.

Zahlen Sie einen geringeren Beitrag als den erforderlichen Mindestbeitrag, werden die staatlichen Zulagen entsprechend anteilig gezahlt.

Ist der errechnete Mindestbeitrag aus dem Vorjahreseinkommen geringer als 60 Euro, wurde im Vorjahr kein eigenes Einkommen erzielt oder befinden sich die versicherten Eltern in der Erziehungszeit, muss ein jährlicher Sockelbeitrag von 60 Euro gezahlt werden, um die vollen Zulagen zu erhalten.

> **Tipp!**
>
> Wenn sich Ihr Einkommen ändert, können Sie die Sparrate Ihren Bedürfnissen neu anpassen. Das macht Riester-Sparpläne sehr flexibel. Wichtig: Erhöhte sich Ihr Vorjahreseinkommen, müssen Sie auch Ihre Sparraten nach oben korrigieren, um weiterhin die volle Zulage zu bekommen. Über den maximalen Beitrag hinaus erhalten Sie aber keine weitere Förderung.

Bedingungen eines Riester-Produktes: Was bedeutet eigentlich zertifiziert?

Damit ein Sparvertrag die staatliche Förderung erlangen kann, muss er bestimmten Merkmalen entsprechen, die gesetzlich vorgeschrieben sind. Die wichtigsten Voraussetzungen sind:

- Angebot geschlechtsneutraler Tarife (Unisex-Tarife),
- Anspardauer mindestens bis zum 60. Lebensjahr (bei Verträgen ab 2012 bis zum vollendeten 62. Lebensjahr),
- Mindestgarantie der eingezahlten Beiträge zu Beginn der Auszahlphase,
- lebenslange Rentenzahlungen mit der Möglichkeit, zu Beginn der Leistungszahlungen eine einmalige Kapitalzahlung in Höhe von 30 Prozent abzurufen,

- Verteilung der Abschlusskosten auf mindestens fünf Jahre,
- mögliche Entnahme des angesparten Kapitals für eine selbst genutzte Immobilie,
- Schutz vor Abtretung, Schutz vor Pfändung und Hartz-IV-sicher,
- Vererbbarkeit des angesparten Kapitals auf den Ehepartner.

Tipp!
Durch die vorgeschriebene Beitragsgarantie (eigener Beitrag plus Zulage) erzielen Sie in jedem Fall ein positives Ergebnis in Höhe der Zulagen.

Achtung: Die Erfüllung aller Bedingungen für eine Riester-Zertifizierung gibt aber keinerlei Hinweise über die Qualität oder mögliche Rendite eines Produktes.

Ein Beitragszahler kann den Vertrag ruhen lassen und den Anbieter wechseln. Bis zu zwei Verträge bei unterschiedlichen Anbietern dürfen gleichzeitig bis zur maximalen Beitragshöhe bespart werden. Drei Sparwege können über eine Riester-Anlage verfolgt werden: Banksparpläne, Fondssparpläne und Rentenversicherungen (auch als fondsgebundene Variante).

Mit welchen Leistungen ist zu rechnen?

Grundsätzlich wird eine lebenslange Leibrente gezahlt. 30 Prozent des angesparten Kapitals dürfen jedoch bei Rentenbeginn auf einen Schlag ausgezahlt werden. Die Leistungen aus der Riester-Rente müssen voll mit dem persönlichen Steuersatz versteuert werden.

Das Vermögen, das über eine Riester-Rente aufgebaut wird, darf nicht auf Hartz IV angerechnet werden. Riester-Produkte gelten bei Bezug von Arbeitslosengeld II nicht als Vermögen und müssen nicht aufgelöst werden. Wie schon für die Vorsorgewege der ersten Schicht gilt auch hier: Das angesparte Kapital einer Riester-Rente darf nicht beliehen oder verpfändet werden. Andere Regeln gelten jedoch für den Todesfall: Der Vertrag mit dem bis dahin angesammelten Betrag darf auf einen vorhandenen Riester-Vertrag des Ehepartners übertragen werden oder auch einer dritten Person vererbt werden. Dabei ist allerdings nur die eigentliche Riester-Rente uneingeschränkt vererbbar, für den Förderanteil (Zulagen und Steuererleichterungen) gelten Einschränkungen. Diese sind nur an den nicht getrennt lebenden Ehepartner weitervererbbar: Sofern dieser selbst einen Riester-Ertrag hat, fließt das ererbte Kapital des verstorbenen Ehepartners inkl. Förderanteil in den bestehenden Vertrag. Alle anderen Erben müssen die staatliche Förderung nach Eintritt des Erbfalls zurückzahlen: Vollständig, wenn der Versicherungsnehmer bereits vor Erreichen des Rentenalters verstorben ist, anteilig, wenn er bereits Rentenzahlungen erhalten hat.

Die staatliche Förderung macht die Riester-Rente vor allem für Geringverdiener, junge Berufstätige, Paare mit Kindern und Alleinerzieher attraktiv. Für Besserverdienende dürften dagegen eher die steuerlichen Vergünstigungen entscheidend sein.

Beispiel

Im vergangenen Jahr hat Nicolai Weise seine Selbstständigkeit aufgegeben – der angebotene Job war genau das, was er schon immer machen wollte. Als Angestellter schließt er nun einen Riester-Vertrag ab, während seiner Freiberuflichkeit war dies nicht möglich. Im Jahr 2007 betrug sein Gehalt 60.000 Euro. Seine Frau Sybille ist weiterhin selbstständig, sie arbeitet halbtags und ist mittelbar förderberechtigt. Sie schließt einen eigenen Riester-Vertrag ab, um aus ihrer Zulage und den Zulagen für die beiden Kinder ihre eigene Altersvorsorge zu unterstützen. Herr Weise zahlt für sich den Höchstbetrag in Höhe von 2.100 Euro ein. Dafür erhält er eine staatliche Zulage in Höhe von 154 Euro. Für seine Frau und die beiden Kinder werden ihm zusätzlich 154 Euro Grundzulage und für jeden Sohn noch einmal 185 Euro gezahlt. Insgesamt 678 Euro Zulagen fließen damit in die Altersvorsorge von Nicolai Weise und seiner Frau. Eine zusätzliche Steuerersparnis entsteht für ihn nicht mehr.

Mit Wohn-Riester zum Eigenheim

Im Juli 2008 hat der Bundesrat das neue Eigenheimrentengesetz verabschiedet, das rückwirkend zum 1. Januar 2008 in Kraft trat: Die Regelungen der Riester-Förderung sollen künftig auch für den Erwerb oder den Bau selbstgenutzter Wohnimmobilien gelten. Das heißt: Mit den Riester-Zulagen wird der Kauf, der Bau oder die Entschuldung einer Wohnung oder eines Hauses belohnt. Voraussetzung für die Förderung ist, dass die Wohnung selbst genutzt wird.

Wer privat mit einem Riester-Vertrag für das Alter vorsorgt, kann das angesparte Geld komplett entnehmen und es in den Bau oder Kauf einer selbst genutzten Immobilie investieren. Die laufenden staatlichen Zuschüsse können direkt zum Abzahlen von Krediten verwendet werden. Eine Rückzahlung des entnommenen Geldes in den ehemaligen Vertrag muss nicht erfolgen.

> **Tipp!**
> Auch eine größere Tilgung kann mit dem Wohn-Riester dargestellt werden, aber erst bei Auszahlung eines angesparten Riester-Vertrages zwischen dem 60. und dem 68. Lebensjahr. Das angesparte Kapital kann komplett oder bis zu 75 Prozent für Wohnungszwecke eingesetzt werden, das restliche Kapital wird dann als Rente ausgezahlt.

Auch die Wohn-Riester-Anlage muss mit Renteneintritt versteuert werden. Während bei klassischen Riester-Produkten die regelmäßigen Rentenzahlungen, die aus der Versicherung, dem Fonds- oder Banksparplan fließen, im Ruhestand versteuert werden, gibt es bei Wohn-Riester naturgemäß keine monatliche Rente, die besteuert werden könnte. Daher wird ein fiktives Konto, das „Wohnförderkonto", gebildet, auf dem die staatliche Förderung sowie die Tilgungsraten für das Haus mit jährlich zwei Prozent registriert werden. Und auf diese Summe werden im Pensionsalter dann Steuern gezahlt. Dabei soll der Ruheständler wählen können, ob er die Steuer auf einen Schlag zahlt. In diesem Fall gewährt ihm der Fiskus nach derzeitigen Plänen einen Rabatt von 30 Prozent – d. h. nur 70 Prozent des Kapitals auf dem Wohnförderkonto werden versteuert. Im Gegenzug verpflichtet sich der Rentner, 20 Jahre lang den Immobilienbesitz zu halten. Als zweite Möglichkeit kann der Rentner die auf sein Riester-Vermögen entfallende Steuer 25 Jahre lang abstottern – ohne Abschlag.

> **Tipp!**
> Nach dem neuen Gesetz dürfen Bausparkassen und Wohnungsgenossenschaften ein neues Riester-Produkt anbieten, das Bausparen und Riester-Förderung kombiniert.

Betriebliche Altersversorgung – Steuervorteile für Arbeitnehmer

Alle rentenversicherungspflichtigen Angestellten haben einen rechtlichen Anspruch auf Entgeltumwandlung. Sie können von ihrem Arbeitgeber verlangen, dass ein Teil ihres Gehalts nicht ausbezahlt, sondern in ihre eigene Altersvorsorge eingezahlt wird. Laut Gesetz gibt es fünf Durchführungswege für die betriebliche Altersvorsorge. Welche Variante dem einzelnen Arbeitnehmer zur Verfügung steht, bestimmt der Arbeitgeber. Einen Anspruch auf einen speziellen Versicherer oder eine bestimmte Art der betrieblichen Altersvorsorge hat der Arbeitnehmer nicht. Sehr wohl hat der Arbeitnehmer aber Anspruch auf die Leistungen aus der betrieblichen Altersvorsorge: Bei einer Entgeltumwandlung, die der Arbeitnehmer freiwillig entscheidet, stehen ihm die Leistungen unwiderruflich zu.

Für alle Durchführungswege gilt die nachgelagerte Besteuerung. Das heißt: Aufwendungen für die Altersversorgung werden während des Arbeitslebens steuerfrei gestellt und sind erst während der Bezugszeit steuerpflichtig. Das ist ein echter Steuervorteil, denn im Rentenalter sind die Einkommensteuersätze meist deutlich geringer als während des Arbeitslebens.

Der Beitrag, den ein Arbeitnehmer zahlen möchte, wird also unversteuert und in der Regel sozialversicherungsfrei aus dem Bruttogehalt in die betriebliche Altersvorsorge abgeführt. Und hierin liegt das Prinzip der staatlichen Förderung: Während bei einer Auszahlung auf das Konto des Arbeitnehmers von dem Betrag Steuern und Sozialabgaben abgezogen werden, kommt bei der Einzahlung mittels Entgeltumwandlung der volle Beitrag in die Anlage.

Das nachfolgende Beispiel soll Ihnen verdeutlichen, welchen finanziellen Vorteil Sie über eine Beitragszahlung aus dem Bruttogehalt gegenüber einem Ansparen aus dem Nettogehalt erzielen können.

		Mit BAV
Monatliches Bruttoeinkommen	2.500 EUR	2.500 EUR - 100 EUR
Zu versteuerndes Einkommen Steuern Sozialabgabe	2.500 EUR - 456 EUR - 536 EUR	2.400 EUR - 423 EUR - 515 EUR
Monatliches Nettoeinkommen	1.508 EUR	1.462 EUR
Nettoaufwand:		46 EUR
Altersvorsorge privat	100 EUR	
Einkommen nach Altersvorsorge	1.408 EUR	1.462 EUR

Steuerklasse I, angenommener Gesamtsteuersatz inkl. Solidaritätszuschlag und Kirchensteuer, Tabelle 2008

Der tatsächliche Nettoaufwand für den Arbeitnehmer liegt in diesem Beispiel bei 46 Euro, während die echte Anlagekraft 100 Euro beträgt. Oder andersherum: der Staat „beteiligt" sich mit 54 Euro an der Altersvorsorge. Würden nun aus dem bereits versteuerten Einkommen 100 Euro für die Altersvorsorge aufgewandt, bliebe als frei verfügbares Einkommen nach Altersvorsorge sogar weniger als im Fall der Entgeltumwandlung, nämlich 1.408 Euro.

Entgeltumwandlung

Tipp!

Ihr Vorteil: Wer innerhalb der gesetzlichen Förderung Gehalt in Altersvorsorge umwandelt, steht immer besser da, als wenn er die Vorsorge aus versteuertem Einkommen betreibt. Dies gilt umso mehr, je höher der persönliche Einkommensteuersatz ist. Da aus dem Bruttogehalt angespart wird, sind die Beiträge deutlich höher als bei der privaten Altersvorsorge, sodass auch bei der Rentenzahlung eine höhere Summe steht. Zudem basieren viele betriebliche Angebote auf vorteilhaften Gruppentarifen, die gute Konditionen und umfangreiche Leistungen garantieren.

Zwar führt die Sozialabgabenfreiheit zu einer etwas geringeren gesetzlichen Rente, auf der anderen Seite aber wird über die Betriebsrente eigene kapitalgedeckte Vorsorge aufgebaut. Der Beitragsturbo wird selbst durch die nachgelagerte Besteuerung nicht mehr aufgeholt. Durch die staatliche Förderung erzielen Sie in der Regel mehr Rendite als mit einer vergleichbaren privaten Vorsorge. Für die meisten Arbeitnehmer zahlt sich dieser Weg aus, da Einkommen und Steuersatz während der Erwerbsphase höher sind als im Rentenalter. Es erfolgt eine Verlagerung von steuerpflichtigem Einkommen aus der höher besteuerten aktiven Erwerbsphase in die meist geringer besteuerte Rentenphase, die zum Teil auch noch höhere Freibeträge vorsieht. Oder ganz salopp gesagt: Warum netto sparen, wenn dies auch brutto erfolgen kann? Wichtig zu wissen ist, dass für gesetzlich Krankenversicherte in der Rentenphase auf Auszahlungen aus der betrieblichen Altersvorsorge Krankenversicherungsbeiträge fällig werden.

Die Höhe des Anspruches auf Entgeltumwandlung orientiert sich an der Beitragsbemessungsgrenze (West) der gesetzlichen Rentenversicherung. Beiträge bis zur Höhe von 4 Prozent der Beitragsbemessungsgrenze für die gesetzliche Rentenversicherung kann jeder Berechtigte steuerfrei für die betriebliche Altersvorsorge von seinem Gehalt abzweigen. 2008 waren dies 2.544 Euro, seit 2009 können 2.592 Euro eingezahlt werden. Für den steuerfrei eingezahlten Lohn sparen Arbeitnehmer außerdem die Sozialabgaben, sofern sie innerhalb der Beitragsbemessungsgrenze liegen.

Zusätzlich können Arbeitnehmer – ohne Ersparnis von Sozialabgaben – 1.800 Euro Lohn im Jahr steuerfrei investieren, wenn sie nicht schon eine Direktversicherung oder eine Pensionskassen-Vereinbarung aus der Zeit vor 2005 haben, in die sie pauschal versteuert Lohn einzahlen. Wer dagegen noch im Genuss einer „alten", vor 2005 abgeschlossenen Direktversicherung nach § 40b EStG ist, in die maximal 1.752 Euro pro Jahr mit 20 Prozent Steuerpauschale eingezahlt werden können, kann den Aufstockungsbetrag nicht mehr nutzen.

Für höhere Sparbeiträge gibt es keinen rechtlichen Anspruch mehr. Wer über die gesetzlich vorgesehenen Höchstbeiträge hinaus weitere Gehaltsanteile wandeln möchte, ist auf die Kooperation seines Arbeitgebers angewiesen. In vielen Unternehmen werden aber vor allem für leitende Angestellte weitere Durchführungswege nicht nur ermöglicht, sondern auch vom Arbeitgeber mitfinanziert.

Wer Kapital über eine betriebliche Altersvorsorge anspart, wird sich Gedanken darüber, wie es um die Sicherheit der Anlage bestellt ist. Diese spielt nicht zuletzt dann eine Rolle, wenn man über Entgeltumwandlung auf eigenes Gehalt zugunsten der Altersvorsorge verzichtet. Zur Sicherung von Ansprüchen aus der betrieblichen Altersvorsorge gegen Insolvenz bestehen gesetzliche Regelungen, die die Ansprüche des Arbeitnehmers schützen sollen. In erster Linie garantiert das Betriebsrentengesetz Arbeitnehmern die Auszahlung ihrer betrieblichen Renten. Das gilt auch bei einer Pleite des Arbeitgebers. Besitzt ein Rentner oder ein Arbeitnehmer im Insolvenzfall Rentenansprüche aus einer Direktzusage, einer Unterstützungskasse oder einem Pensionsfonds, sichert der Pensionssicherungsverein PSV die erworbenen Ansprüche. Ausnahmen finden sich bei Gesellschafter-Geschäftsführern, deren Betriebsrenten mit besonderen Vorschriften und Maßnahmenversehen sind. Pensionskassen und Direktversicherungen sind nicht durch den PSV geschützt. Doch unterliegen sie als Versicherungen einer laufenden Kontrolle durch die Bundesanstalt für Finanzdienstleistungsaufsicht (BaFin). Hier soll für den Fall, dass ein Versicherer nicht mehr zahlen kann, die Auffanggesellschaft der Versicherungswirtschaft, Protektor, einspringen.

Auch der Zugriff des Arbeitgebers auf die betriebliche Altersvorsorge ist gesetzlich geregelt: Handelt es sich um reine Arbeitnehmerbeiträge, sind Einzahlungen sofort unverfallbar und können zu einem neuen Arbeitgeber mitgenommen werden. Beteiligt sich der Arbeitgeber, gelten Grenzen: So müssen die Einzahlungen in der Regel mindestens fünf Jahre laufen, und der Mitarbeiter muss älter als 30 Jahre sein, damit die Ansprüche nicht verfallen und portabel sind. Ab 2009 wird die Grenze auf 25 Jahre gesenkt. Der Arbeitgeber kann aber auch geringere Quoten ansetzen oder auf eine Befristung ganz verzichten.

Wer den Job wechselt, muss sich auch um das bisher angesparte bAV-Kapital kümmern. Natürlich könnte der Vertrag privat weitergeführt werden, aber dann entfallen die Steuer- und Sozialabgabenersparnisse. Deshalb ist es vorteilhafter, die Rentenanwartschaften mit zum neuen Arbeitgeber zu nehmen. Wer seinen Vertrag nach dem 1. Januar 2005 abgeschlossen und in eine Pensionskasse, einen Pensionsfonds oder eine Direktversicherung eingezahlt hat, hat laut Gesetz ein Recht auf Portabilität. Die erworbene Anwartschaft wird in einen Kapitalbetrag umgerechnet und in die Altersvorsorgeeinrichtung des neuen Arbeitgebers eingezahlt. Vorteil: Die Rentenleistung erfolgt im Alter aus einem Vertrag. Der neue Arbeitgeber bestimmt den Durchführungsweg und damit unter Umständen auch den Umfang der Leistung. So kann eventuell der Schutz bei Berufsunfähigkeit oder Invalidität wegfallen. Ein Wahlrecht bezüglich Form und Leistungskatalog der betrieblichen Altersvorsorge hat der Arbeitnehmer nicht. Bei Altverträgen (Abschluss vor 2005) sind Arbeitnehmer auf die Gunst des alten und neuen Arbeitgebers angewiesen. Denn einen gesetzlichen Rechtsanspruch auf Mitnahme haben sie nicht. Häufig ruht der Altvertrag, das bisher angesammelte Kapital wird verzinst und im Rentenalter ausgezahlt. Beim neuen Arbeitgeber kann ein neuer Vertrag abgeschlossen werden. Nachteil: Häufige Arbeitswechsel führen zu vielen kleinen Renten. Dies bedingt hohe Verwaltungskosten und kann in der Handhabung problematisch sein.

Diese Formen der betrieblichen Altersvorsorge gibt es

Die Beiträge können entweder durch den Arbeitnehmer durch Entgeltumwandlung oder durch den Arbeitgeber geleistet werden. Auch sind Mischformen aus arbeitgeberfinanzierter und arbeitnehmerfinanzierter Altersvorsorge darstellbar. Neben dem Durchführungsweg entscheidet der Arbeitgeber auch über den oder die Anbieter der gewählten Variante.

Das Prinzip der Entgeltumwandlung sehen Sie in nachfolgender Grafik vereinfacht dargestellt. Der Arbeitnehmer entscheidet darüber, ob und wie viel er von seinem Gehalt in die Altersvorsorge einzahlen möchte. Darüber trifft er mit seinem Arbeitgeber eine Vereinbarung zur Entgeltumwandlung und erhält eine Zusage, die sich an den gezahlten Beiträgen orientiert. Der Arbeitgeber leitet diese Beiträge unversteuert und in der Regel ohne Sozialabgabenpflicht weiter, meist wie hier dargestellt an ein Versicherungsunternehmen. Die Ansprüche und Leistungen aus der Anlage stehen dem Arbeitnehmer bzw. seinen Hinterbliebenen zu.

Erfolgt eine Beteiligung des Arbeitgebers, sind mögliche Voraussetzungen und Bedingungen meist vertraglich geregelt. Das Grundprinzip der betrieblichen Altersvorsorge ist aber für beide Finanzierungswege gleich.

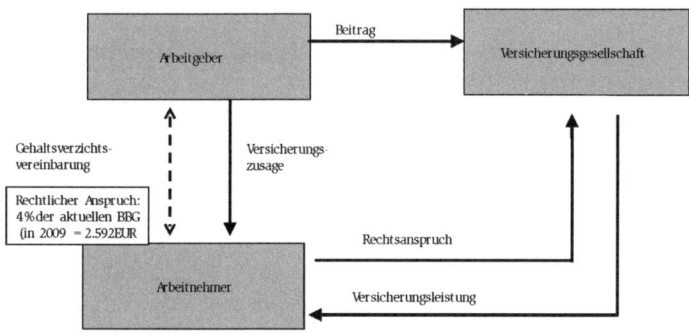

Das Grundprinzip der Entgeltumwandlung

Direktversicherung

Der Arbeitgeber schließt für den Angestellten eine (Lebens- oder Renten-)Versicherung ab. Der Arbeitgeber tritt als Versicherungsnehmer auf, während der Arbeitnehmer die versicherte und anspruchsberechtigte Person darstellt. Die Beiträge werden in Form einer Entgeltumwandlung, einer Arbeitgeberfinanzierung oder einer Mischform vom Arbeitgeber direkt an das Versicherungsunternehmen gezahlt.

- Bis zu 4 Prozent der Beitragsbemessungsgrenze plus weitere 1.800 Euro können einbezahlt werden, sofern keine pauschal versteuerte Direktversicherung in Anspruch genommen wird. Die Beiträge sind in der Höhe variabel und können bei Bedarf reduziert, vorübergehend ausgesetzt oder erhöht werden.

- Im Rentenalter können Leistungen aus einer Direktversicherung in verschiedenen Formen ausgezahlt werden. Die Auszahlung in Form einer monatlichen Rente ist der Regelfall. Eine Kapitalabfindung als Einmalzahlung ist aber als Option möglich. Die Leistungen müssen als sonstige Einkünfte in voller Höhe versteuert werden.

- Bei einer Direktversicherung gestaltet sich ein Wechsel des Arbeitgebers in der Regel problemlos. Für einen möglichen neuen Arbeitgeber ist die Übernahme eines bestehenden Altersversorgungsvertrages über eine Direktversicherung unkompliziert. Achten Sie bitte auf die Unwiderrufbarkeit des Bezugsrechts. Zwischen Direktversicherungen und Pensionskassen innerhalb des Gesamtverbandes der Deutschen

175

Versicherungswirtschaft besteht ein Übertragungsabkommen, das Arbeitgeberwechsel vereinfacht. Außerdem ist es in der Regel problemlos möglich, bestehende Verträge auch nach Ausscheiden aus einem Unternehmen privat fortzuführen.

Pensionskasse

Pensionskassen sind mit Direktversicherungen vergleichbar. Daher ist auch hier der Verwaltungsaufwand für Arbeitgeber gering. Einzig die Gestaltung der Angebote unterscheidet sich etwas von der Direktversicherung. Es handelt sich bei Pensionskassen um rechtlich selbstständige Versorgungseinrichtungen, die von Unternehmen mit der Durchführung der betrieblichen Altersvorsorge beauftragt werden.

- Pensionskassen stehen sozusagen als administrative organisatorische Verwaltungsstellen zwischen Betrieb und Versicherung. Der versorgungsberechtigte Arbeitnehmer wird mit Vertragsabschluss Mitglied der Pensionskasse und hat wie bei der Direktversicherung Anspruch auf die Leistungen. Auch die Modalitäten der Beitragszahlung und Besteuerung entsprechen denen der Direktversicherung: Der Arbeitgeber schließt eine Versicherung zugunsten des Arbeitnehmers ab und führt die Beiträge in der gewählten Form (Entgeltumwandlung, Arbeitgeberleistung oder beides) direkt ab.

- Genau wie bei der Direktversicherung ist es auch bei Pensionskassen möglich, einen Vertrag nach dem Ausscheiden aus einem Unternehmen privat weiterzuführen. Ferner ist es problemlos möglich, den Vertrag nach dem Ausscheiden aus dem derzeitigen Betrieb zu einem anderen Arbeitgeber mitzunehmen. Erleichtert wird dies auch durch ein Abkommen zwischen den Versicherungsunternehmen und Pensionskassen, die im Zentralverband der Deutschen Versicherungswirtschaft organisiert sind.

Unterstützungskasse

Unterstützungskassen sind quasi eine Auslagerungsstelle für die Abwicklung betrieblicher Altersvorsorge. Der Arbeitgeber entscheidet sich, die betriebliche Altersversorgung nicht selbst auszuführen, sondern ein externes Versorgungswerk hinzuzuziehen. Es handelt sich dabei um Versorgungseinrichtungen, die von einem einzigen oder auch von mehreren Unternehmen getragen werden. Diese können die Rechtsform einer GmbH, eines eingetragenen Vereins oder auch einer Stiftung haben. Größere Unternehmen entscheiden sich oft für die Gründung einer eigenen Unterstützungskasse, während kleinere Betriebe die Altersvorsorge ihrer Angestellten eher über Gruppenunterstützungskassen abwickeln, die zum Beispiel einer bestimmte Branche offen stehen.

- Die Beiträge werden durch den Arbeitgeber an die Unterstützungs-kasse gezahlt, die sie in der Regel wiederum über eine Versicherung rückdeckt, damit die zugesagten Leistungen in voller Höhe gewähr-leistet werden können.

- Beiträge an eine Unterstützungskasse können vom Arbeitgeber oder vom Arbeitnehmer in Form von Entgeltumwandlung oder als gemischte Form geleistet werden. Im Gegensatz zur Direktversiche-rung oder zur Pensionskasse können Arbeitnehmer deutlich höhere Beiträge einzahlen, wenn der Arbeitgeber die Möglichkeit einer Un-terstützungskasse anbietet. Die Beiträge sind nicht an die Beitrags-bemessungsgrenze gebunden. Es ist möglich, höhere Summen ein-zuzahlen und so in den Genuss steuerlicher Entlastung zu kommen. Unterstützungskassen sind damit nicht zuletzt für Besserverdiener interessant. Lediglich die einmalige Einzahlung höherer Beträge oder die Umwandlung von in der Höhe veränderlichen Bezügen ist nicht möglich. Hier sind in der Regel gleich bleibende oder ansteigende Beträge vorgesehen.

- Die Leistungen müssen im Alter in voller Höhe versteuert werden. Auch hier ist eine Wahl zwischen lebenslanger Monatsrente und Ka-pitalleistung gegeben. Diese kann auch steuerlich vorteilhaft auf meh-rere Jahre verteilt werden.

- Die weiterführende private Leistung von Beiträgen ist kaum möglich. Außerdem gestaltet sich die Mitnahme von Anwartschaften im Fal-le des Wechsels zu einem Arbeitgeber, der nicht Mitträger derselben Unterstützungskasse ist, schwierig.

Pensionsfonds

Eine noch recht junge Form des externen Durchführungswegs ist der Pensionsfonds. Ein Pensionsfonds ist meist in Form einer Aktienge-sellschaft oder als Versicherungsverein auf Gegenseitigkeit organi-siert und rechtlich eigenständig. Der Hauptunterschied zu Versiche-rungen und Pensionskassen ist die Möglichkeit der deutlich freieren Gestaltung des Kapitalinvestments. Pensionsfonds haben theoretisch die Möglichkeit, das angelegte Kapital bis zur vollen Höhe in Aktien zu investieren. Dies führt zu einer höheren Renditechance, birgt aber auch höhere Risiken. Reicht später einmal das erwirtschaftete Geld nicht aus, um die zugesagten Leistungen zu zahlen, muss der Arbeit-geber dafür einstehen.

- Die Auszahlung der Rente bei Erreichen des Renteneintrittsalters oder ab Bezug der gesetzlichen Rente kann auf verschiedene Art und Weise geschehen. Wenn die Auszahlung im Rahmen eines Auszahlungsplans erfolgt, ist eine einmalige Auszahlung von 30 Prozent möglich. Danach erfolgt die Auszahlung in steigenden oder gleich bleibenden Raten. Nach Erreichen des 85. Lebensjahrs tritt dann eine Restrentenversicherung ein. Ohne einen Auszahlungsplan sind Kapitalabfindungen nicht zugelassen. Neben der reinen Altersrente kann ein Pensionsfonds-Vertrag auch mit einem Invaliditätsschutz und einer Hinterbliebenenrente ausgestaltet werden. Oftmals sind solche Zusatzleistungen aber weniger attraktiv, weil bei Pensionsfonds nicht alle Angebote mit einer versicherungsförmigen Garantie gegeben werden können. Das ist bei Pensionskassen und Direktversicherungen anders. Aus diesem Grund ist es – wie auch bei den anderen Durchführungswegen – ratsam zu überprüfen, ob nicht eine außerhalb der betrieblichen Altersvorsorge geschlossene Versicherung für zusätzliche Risiken wie Berufsunfähigkeit wirtschaftlicher ist.

Direktzusage oder Pensionszusage

Bei Direktzusagen erteilt der Arbeitgeber Arbeitnehmern eine Leistungszusage. Der Anspruch richtet sich damit direkt gegen den Arbeitgeber. Der Arbeitgeber verpflichtet sich zur Zahlung der vereinbarten Leistungen. Diese werden direkt von ihm erbracht. Zur Finanzierung bildet der Arbeitgeber Rückstellungen. Wenn der Arbeitgeber die Leistungen allein finanziert, hat er weitgehend freie Gestaltungsmöglichkeit über die Art und den Umfang der Leistungen, etwa über den Einschluss einer Hinterbliebenenrente. Einzig gilt, dass eine einmal gegebene Zusage nicht mehr ohne Weiteres zurückgenommen werden kann. Auch kann das Recht des Arbeitnehmers auf Entgeltumwandlung nur mit Direktversicherungen, Pensionskassen und Pensionsfonds abgegolten werden.

- Arbeitnehmer wie Arbeitgeber können zur Bildung von Anwartschaften aus Direktzusagen beitragen. Anders als bei Pensionskassen und Direktversicherungen gibt es bei Direktzusagen keine Obergrenze der Beiträge. Denn diese müssen nicht gesondert steuerbefreit werden, da sie als nicht zugeflossenes Gehalt gelten. So können Leistungen des Arbeitgebers oder Gehaltsbestandteile des Arbeitnehmers unbegrenzt in Anwartschaften einer Direktzusage umgewandelt werden. Dies macht Direktzusagen, ähnlich wie Unterstützungskassen, nicht zuletzt für Besserverdiener interessant, die durch die Umwandlung größerer Gehaltsbestandteile in den Genuss steuerlicher Vorteile gelangen können. Auch die Umwandlung von größeren Einmalbeträgen ist bei Direktzusagen möglich. Einzig die Sozialversicherungsfreiheit bei Entgeltumwandlung limitiert sich, wie bei Direktversicherung, Pensionskasse und Pensionsfonds, auf die 4 Prozent der Beitragsbemessungsgrenze (2.544 Euro in 2008, 2.592 Euro in 2009).

Tipp!

Die bei der Direktversicherungen und Pensionskassen häufigste Form der betrieblichen Altersvorsorge ist die einer beitragsorientierten Zusage. Hier bemisst sich die Höhe der Leistungen immer nach den bereits gezahlten Beiträgen. Der Arbeitnehmer kann die Beiträge flexibel gestalten, sie erhöhen oder reduzieren oder auch einmal ruhen lassen. Bei der Unterstützungskasse müssen stets gleichlautende regelmäßige, allenfalls steigende Beiträge gezahlt werden, eine Reduzierung ist ohne arbeitsrechtlichen Grund einmalig möglich.

3. Schicht: Kapitalanlageprodukte

Die Möglichkeiten der ersten beiden Schichten sind in der Gestaltung des Zugriffes und auch der Beitragszahlung teilweise sehr reglementiert und eingeschränkt. Altersvorsorgemaßnahmen, für die Sie später selbst Zeitpunkt und Art der Verwendung bestimmen wollen, müssen eigenständig aufgebaut werden. Und damit sind wir bei der dritten Schicht im Altersvorsorgemodell angekommen, bei den Kapitalanlageprodukten.

Zu der dritten Schicht gehören alle Versicherungsformen und Anlageprodukte, die zwar prinzipiell der Altersvorsorge dienen können, diese Bestimmung aber nicht zwangsläufig schon bei Abschluss tragen müssen. Grundsätzlich sind die Anlageprodukte sehr flexibel, was zum Beispiel Laufzeiten, Liquidität und Leistungsformen betrifft. Der Gesetzgeber sieht hier eher den Charakter einer Kapitalanlage und gewährt nur in bestimmten Fällen kleine Vorteile.

Eine **private Rentenversicherung** versteht sich als eine Art langfristiger Sparplan. Sie zahlen regelmäßig oder nach Bedarf Beiträge in eine Versicherung ein, die sich je nach gewählter Tarifart bzw. Versicherungsgesellschaft entweder verzinsen oder auch am Kapitalmarkt angelegt werden können. Zurzeit gilt für die Verzinsung der gesetzliche Garantiezinssatz von 2,25 Prozent.

Tipp!

Wählen Sie beim Abschluss einer privaten Rentenversicherung den Partner sorgfältig aus. Achten Sie vor allem darauf, dass sich die Versicherungsgesellschaft mit der Auszahlung lebenslanger Renten auskennt und tatsächlich leistet. Die finanzielle Ausstattung der Gesellschaft ist besonders wichtig, wichtiger als schön gerechnete Ablaufrenditen. Gerade bei den nicht garantierten Leistungen betreiben die Gesellschaften gerne Marketing zu ihren Gunsten.

Zu dem vereinbarten Ablauftermin haben Sie die Wahl, ob Sie eine einmalige Kapitalauszahlung oder eine regelmäßige lebenslange monatliche Rente wünschen. Bei einigen Anbietern sind auch Mischformen möglich. Die Entscheidung zwischen diesen Alternativen muss nicht sofort bei Vertragsabschluss getroffen werden, sondern kann bis zu drei Monate vor Rentenbeginn aufgeschoben werden. Die Einzahlungen zu dieser Art der Vorsorge sind in der Einzahlungsphase nicht steuerlich begünstigt.

Die Besteuerung der Leistungen hängt davon ab, welche Art der Auszahlung Sie gewählt haben: Bei lebenslang ausgezahlten Rentenleistungen gilt eine gesetzlich festgelegte günstige Besteuerung des Ertragsanteils. Die Höhe des Ertragsanteils hängt vom jeweiligen Eintrittsalter ab. Mit 60 Jahren liegt der steuerpflichtige Ertragsanteil bei 22 Prozent, mit 65 Jahren nur noch bei 18 Prozent der jährlichen Rentenzahlungen. Dieser steuerpflichtige Ertragsanteil unterliegt dem jeweiligen individuellen Steuersatz. Der Zufluss als Rente ist nicht sozialversicherungspflichtig. In der nachfolgenden Tabelle sehen Sie den zu versteuernden Ertragsanteil je nach Eintrittsalter bei Beginn der lebenslangen Rentenzahlungen.

Bei Beginn der Rente vollendetes Lebensjahr des Rentenberechtigten	Ertragsanteil in Prozent	Bei Beginn der Rente vollendetes Lebensjahr des Rentenberechtigten	Ertragsanteil in Prozent
0 bis 1	59	51 bis 52	29
2 bis 3	58	53	28
4 bis 5	57	54	27
6 bis 8	56	55 bis 56	26
9 bis 10	55	57	25
11 bis 12	54	58	24
13 bis 14	53	59	23
15 bis 16	52	60 bis 61	22
17 bis 18	51	62	21
19 bis 20	50	63	20
21 bis 22	49	64	19
23 bis 24	48	65 bis 66	18

25 bis 26	47	67	17
27	46	68	16
28 bis 29	45	69 bis 70	15
30 bis 31	44	71	14
32	43	72 bis 73	13
33 bis 34	42	74	12
35	41	75	11
36 bis 37	40	76 bis 77	10
38	39	78 bis 79	9
39 bis 40	38	80	8
41	37	81 bis 82	7
42	36	83 bis 84	6
43 bis 44	35	85 bis 87	5
45	34	88 bis 91	4
46 bis 47	33	92 bis 93	3
48	32	94 bis 96	2
49	31	97	1
50	30		

Zu versteuernder Ertragsanteil nach § 22 Nr.1 Satz 3a Doppelbuchstabe bb EStG

Beispiel

Im Februar 2009 wird die private Rentenversicherung von Stefan Hilbrand ausbezahlt. Herr Hilbrand hat der Versicherungsgesellschaft bereits mitgeteilt, dass er die Leistungen in Form einer lebenslänglichen Rentenzahlung wünscht. Zu Beginn der Zahlung hat Herr Hilbrand das 63. Lebensjahr vollendet. Sein Ertragsanteil für die Rente liegt bei 20 Prozent. Von den 3.000 Euro, die monatlich zur Auszahlung kommen, werden 600 Euro steuerlich berücksichtigt. Sie werden zusammen mit den anderen Einkünften von Herrn Hilbrand für die Berechnung der Steuerlast erfasst.

Anders sieht die Besteuerung bei Wahl einer einmaligen Kapitalauszahlung aus. Bei Verträgen, die vor dem 1.1.2005 abgeschlossen wurden und für die bis zum 31.12.2004 mindestens ein Beitrag geleistet wurde, wird die gesamte Kapitalabfindung steuerfrei ausbezahlt, wenn folgende drei Voraussetzungen erfüllt sind:

Besteuerung von Kapitalauszahlungen

- Mindestlaufzeit von zwölf Jahren,

- Beitragszahlung für mindestens fünf Jahre,

- Todesfallschutz mindestens 60 Prozent der Beitragssumme.

181

Sind diese Voraussetzungen nicht gegeben, sind die kompletten Erträge mit dem persönlichen Steuersatz zu versteuern. Wichtig: Es werden jeweils nur die Erträge, nicht aber die Beiträge versteuert.

Für Verträge, die nach dem 1.1.2005 abgeschlossen wurden, gibt es für die Kapitalauszahlung eine begünstigte Besteuerung, wenn folgende Bedingungen erfüllt werden:

• Mindestlaufzeit von zwölf Jahren,

• Auszahlung nicht vor dem vollendeten 60. Lebensjahr (bei Abschluss ab 2012 nach dem 62. Lebensjahr)

Sind beide Bedingungen erfüllt, müssen bei Ablauf des Vertrages die Erträge nur zur Hälfte mit dem persönlichen Steuersatz versteuert werden. Sind die Eckdaten nicht erreicht, werden die Erträge zu 100 Prozent – und seit 2009 mit 25 Prozent Abgeltungsteuer – versteuert. Mehr darüber lesen Sie in Kapitel „Ein Wort zur Steuer" auf Seite 189.

Beispiel

Felix Zeppelin hat seit seinem 40. Geburtstag jeden Monat 150 Euro in eine private Rentenversicherung mit Kapitalwahlrecht angespart. Zu seinem 65. Geburtstag beträgt die Auszahlungssumme 75.000 Euro und setzt sich zusammen aus den gezahlten Beiträgen in Höhe von 45.000 Euro sowie Kapitalerträgen in Höhe von 30.000 Euro. Von diesen Erträgen muss Herr Zeppelin 15.000 Euro mit dem persönlichen Steuersatz versteuern. Der Steuersatz von Herrn Zeppelin liegt bei 28 Prozent. Auf seinen Ertrag von 15.000 Euro zahlt Herr Zeppelin 4.200 Euro Steuern.

Für welche Variante der Auszahlung Sie sich entscheiden, hängt von Ihren persönlichen Ansprüchen und Ihrer Lebenssituation ab. Betrachten Sie eine private Rentenversicherung als eine „Wette auf ein langes Leben". Die Versicherungsgesellschaft muss die Rentenleistungen unabhängig von einer Altersgrenze ein Leben lang auszahlen. Je älter Sie werden, desto höher wird Ihre persönliche Rendite ausfalle. Die Einschätzung der gesundheitlichen Lage wird daher eine Rolle spielen, auch wenn diese natürlich nicht für die Zukunft garantiert werden kann. Außerdem werden weitere vorhandene oder zukünftig zur Auszahlung kommende Vermögensbausteine die Wahl der Auszahlung bestimmen. Auch ein erhöhter Kapitalbedarf zum Beispiel für eine Darlehensrückzahlung kann durch eine Kapitalabfindung gedeckt werden.

Eine private Rentenversicherung ist beleih- und verpfändbar sowie an jedermann vererbbar. Außerdem können Sie diese Verträge auch vorzeitig kündigen und sich den entsprechenden Rückkaufswert auszahlen lassen.

Tipp!

Trennen Sie Kapitalaufbau und Risikoabsicherung. Verzichten Sie auf den Einschluss einer Berufsunfähigkeitsversicherung. Die Rentenversicherung einer Gesellschaft kann sehr gut sein, die Bedingungen für ihre Berufsunfähigkeitsversicherung können jedoch schlecht sein oder ein schlechtes Preis-Leistungs-Verhältnis aufweisen.

Anlagen der dritten Schicht müssen nicht zwangsläufig als Altersvorsorgeprodukt dienen. Da Sie über das „wann" und „wie viel" selbst verfügen können, stehen Ihnen diese Anlagen bei Bedarf fast jederzeit zur Verfügung. Umgekehrt werden alle Anlagen, die im Laufe der Zeit nicht konsumiert wurden, zur Versorgung im Alter beitragen. Nicht nur liquide Anlagen bilden die Bestandteile Ihrer Altersvorsorge. Auch die eigene Immobilie kann ein wertvoller Baustein in Ihrem Altersvorsorgemodell sein.

Welche Form der Vorsorge ist die beste?

Die Antwort: diejenige, die zu Ihren Anlagezielen, Ihrem Alter bei Abschluss einer Sparanlage, Ihrer Risikoneigung und zur jeweiligen Situation passt. Die Voraussetzungen für den Aufbau eines ausreichenden Einkommens im Alter sind für jeden unterschiedlich. Denken Sie dran: Die richtige Mischung der verschiedenen Schichten sichert Ihre *Die richtige* Versorgung im Alter am besten. Das Gute daran ist: Ändert *Mischung* sich etwas in Ihrem Leben, entfällt zum Beispiel die Voraussetzung für eine betrieblich angesparte Versicherung, können Sie in den meisten Fällen entscheiden, ob Sie diese privat übernehmen und weiterführen oder ruhen lassen wollen.

Überprüfen Sie, welche Ansprüche Sie für den Abschluss einer betrieblichen Altersvorsorge oder einer Riester-Rente haben. Wenn Sie bereits geförderte Verträge haben, kontrollieren Sie, ob Sie diese optimal ausnutzen oder ob Sie möglicherweise Ihren Beitrag anpassen können.

Bringen Sie für Ihre Altersvorsorge nicht zu viele Pferde ins Rennen. Informieren Sie sich ausführlich über Inhalt und Qualität der Produkte – diese sind wichtiger als die Verpackung der Anlagen. Rein steuerliche

Beweggründe sind kein guter Ratgeber für die Auswahl einer Anlage, sie dürfen nur das Bonbon zum guten Anlageinhalt sein.

Wichtig: Wenden Sie nur das Geld für den Aufbau Ihrer Altersvorsorge auf, auf das Sie im Moment und in absehbarer Zeit nicht zugreifen müssen

---

Tipp!

Verheirate Paare, bei denen ein Partner aufgrund des Nachwuchses aus dem erwerbstätigen Leben ausscheidet, sollten für diesen unbedingt weiter private Altersvorsorge aufbauen. In der Regel sind es die Frauen, die beruflich kürzer treten und sich um die Familie kümmern. Sie müssen ohnehin aufgrund der längeren statistischen Lebenserwartung mit einer niedrigeren Rente rechnen. Setzen sie mit der Berufstätigkeit aus, leisten sie keine Beiträge mehr in die gesetzliche Rentenversicherung und können keine Vorteile einer betrieblichen Altersvorsorge wahrnehmen. Die Zulagen einer Riester-Rente reichen nicht aus, um eine valide Rentenvorsorge aufzubauen. Hier sind privat betriebene Sparmaßnahmen für Altersvorsorge unbedingt notwendig.

Beispiel

Nach Hochzeit und Umzug hat Susa Zuh den Schritt in die Selbstständigkeit gewagt. Ihr alter Arbeitgeber hat nach ihrem Ausscheiden ihre Direktversicherung auf sie übertragen. Immerhin hat sie 15 Jahre in diese eingezahlt. Da ihr Mann als Angestellter Förderanspruch auf eine Riester-Rente hat, haben sie sich entschlossen, einen Vertrag für die Riester-Rente abzuschließen. Frau Zuh als indirekt Förderberechtigte kann die staatlichen Zulagen für ihren Vertrag beanspruchen – sollte sie sich erneut anstellen lassen, kann sie eigene Beiträge in ihren Vertrag leisten. Und wenn später einmal ihr Kinderwunsch in Erfüllung geht, dann sollen die Kinderzulagen in ihren Vertrag fließen. Auch ihre alte Direktversicherung spart Susa Zuh privat weiter an. Weil sie den Vertrag lange vor 2005 abgeschlossen hat, kann sie sich die gesamte angesparte Summe später einmal steuerfrei auszahlen lassen, und diesen Vorteil will sie unbedingt nutzen. Zwar hat sie keine steuerliche Begünstigung in der Ansparphase, aber die steuerfreie Ablaufleistung erscheint ihr doch sehr attraktiv, schließlich gibt es doch keine andere Anlagemöglichkeit, die eine steuerfreie Auszahlung bietet. Und nach Einführung der Abgeltungsteuer schon gar nicht. Immer wieder überlegt sie, ob auch der Abschluss einer zusätzlichen Rürup-Rente sinnvoll wäre. Gleich nächste Woche wird sie sich einen Termin bei ihrem Steuerberater geben lassen, um diese Frage zu klären.

Gut beraten sind Frauen auch aus Absicherungsgründen, für ihre eigene Altersvorsorge anzusparen. In Zeiten, in denen jede zweite Ehe geschieden wird, haben meist die Frauen, die sich um die Familie kümmern, das

Nachsehen. Die Rente, die sie über den Versorgungsausgleich zugesprochen bekommen, ist in der Regel viel zu gering, als dass sie nachhaltig zum Lebensunterhalt beitragen, geschweige ihn bestreiten könnte.

Nicht zuletzt aus strategischen Gründen ist eine auf mehreren Schultern verteilte Altersvorsorge sinnvoll: Sind die Partner unterschiedlich alt, kann die gezielte zeitliche Gestaltung von Rentenleistungen und anderen Ansprüchen die gemeinsame Planung des Rentenalters optimieren. Zudem können beide mögliche Freibeträge ausnutzen.

Wie viel soll ich für meine Altersvorsorge ausgeben?

Gegenfrage: Welches Ziel haben Sie denn? In welcher Höhe möchten Sie später einmal über monatliche Einnahmen verfügen? Und: welchen Betrag können Sie heute gut zur Seite legen, ohne dass Sie Ihre kurz- und mittelfristigen Ziele gefährden? Pauschale Empfehlungen für eine Sparrate berücksichtigen nicht die individuellen Verhältnisse und schon vorhandene Geldanlagen. Aus den Betrachtungen über den Zinseszinseffekt auf Seite 101 wissen Sie, je früher Sie mit dem Sparen beginnen, desto mehr hilft Ihnen der Zinseszins beim Vermögensaufbau und desto kleiner kann auch der Betrag sein, den Sie regelmäßig zur Seite legen.

Wenn Sie von Ihren jetzigen Bedürfnissen ausgehen oder sich an heutigen Ausgaben orientieren, sollten Sie bedenken, dass die heutige Kaufkraft eines Euros in den nächsten Jahren geschmälert wird. In den vergangenen 25 Jahren lag die statistisch errechnete Inflationsrate bei 2 Prozent im Jahr. Wenn Ihnen diese Zahl angesichts der deutlichen Verteuerung bei vielen Waren in 2008 zu niedrig erscheint, können Sie natürlich zur Sicherheit mit einem höheren Wert rechnen. Angenommen, Ihnen sollen später einmal 2.000 Euro im Monat zur Verfügung stehen. Bei einer Inflationsrate von 2 Prozent wären dies in 20 Jahren 2.972 Euro und in 30 Jahren 3.623 Euro, um die gleiche Kaufkraft zur Verfügung zu haben.

Ermitteln Sie Ihren zukünftigen Rentenbedarf anhand des Rechners „Rentenbedarf", den Sie auf der beiliegenden CD-ROM finden. Tragen Sie zunächst Ihr heutiges Alter und Ihr geplantes Alter für den Ruhestand ein. Wählen Sie sodann das monatliche Einkommen, über das Sie später einmal verfügen wollen und schreiben dies in die nächste Spalte. Setzen Sie dabei den heutigen Wert ein, also das Einkommen, das Sie sich heute vorstellen, einmal verdienen zu wollen. Setzen Sie in die darauffolgende Spalte die Inflationsrate und sehen Sie dann, welchen Rentenbedarf Sie später einmal haben werden.

Ihr heutiges Alter			Jahre
geplantes Renteneintrittsalter			Jahre
gewünschtes Einkommen im Alter (aus heutiger Sicht)			Euro
Inflationsrate über die nächsten 0 Jahre			p.a.
Rentenbedarf		0	Euro

Notieren Sie nun Ihre bestehenden Rentenansprüche, die Sie den Informationen der Deutschen Rentenversicherung Bund, Ihres berufsständischen oder sonstigen Versorgungswerkes entnehmen. Dazu zählen Sie alle weiteren Ansprüche aus Vorsorgemaßnahmen wie der Riester-Rente, der betrieblichen Altersvorsorge oder privaten Maßnahmen. Die Summe, die Sie erhalten, ziehen Sie von dem errechneten Rentenbedarf ab. Damit erhalten Sie Ihre momentane Versorgungslücke. Korrekterweise berücksichtigen Sie die Steuerlast, die von diesen Einnahmen abgezogen wird. Sie wird in der Tabelle näherungsweise mit berücksichtigt, kann aber Ihre korrekte Situation nicht im Detail erfassen. Um eine detaillierte und exakte Planung zu erhalten, lassen Sie sich von einem qualifizierten Berater Ihre persönliche Finanzplanung aufstellen.

Versorgungslücke

Ihr heutiges Alter			Jahre
Geplantes Renteneintrittsalter			Jahre
Gewünschtes monatliches Einkommen im Alter (aus heutiger Sicht)			Euro
Inflationsrate über die nächsten 0 Jahre			Prozent p. a.
Rentenbedarf		0	Euro
Gesetzliche Rente		0	Euro
Rente aus Betrieblicher Altersvorsorge		0	Euro
Rente aus Riester-Rente		0	Euro
Rente aus privaten Versicherungen		0	Euro
Summe brutto		0	Euro
Steuersatz – Annahme aus heutiger Sicht			Prozent

Summe netto	0	Euro
Versorgungslücke	0	Euro

Die vorangegangene Rechnung kann Ihnen natürlich nur eine annähernde Betrachtung liefern. Alle Vermögenswerte, die Sie bis zum gewünschten Renteneintrittsalter aufgebaut haben, werden zu Ihren zukünftigen Einnahmen beitragen. Außerdem basiert die Berechnung auf der heutigen Situation und kann viele Änderungen und Einflüsse, die sich im Lauf der nächsten Jahre ergeben können, nicht berücksichtigen. Überprüfen Sie daher immer wieder, ob Ihre Vorstellungen von einem Ruhestandsgehalt und die bereits erreichten Vermögenswerte voneinander abweichen. Ist die Lücke sehr groß, so bedeutet das: Sie müssen mehr für Ihre Altersvorsorge tun.

Beispiel

Bernadette Bux sitzt vor ihren Versicherungsordnern und trägt alle Rentenleistungen, die sie im Moment aus ihren Versicherungen und von der gesetzlichen Rentenversicherung erwarten kann, für ihre Planung in die Tabelle ein. Sie ist jetzt 43 Jahre und hat vor 13 Jahren ihren Beruf aufgegeben, um sich um die Kinder zu kümmern und damit ihrem Mann beruflich den Rücken freizuhalten. Bernadette Bux und ihr Mann haben eine private Rentenversicherung für Frau Bux abgeschlossen, um die Lücke in der Altersversorgung zu mildern. Mit 60 Jahren, so wünscht sich Frau Bux, möchte sie gerne über eigene Einnahmen verfügen. Aus heutiger Sicht sollen das 1.500 Euro im Monat sein, die Frau Bux dann für Hobbies oder auch kleinere Ausflüge und persönliche Ausgaben nutzen möchte. Als Inflationsrate wählt sie 2 Prozent. 1.500 Euro aus heutiger Sicht ergeben in 17 Jahren einen Rentenbedarf von 2.100 Euro. In die gesetzliche Rentenversicherung hat Frau Bux nicht viel einbezahlt, sie hat nach dem Studium wenige Jahre gearbeitet, bevor die Kinder zur Welt kamen. Der letzte Bescheid weist ihr eine monatliche Rente von 380 Euro aus. Ansprüche aus betrieblicher Altersvorsorge hat sie keine, dafür aber aus der Riester-Rente, die sie vor drei Jahren abgeschlossen hat. Daraus stehen ihr zum 60. Lebensjahr 490 Euro jeden Monat zu. Bei der privaten Rentenversicherung ist sich Frau Bux heute noch nicht sicher, ob sie die Rentenzahlungen oder doch lieber die Kapitalauszahlung wählen wird. Für ihre Rechnung trägt sie die angegebenen Ansprüche von 1.200 Euro ein, die die Versicherung zu diesem Datum zahlen würde. Als Steuersatz nimmt Frau Bux einmal 25 Prozent an.

Ihr heutiges Alter	43	Jahre
Geplantes Renteneintrittsalter	60	Jahre
Gewünschtes monatliches Einkommen im Alter (aus heutiger Sicht)	1.500	Euro
Inflationsrate über die nächsten 17 Jahre	2	Prozent p.a.
Rentenbedarf	2.100	Euro
Gesetzliche Rente	380	Euro
Rente aus Betrieblicher Altersvorsorge	0	Euro
Rente aus Riester-Rente	490	Euro
Rente aus privaten Versicherungen	1.200	Euro
Summe brutto	2.070	Euro
Steuersatz - Annahme aus heutiger Sicht	25	Prozent
Summe netto	1.553	Euro
Versorgungslücke	548	Euro

Frau Bux sieht, dass sich im Moment für ihr Sparziel eine Lücke von 548 Euro jeden Monat ergeben würde. Sie überlegt daher, zusätzlich einen Fondssparplan einzurichten, mit dessen Hilfe sie später einmal dieses Delta schließen kann.

Ein Wort zur Steuer

In vielen europäischen Ländern gibt es sie schon seit langem – 2009 wurde sie auch in Deutschland eingeführt – die Abgeltungsteuer: Seit dem 1. Januar 2009 gilt die Abgeltungsteuer für alle Neuanlagen ab dem Jahresbeginn. Damit werden Gewinne aus privaten Veräußerungsgeschäften genau wie Zins- und Dividendenerträge unabhängig von der Haltedauer in voller Höhe pauschal mit 25 Prozent Abgeltungsteuer besteuert – zuzüglich Solidaritätszuschlag und Kirchensteuer. Eine Besteuerung der Erträge mit dem persönlichen Steuersatz muss beantragt werden und greift nur, wenn der persönliche Einkommensteuersatz unterhalb des Abgeltungsteuersatzes von 25 Prozent liegt.

Auch vor dem Hintergrund der neuen steuerlichen Rahmenbedingungen gilt weiterhin: Behalten Sie vor allem Ihre Ziele für die Aufteilung Ihrer Anlagen und die Wertentwicklung nach Berücksichtigung von Kosten und Steuern im Auge. Denn jeder Wechsel der Anlagestrategie verursacht Kosten und schmälert damit die Rendite.

Was hat sich geändert? Welche Konsequenzen für die Kapitalanlage bringt die neue Steuer mit sich? Welche Produkte sind von der Steuer am meisten betroffen und welche profitieren sogar von der neuen Regelung? Lesen Sie nachfolgend die wichtigsten Auswirkungen der neuen Steuerregelung.

Neu seit 2009: die Abgeltungsteuer

Bislang galten für die verschiedenen Arten der Kapitalerträge unterschiedliche Sätze: Auf Zinsen erhob der Staat die Einkommensteuer, also einen Steuersatz von bis zu 45 Prozent; Dividenden besteuerte er nach dem Halbeinkünfteverfahren mit maximal 22,5 Prozent, und Gewinne aus Wertpapiergeschäften waren nach Ablauf der einjährigen Spekulationsfrist steuerfrei. Seit 2009 gilt: Sämtliche dem Privatvermögen zufließenden Erträge aus Kapitalvermögen werden gleich behandelt. Alle Zinsen, Dividenden und Kursgewinne von Aktien und Fondsanteilen müssen pauschal mit 25 Prozent versteuert werden. Dazu kommen noch der Solidaritätszuschlag und gegebenenfalls die Kirchensteuer. Das macht zusammen rund 28 Prozent. Die individuelle Besteuerung entfällt bis auf wenige Ausnahmen, das Halbeinkünfteverfahren gibt es nicht mehr und Kursgewinne sind unabhängig von der Haltedauer der Wertpapiere steuerpflichtig.

Quellensteuer

Die Abgeltungsteuer ist eine Quellensteuer. Sie fällt an, wenn der Sparerpauschbetrag von 801 Euro bzw. 1.602 Euro für Verheiratete überstiegen wird. Die neue Steuer wird von der konto- und depotführenden Stelle einbehalten und direkt an das Finanzamt abgeführt. Besteht Kirchensteuerpflicht, wird auch diese pauschaliert einbehalten.

> **Achtung!**
> Werbungskosten wie Depotgebühren, Fahrten zu Hauptversammlungen oder Steuerberatungskosten sind künftig nicht mehr absetzbar.

Die Steuererklärung soll auf diese Weise für den Anleger vereinfacht werden. Kapitaleinkünfte müssen in der Regel nicht mehr angegeben werden, die Steuerschuld des Anlegers ist abgegolten. Eine Angabe der Erträge im Rahmen der Einkommensteuererklärung soll nur noch im Ausnahmefall erfolgen. Anleger, die einen niedrigeren Steuersatz haben, rechnen die zu viel gezahlten Steuern über ihre Steuererklärung ab. Ob diese Intention tatsächlich dem Privatanleger zu Gute kommt, bleibt zu bezweifeln. Zahlreiche Ausnahmen und Sonderfälle werden es weiterhin notwendig machen, die Erträge aus Kapitalanlagen für die Steuererklärung zu dokumentieren.

> **Achtung!**
> Erträge aus Anlagen, die auf ausländischen Konten und Depots geführt werden, müssen weiterhin in der Steuererklärung angegeben werden. Wird im Ausland Quellensteuer von Zinsen und Dividenden abgezogen, muss die Quellensteuerbescheinigung im Original der Steuererklärung beigelegt werden, damit das Finanzamt diese anerkennt.

Aktien, Fonds und Rentenpapiere, die vor dem 31.12.2008 gekauft wurden, bleiben – was die Kursgewinne betrifft – von der neuen Steuer verschont und werden nach der bis Ende 2008 geltenden Steuerregel behandelt: Ein Kursgewinn bleibt auch in Zukunft steuerfrei, wenn die Spekulationsfrist von zwölf Monaten eingehalten wurde.

Die wichtigsten Änderungen für Steuerzahler

Bis Ende 2008	Seit Januar 2009
Zinsabschlagsteuer 30 Prozent plus Solidaritätszuschlag	Einheitliche Besteuerung von Zinsen, Dividenden und Veräußerungsgewinnen mit 25 Prozent + Solidaritätszuschlag
	+ ggf. Kirchensteuer
Halbeinkünfteverfahren für Dividenden	Wegfall Halbeinkünfteverfahren
Jährliche Spekulationsfrist für Wertpapiere	Wegfall der Spekulationsfrist
Freigrenze 512 Euro p. a. für Spekulationsgewinne	Haltedauer nicht mehr relevant
Sparerfreibetrag 750 Euro (1.500 für Verheiratete)	Sparerpauschbetrag 801 Euro (1.602 Euro für Verheiratete)
Werbungskostenpauschale 51 Euro (102 Euro für Verheiratete)	

Achtung!
Die bisherigen Freibeträge bleiben unverändert bestehen und ändern nur ihren Namen: Aus Sparerfreibetrag und Werbungskostenpauschale wird ab 2009 der **Sparerpauschbetrag.**

Bei Depotüberträgen müssen zukünftig alle Transaktionsdaten und Anschaffungskosten mitgeliefert werden, das Gleiche gilt für angesammelte Verluste. Ob diese Übertragung stets einwandfrei erfolgen kann, ist nicht leider nicht immer sichergestellt. Am besten, Sie heben alle Kaufbelege und Depotauszüge auf, bis die jeweiligen Wertpapiere veräu- Verluste ßert werden. Die Beweispflicht, dass beispielsweise Papiere schon vor dem 1.1.2009 erworben wurden, liegt bei Ihnen.

Verluste aus Kapitalanlagen dürfen auch nach neuem Recht mit Gewinnen aus Kapitalvermögen verrechnet werden, und zwar unabhängig von der Art bzw. Herkunft der Kapitalerträge. Zum Beispiel lassen sich Fondsgewinne mit Verlusten aus Termingeschäften verrechnen. Eine Ausnahme bilden Aktien, die ab 2009 gekauft werden. Für sie gilt dann eine Sonderregelung: Aktienverluste können nur mit Aktiengewinnen verrechnet werden, nicht mit anderen Kapitaleinkünften. Die Möglichkeit zur Verlustverrechnung besteht aber innerhalb desselben Jahres ebenso wie über mehrere Jahre hinweg. Auf Ebene der Banken wird für jeden Kunden ein Verlustverrechnungstopf geführt. Bei einem negativen Saldo führt die Depotbank bis zum Erreichen der Gewinnzone keine Abgeltungsteuer mehr ab. Eine direkte Verlustverrechnung über mehrere Kreditinstitute hinweg ist aber nicht möglich. Gewinne bei einer Bank und Verluste bei einer anderen können nur über die Veranlagung beim Finanzamt miteinander verrechnet werden.

Besteuerung der wichtigsten Kapitalanlagen seit 2009

Die Abgeltungsteuer gilt für alle laufenden Erträge aus Kapitaleinkünften, die nach dem 31.12.2008 dem Privatvermögen zufließen. Bei Investmentfonds berührt das auch die ausschüttungsgleichen Erträge. Bei Veräußerungsgewinnen greift die Abgeltungsteuer, wenn die Anlagen nach dem 31.12.2008 erworben wurden. Auf den Zeitpunkt des Erwerbs oder eine Haltefrist kommt es nicht an. Für Kapitalanlagen, die vor dem 1.1.2009 erworben wurden, bleibt die alte Rechtslage bestehen.

Aktien

Anlagen in Aktien gelten generell als Hauptverlierer der Abgeltungsteuer. Unter Erträge aus Aktienanlagen fallen Dividenden und Veräußerungsgewinne. Bis Ende 2008 wurden Dividenden nach dem Halbeinkünfteverfahren besteuert, sprich die Hälfte der Dividendeneinkünfte wurde besteuert. Bei einem Spitzensteuersatz von 45 Prozent ergab dies eine maximale Belastung von 22,5 Prozent. Durch die Abgeltungsteuer steigt Steuerlast auf 25 Prozent an, ohne Berücksichtigung des Solidaritätszuschlags und der Kirchensteuer.

Kursgewinne konnten nach Ablauf der zwölfmonatigen Spekulationsfrist steuerfrei im Privatvermögen veräußert werden. Seit 2009 unterliegen Veräußerungsgewinne unabhängig von der Haltedauer der Abgeltungsteuer. Aktien, die vor dem 1.1.2009 angeschafft wurden, können auch zukünftig nach Ablauf der Spekulationsfrist von einem Jahr steuerfrei vereinnahmt werden.

Zertifikate

Sowohl laufende Erträge aus Zertifikaten als auch Kursgewinne werden mit 25 Prozent besteuert. Zwischen der Art des Zertifikats wird dabei nicht unterschieden.

Achtung!
Für Zertifikate gelten Sonderregelungen: Wurden die Papiere vor dem 15.3.2007 erworben, bleiben die Veräußerungsgewinne nach Ablauf der einjährigen Spekulationsfrist unbegrenzt steuerfrei. Zertifikate, die nach dem 15.3.2007 erworben wurden, können noch bis zum 30.6.2009 steuerfrei verkauft werden, sofern die einjährige Spekulationsfrist abgelaufen ist. Gewinne aus dem Verkauf von Garantie- und Rentenzertifikaten unterlagen bislang dem persönlichen Steuersatz und seit 2009 der Abgeltungsteuer.

Festverzinsliche Wertpapiere

Die Zinsen aus festverzinslichen Wertpapieren werden seit dem 1. Januar 2009 mit 25 Prozent versteuert. Bislang wurden Zinsen mit dem persönlichen Steuersatz besteuert, in der Spitze bis zu 45 Prozent. Diese Regelung wird für etliche Anleger für ihre konservativen Anlagen Vorteile gegenüber der alten Situation mit sich bringen: Die neue Steuerregel führt zu einer niedrigeren Besteuerung der laufenden Erträge. Kursgewinne auf dem Verkauf von festverzinslichen Wertpapieren unterliegen seit 2009 ebenfalls der Abgeltungsteuer. Bisher waren Veräußerungsgewinne, die außerhalb der zwölfmonatigen Spekulationsfrist realisiert wurden, wie bei den Aktien auch, im Privatvermögen steuerfrei. Die Abgeltungsteuerpflicht gilt aber nur für Wertpapiere, die nach dem 31.12.2008 gekauft wurden.

Investmentfonds

Ausschüttungen und ausschüttungsgleiche Erträge bei Fonds, die ihre Erträge gleich wieder innerhalb des Fondsvermögens anlegen, unterliegen der Abgeltungsteuer. Je nach Zusammensetzung der Ausschüttungen kann dies ein Vorteil oder Nachteil für den Anleger gegenüber 2008 sein: Ausschüttungen, die sich aus Dividenden zusammen setzen, werden wie bei den Dividendenzahlungen der Aktien eher höher besteuert, Ausschüttungen, die sich überwiegend aus Zinsen zusammensetzen, werden eher von der neuen Steuer profitieren.

Für Fondsanteile, die nach dem 31.12.2008 gekauft wurden, unterliegen Veräußerungsgewinne unabhängig der Haltedauer der Abgeltungsteuer. Wurden die Fondsanteile vor diesem Datum gekauft, ist eine steuerfreie Veräußerung nach einer Haltefrist von einem Jahr künftig noch möglich.

Kursgewinne aus dem Verkauf von Wertpapieren auf Fondsebene unterliegen weiterhin nicht der Besteuerung beim Anleger. Das bedeutet, dass der Fondsmanager Käufe und Verkäufe tätigen kann, ohne dass Veräußerungsgewinne der Abgeltungsteuer unterliegen.

Versicherungen

Anlageformen für die Altersvorsorge unterliegen nicht der Abgeltungsteuer. Die geförderten Vorsorgepläne aus der betrieblichen Altersvorsorge, der Riester- und der Rürup-Rente werden erst im Leistungsfall mit dem persönlichen Steuersatz besteuert. Bei privaten Rentenversicherungen oder Lebensversicherungen mit Vertragsabschluss ab 2005 ist die Todesfallleistung wie bisher stets einkommensteuerfrei. Aber auch für Kapitalzahlungen aus solchen Verträgen, die ab dem 1.1.2005 abgeschlossen worden sind, ändert sich nichts, wenn die Police mindestens zwölf Jahre bestand und die Versicherungsleistung frühestens im Alter von 60 Jahren ausgezahlt wird. Der Ertrag – Auszahlung minus einbezahlte Beiträge – ist dann weiterhin nur zur Hälfte steuerpflichtig. Zur Anwendung kommt dann der individuelle Steuersatz des Versicherten – also nicht die Abgeltungsteuer. Dieser Vorteil gilt für alle Kapitalzahlungen(Entnahmen, Rückkauf, Erlebensfall) aus Lebensversicherungen und Rentenversicherungen mit Kapitalwahlrecht mit Vertragsabschluss ab 2005.

Bei den bis 31.12.2004 abgeschlossenen Lebens- und Rentenversicherungen bleibt es dabei, dass Versicherte die Auszahlung in der Regel komplett steuerfrei erhalten. Voraussetzung: Die Versicherungsdauer beträgt mindestens zwölf Jahre, die Beitragszahlungsdauer mindestens fünf Jahre und die Leistung wird bei Tod oder nach Ablauf von zwölf Jahren ausgezahlt.

Liegen bei Lebens- oder Rentenversicherungen mit Vertragsabschluss ab 2005 die gerade erwähnten Voraussetzungen nicht vor, fällt bei den Kapitalzahlungen 25 Prozent Abgeltungsteuer vom Unterschiedsbetrag zwischen der Leistung und der Summe der auf sie entrichteten Beiträge an.

Eins ist sicher: Ob Sie 2009 mehr oder weniger Steuern auf Ihre Kapitalerträge bezahlen, hängt ganz davon ab, in welche Anlageprodukte Sie investieren: Produkte, die Zinserträge produzieren, beispielsweise Geldmarkt- und Rentenfonds, profitieren von der Abgeltungsteuer. Zinsen sind bislang mit dem persönlichen Steuersatz von bis zu 45 Prozent steuerpflichtig. Ab 2009 werden sie nur noch mit maximal 25 Prozent versteuert. Eine echte neue Belastung stellt hingegen die Steuer auf Kursgewinne dar.

Die Auswirkungen der Abgeltungsteuer für Anlagearten

Sehen Sie in nachfolgender Tabelle die Effekte des neuen Steuerrechts für die einzelnen Anlagearten.

Anlageklasse/ Vorgang	Neu seit 2009	Was bedeutet das?
Aktien	Das Halbeinkünfteverfahren entfällt. Kursgewinne und Dividenden unterliegen der 25 Prozent Abgeltungsteuer. Ausnahme: Kursgewinne sind steuerfrei, wenn die Aktie vor dem 1.1.2009 erworben und länger als zwölf Monate gehalten wurde.	Laufende Erträge werden mit 25 Prozent Abgeltungsteuer plus Soli plus ggf. Kirchensteuer besteuert. Bisher steuerfreie Kursgewinne werden ebenfalls mit 25 Prozent plus Soli plus ggf. Kirchensteuer belastet. Bei Erwerb nach dem 31.12.2008 können Verluste nur mit Gewinnen aus Aktienverkäufen verrechnet werden. Aufgrund der höheren Belastung der Dividenden (25 Prozent auf den ganzen Dividendenertrag ist höher als der höchste persönliche Steuersatz von 45 Prozent auf die Hälfte der Dividende) und der Besteuerung von Kursgewinnen unabhängig von der Haltefrist kommt es hier zu einer höheren Besteuerung.

Aktienfonds	Das Halbeinkünfteverfahren entfällt. Ebenso wie bei Direktanlagen sind Kursgewinne steuerpflichtig. Ausnahme: Die Anteile wurden vor dem 1.1.2009 erworben und länger als zwölf Monate gehalten.	Laufende Erträge werden mit 25 Prozent Abgeltungsteuer plus Soli plus ggf. Kirchensteuer besteuert. Bisher steuerfreie Kursgewinne werden ebenfalls mit 25 Prozent plus Soli plus ggf. Kirchensteuer belastet. Bei Erwerb nach dem 31.12.2008 können Verluste nur mit Gewinnen aus Aktienverkäufen verrechnet werden. Aufgrund der höheren Belastung der Dividenden (25 Prozent auf den ganzen Dividendenertrag ist höher als der höchste persönliche Steuersatz von 45 Prozent auf die Hälfte der Dividende) und der Besteuerung von Kursgewinnen unabhängig von der Haltefrist kommt es hier zu einer höheren Besteuerung.
Anleihen	Zinsen und Kursgewinne unterliegen der Abgeltungsteuer.	Anstelle des persönlichen Steuersatzes von bis zu 42 Prozent erfolgt eine Pauschalbesteuerung der Zinsen mit 25 Prozent, was eine steigende Rendite bedeuten wird.
Dachfonds	Anders als bei Aktien fallen bei Fondswechsel innerhalb des Dachfonds keine Steuern an. Ausschüttungen und Kursgewinne aus Anteilsverkäufen sind im Privatvermögen steuerpflichtig.	Im Fonds selber können Kaufe und Verkäufe stattfinden, die sich im Privatvermögen des Anlegers nicht auswirken. Innerhalb des Fonds sind also Strategiewechsel möglich. Die Steuerbelastung greift erst bei einem Verkauf der Dachfondsanteile.

Festgelder	Zinsen unterliegen der Abgeltungsteuer.	Anstelle des persönlichen Steuersatzes von bis zu 42 Prozent erfolgt eine Pauschalbesteuerung der Zinsen mit 25 Prozent, was eine steigende Rendite bedeuten wird.
Fondssparpläne	Jede Sparrate wird separat als Einmalanlage betrachtet. Alle Anteile, die bis zum 31.12.2008 erworben wurden, werden nach der alten Regelung behandelt. Fondsanteile, die ab dem 1.1.2009 gekauft wurden, fallen beim Verkauf unter die Abgeltungsteuer, sofern Kursgewinne realisiert werden.	Für die Ermittlung der Erträge bleibt das FiFo-Verfahren (First in, First Out) bestehen. Verkauft ein Anleger Anteile aus einem Fondssparplan, so gelten steuerlich immer die Wertpapiere als zuerst veräußert, die zuerst angeschafft wurden. Besser ist es, „alte" und „neue" Anteile in getrennten Depots zu halten.
Freibetrag, NV-Bescheinigung	Der bisherige Sparer-Freibetrag und der Werbungskosten-Pauschbetrag werden zu einem Sparer-Pauschbetrag von 8001 Euro (ledig) und 1.602 Euro (Verheiratete) zusammengefasst. Die Nichtveranlagungs-bescheinigung durch das Finanzamt bleibt bestehen, bei Vorlage bei der Bank wird keine Abgeltungsteuer abgeführt.	Alle Erträge, die der Abgeltungsteuer unterliegen, bleiben entweder bis zur Höhe des Freistellungsauftrages oder bei Vorliegen einer NV-Bescheinigung vollständig steuerfrei.
Geldmarktfonds	Die Wertzuwächse resultieren ausschließlich aus Zinseinnahmen. Die bisher auch schon komplett steuerpflichtigen Erträge unterliegen der Abgeltungsteuer.	Die Anrechnung des 30-prozentigen Kapitalertragsteuerabzugs (ZAST) entfällt. Anleger mit einem individuellen Steuersatz von mehr als 25 Prozent erzielen höhere Nachsteuerrenditen.

Halbeinkünfteverfahren	Das Halbeinkünfteverfahren wird durch die Abgeltungsteuer abgelöst.	Das Halbeinkünfteverfahren auf Dividenden entfällt. Das gilt auch bei Fonds. Die Dividendenerträge werden nicht mehr wie bisher nur zur Hälfte, sondern ab 2009 in voller Höhe mit 25 Prozent versteuert.
Immobilienfonds – offen	Die Anlage in offene Immobilienfonds sowie die inländischen Mieterträge unterliegen der Abgeltungsteuer. Realisierte Gewinne aus der Veräußerung von deutschen Immobilien können, sofern sie länger als zehn Jahre im Fonds gehalten wurden, steuerfrei an den Anleger ausgeschüttet werden.	Ausländische Mieterträge werden in der Regel im Ausland besteuert und in Deutschland steuerfrei gestellt. Wird eine Immobilie im Ausland veräußert, so erfolgen ebenfalls regelmäßig eine Besteuerung des Gewinnes im Ausland und die Steuerfreistellung in Deutschland.
Kursverluste – Altfälle	Für Verluste aus privaten Veräußerungsgeschäften, die vor dem 1.1.2009 gekauft und innerhalb der Spekulationsfrist (also bis maximal zu 30.12. 2009) realisiert wurden, gilt eine Übergangsregelung bis zum Jahr 2013.	Bis zum Jahr 2013 können Altverluste vorgetragen und mit zukünftigen Gewinnen (mit Ausnahme von Zins- und Dividendenerträgen) verrechnet werden. Um diese Regelung in Anspruch nehmen zu können, müssen die realisierten Verluste vom Finanzamt dokumentiert werden. Die Verluste müssen im Wege des Veranlagungsverfahrens gesondert festgestellt werden.
Kursverluste – Neufälle	Verluste aus Wertpapieren, die nach dem 1.1.2009 erworben wurden, können horizontal in derselben Einkunftsart mit Kursgewinnen, Zins- und Dividendenerträgen ausgeglichen werden.	Eine Spezialregelung gibt es bei Verlusten aus Aktiengeschäften: diese dürfen nicht mit anderen positiven Einkünften aus Kapitalvermögen verrechnet werden, sondern nur noch mit Gewinnen aus Aktienverkäufen.

Mischfonds	Das Halbeinkünfteverfahren entfällt. Wie bei Direktanlagen sind Kursgewinne, Zinsen und Dividenden steuerpflichtig. Kursgewinne sind steuerfrei bei Fondsanteilen, die vor dem 1.1.2009 erworben und länger als ein Jahr gehalten wurden.	Laufende Erträge werden mit 25 Prozent Abgeltungsteuer plus Soli plus ggf. Kirchensteuer besteuert. Bisher steuerfreie Kursgewinne werden mit 25 Prozent plus Soli plus ggf. Kirchensteuer belastet. Bei Erwerb nach dem 31.12.2008 können Verluste nur mit Gewinnen aus Aktienverkäufen verrechnet werden. Aufgrund der höheren Belastung der Ausschüttungen (25 Prozent auf den ganzen Ertrag ist höher als der höchste persönliche Steuersatz von 45 Prozent auf die Hälfte der Ausschüttung) und der Besteuerung von Kursgewinnen unabhängig von der Haltefrist kommt es hier zu einer höheren Besteuerung.
Rentenfonds	Zinsen und Kursgewinne unterliegen der Abgeltung-steuer.	Anstelle des persönlichen Steuersatzes von bis zu 42 Prozent erfolgt eine Pauschalbesteuerung der Zinsen mit 25 Prozent, was eine steigende Rendite bedeuten wird.
Zertifikate	Gewinne aus Veräußerungen von Zertifikaten sind ab 2009 steuerpflichtig. Eine Ausnahme gilt für Käufe bis zum 14.3.2007, die nach Ablauf der Jahresfrist vor dem 1.7.2009 veräußert werden.	Die bisher nur im Rahmen eines Spekulationsgeschäftes steuerpflichtigen Erträge unterliegen der Abgeltungsteuer mit 25 Prozent. Steuerfreie Verkäufe sind nicht mehr möglich.

Zinsanlagen	Zinsen unterliegen der Abgeltungsteuer.	Anstelle des persönlichen Steuersatzes von bis zu 42 Prozent erfolgt eine Pauschalbesteuerung der Zinsen mit 25 Prozent, was eine steigende Rendite bedeuten wird.
Zwischengewinn	Der Zwischengewinn unterliegt gänzlich der Abgeltungsteuer.	Anstelle des persönlichen Steuersatzes von bis zu 42 Prozent erfolgt eine Pauschalbesteuerung der Zinsen mit 25 Prozent, was eine steigende Rendite bedeuten wird.
Versicherungen	Bei Vertragsabschlüssen nach dem 1.1.2005 ist der Ertrag lediglich zur Hälfte steuerpflichtig. Entscheidend ist dann der persönliche Steuersatz des Versicherungsnehmers – die Abgeltungsteuer kommt hier nicht zum Tragen. Diese Regelung gilt für alle Lebens-und privaten Rentenversicherungen bei einmaliger Kapitalauszahlung. Die Voraussetzungen: Vertragslaufzeit von mindestens zwölf Jahren, Auszahlung der Versicherungssumme erst ab einem Alter von 60 Jahren.	Bei Kapitalzahlung innerhalb von zwölf Jahren und/ oder einer Auszahlung vor dem 60. Lebensjahr sind die Erträge voll steuerpflichtig mit 25 Prozent.

Betriebliche Altersvorsorge	Die betriebliche Altersversorgung ist von der Abgeltungsteuer nicht betroffen.	Bei der Direktversicherung, Versorgungsverhältnissen bei Pensionsfonds oder Versicherungen bei Pensionskassen bleiben die Besteuerungsregelungen bestehen. Auch Unterstützungskassen, Rückdeckungsversicherungen und andere betriebliche Lebensversicherungen unterliegen nicht der Abgeltungsteuer.
Basis- oder Rürup-Rente	Die Abgeltungsteuer betrifft die Rürup-Rente nicht.	Weder in der geförderten Aufschub- noch in der Leistungsphase fällt Abgeltungsteuer an. Eine Kapitalleistung ist nicht möglich, die Rentenleistung muss versteuert werden. Es gilt wie bisher in der Leistungsphase der individuelle Steuersatz des Versicherten. Ab 2008 sind 56 Prozent der Rente mit dem individuellen Steuersatz steuerpflichtig. Die steuerpflichtige Leistung erhöht sich bei Renten mit einem Beginn in den Jahren bis 2040 sukzessive auf 100 Prozent.
Vermietete Immobilien	Die Abgeltungsteuer findet keine Anwendung.	Erträge und Veräußerungsgewinne werden zum individuellen Steuersatz versteuert. Steuerfreier Verkauf nach 10 Jahren.
Eigene Immobilie	Die Abgeltungsteuer findet keine Anwendung.	
Geschlossene Immobilienfonds	Die Abgeltungsteuer findet keine Anwendung.	
Geschlossene Fonds mit gewerblichem Inhalt (z. B. Schiffsfonds)	Die Abgeltungsteuer findet keine Anwendung.	

Bausparverträge werden behandelt wie andere Zinsanlagen auch. Alle Erträge, die seit 2009 ausgezahlt werden, unterliegen der Abgeltungsteuer. Dazu zählen auch die Bonuszahlungen und Treueprämien, die der Sparer ab 2009 erwirbt.

Auswirkungen der Abgeltungsteuer für die Kapitalanlage

Fonds werden künftig steuerlich gegenüber Direktanlagen noch gewinnen. Angenommen, ein Wertpapierdepot besteht aus Aktien und Anleihen. Bei allen Umschichtungen des Depots sind realisierte Veräußerungsgewinne mit 25 Prozent zu versteuern. Das gilt für alle Wertpapiere, die nach dem 31.21.2008 erworben wurden. Das schmälert vor allem die Gewinne von Aktien und anderen Einzelpapieren erheblich. Hier haben Fonds künftig wesentliche Vorteile gegenüber der Direktanlage: Umschichtungen innerhalb des Fondsmantels lösen auch nach dem 1.1.2009 keine Abgeltungsteuerpflicht aus. Ein gemischter Fonds aus Aktien und Anleihen darf Veräußerungsgewinne also weiterhin steuerfrei einnehmen und thesaurieren – und Anleger profitieren von steuerfreien Umschichtungen innerhalb des Fonds.

Zusätzlich können Fonds im Rahmen ihrer Anlagestrategie wie bisher steueroptimiert investieren, indem sie steuerpflichtige Erträge wie Zinsen oder Dividenden vermeiden und stattdessen in innovative Finanzinstrumente wie Termingeschäfte, Optionen und sonstige Derivate anlegen. Auch gegenüber direkt gehaltenen Zertifikaten sind Zertifikatefonds künftig steuerlich klar im Vorteil, da die Abgeltungsteuerfreiheit im Fondsmantel bei Erwerb der Fondsanteile vor dem 1.1.2009 noch besteht.

Aktienfonds werden durch die Abgeltungsteuer nicht an Attraktivität verlieren. Die geringe Nachfrage vor Inkrafttreten der Abgeltungsteuer wurde hauptsächlich durch die Verunsicherung der Anleger durch die Finanzmarktkrise verursacht. Auch wenn die Aktienanlage seit 2009 ihre steuerliche Bevorzugung gegenüber anderen Formen der Geldanlage verlieren wird, gibt es auch hier eine positive Seite der Medaille: Der Staat hat im Zuge der Reform auch die Unternehmensteuern gesenkt. Dies sollte für höhere Unternehmensgewinne und damit auch für höhere Dividenden sowie größeres Kurspotenzial sorgen. Auch mit der Abgeltungsteuer bleiben die Argumente für Aktien dieselben: Langfristig dürfte diese Anlageform mit Abstand immer noch die höchsten Renditen versprechen und somit Anlegern die Chancen auf die besten Nach-Steuer-Renditen sichern. Wie hoch die Mehrbelastung für den einzelnen Aktieninvestor wirklich ausfällt, ist individuell ganz verschieden bzw. hängt von seinem persönlichen Steuersatz ab. Profitieren können außerdem in Zukunft kurzfristig orientierte Anleger. Für sie stellt die 12-monatige Spekulationsfrist kein Hindernis mehr bei Verkaufsentscheidungen dar. Als Anleger versteuert man Aktienfonds seit 2009 genauso wie Renten- oder Geldmarktfonds. Der Ausschüttungsbetrag vermindert sich pro Anteil um die 25-prozentige Abgeltungsteuer zuzüglich Solidaritätszuschlag und gegebenenfalls Kirchensteuer. Aber: Thesaurierte Veräußerungsgewinne bleiben innerhalb des Fondsmantels wie bisher steuerfrei. Dies kann bei Aktienfonds stärker ins Gewicht fallen. Sie sind häufig darauf ausgerichtet, einen hohen Anteil an Veräußerungsgewinnen, der nicht Bestandteil der Ausschüttungen ist, zu erzielen.

Gemischte Fonds und Dachfonds sind die eigentlichen Gewinner der Abgeltungsteuer. Solche Fonds enthalten immer eine Mischung mehrerer Anlageklassen, zum Beispiel Aktien und Anleihen. Die Umschichtungen zwischen den einzelnen Anlageklassen übernimmt das Fondsmanagement abhängig von Kapitalmarktsituation und Anlagestrategie. Der besondere Vorteil für Anleger liegt darin, dass Umschichtungen – also Verkäufe vorhandener und Käufe neuer Vermögensgegenstände – im Fondsmantel steuerfrei bleiben – im Gegensatz zur Direktanlage in Einzeltitel, bei der sämtliche Umschichtungen steuerpflichtig sind. Die Anlage in Fondsanteilen gewinnt generell an Attraktivität aus steuerlicher Sicht im Vergleich zu einem gemischten Depot von einzelnen Wertpapieren. Dachfonds werden steuerlich genauso wie andere Fondsarten behandelt. Bei Ausschüttungen und Veräußerungsgewinnen des Anlegers greift grundsätzlich die Abgeltungsteuer. Aber den Vorteil des steuerfreien Umschichtens können Dachfonds ebenfalls für sich verbuchen: Thesaurierte Veräußerungsgewinne, die innerhalb des Dachfondsmantels erzielt werden, sind nach altem und neuem Recht steuerfrei. Das Fondsmanagement kann also zwischen den einzelnen Zielfonds weiterhin steuerfrei umschichten.

Auch jetzt heißt es: Anlagestrategie überprüfen

Viele Anleger haben vor dem Jahreswechsel 2008/2009 ihre Depots unter steuerlichen Gesichtspunkten überprüft und neu aufgestellt. Generell sollten steuerliche Aspekte nicht in erster Linie über die Struktur eines Depots entscheiden. Vielmehr bilden die individuellen Anlageziele und damit verbunden der individuelle Anlagehorizont den adäquaten Rahmen für Anlageentscheidungen. Erst dann treten steuerliche Überlegungen hinzu. Bei einigen Überlegungen lohnt es sich auch nach Inkrafttreten der Abgeltungsteuer, genauer hinzusehen.

Ihre Freistellungsaufträge unter der Lupe

Da die Höhe der Freibeträge gleich bleibt, sind laufende Freistellungsaufträge auch weiterhin gültig. Sie müssen daher keinen neuen Freistellungsauftrag erteilen. Bedenken Sie jedoch, dass Dividenden und zum Teil Fondsausschüttungen seit 2009 nicht mehr nur zur Hälfte, sondern in voller Höhe steuerpflichtig sind. Überprüfen Sie daher Ihre Freistellungsaufträge, vor allem, wenn Sie diese auf mehrere Institute verteilt haben. Liegt einer Bank kein Freistellungsauftrag vor, wird die volle Abgeltungsteuer überwiesen. Zu viel gezahlte Steuern müssen Sie sich über die Steuererklärung zurückerstatten lassen. Hierzu muss der Steuererklärung die Originalabrechnung der Bank oder der Fondsgesellschaft beiliegen.

Kennen Sie Ihren persönlichen Grenzsteuersatz?

Erzielen Sie steuerpflichtige Einkünfte unter 15.000 Euro im Jahr bzw. bei Verheirateten unter 30.000 Euro im Jahr, liegt Ihr Grenzsteuersatz unter den 25 Prozent der Abgeltungsteuer. Alle Kapitalerträge müssen in der Steuererklärung angegeben werden, um die zu viel gezahlten Steuern zurück zu bekommen.

Personen, die so geringe Einkommen haben, dass sie gar keine Steuern zahlen müssen (zum Beispiel Rentner, Studenten oder Kinder), stellen beim Finanzamt einen Antrag auf eine Nichtveranlagungsbescheinigung. Diese muss dann der Bank vorgelegt werden, damit auf Kapitalerträge keine Abgeltungsteuer einbehalten wird.

Führen Sie mehrere Depots

Wird nur ein Teil einer Wertpapieranlage verkauft, so gilt das sogenannte FIFO-Prinzip (First in, first out). Das heißt: Die zuerst erworbenen Fondsanteile oder Einzelpapiere werden beim Verkauf zuerst veräußert. Möchten Sie aber gezielt wählen, welche der Fondsanteile Sie verkaufen, ist es sinnvoll, die Papiere nach Jahrgang getrennt in zwei Depots zu bewahren. In einem Depot liegen dann alle bis Ende 2008 gekauften Papiere, in dem anderen werden alle Käufe ab 2009 getätigt. Das Gleiche gilt auch für Sparpläne: Buchen Sie den bis 2008 erreichten Bestand auf ein neues Depot um und führen Sie die ab 2009 gekauften Anteile im Sparplan-Depot weiter.

First in, first out

Stellen Sie Altverluste sicher

Altverluste aus privaten Veräußerungsgeschäften, das heißt Verluste, die aufgrund von Wertpapierverkäufen innerhalb der bisherigen Jahresfrist entstanden sind, können für eine Übergangszeit bis zum Jahr 2013 mit steuerpflichtigen Kursgewinnen aus anderen Wertpapieren verrechnet werden. Eine Verrechnung mit Zinsen und Dividenden ist nicht möglich, sehr wohl aber eine Verrechnung mit Verlusten aus anderen privaten Veräußerungsgeschäften wie Immobilien. Voraussetzung dafür ist aber, dass die Altverluste im Jahr ihrer Entstehung in der Steuererklärung angegeben werden und das Finanzamt einen Verlustfeststellungsbescheid erlassen hat.

Beispiel

Simon Wagner hat während der Finanzkrise Wertpapiere verkauft und dadurch Verluste in Höhe von 20.000 Euro realisiert. Diese gibt er 2008 in seiner Steuererklärung an. Im Jahr 2011 kann er Einkünfte aus Kapitalvermögen in Höhe von 15.000 Euro erzielen. 5.000 Euro sind Zinsen und Dividenden, die weiteren 10.000 Euro sind Kursgewinne von Aktien, die er 2009 gekauft hat. Die 10.000 Euro aus Kursgewinnen kann er mit seinen alten Verlusten verrechnen, die 5.000 Euro aus Zinsen und Dividenden dürfen hingegen nicht mit Altverlusten verrechnet werden. Allerdings können die noch verbleibenden 10.000 Euro aus den alten Verlusten bis ins Jahr 2013 weiter vorgetragen werden.

Bestimmen Sie Ihren Kirchensteuerabzug

Hinsichtlich der Kirchensteuer hat ein steuerpflichtiger Anleger ein Wahlrecht, wie, oder besser wo die Kirchensteuer erhoben werden soll. Er kann die Kirchensteuer entweder als Kirchensteuerabzug durch die Bank einbehalten oder sie von dem für ihn zuständigen Finanzamt veranlagen lassen.

Auf schriftlichen Antrag des Kirchensteuerpflichtigen gegenüber seiner Bank wird die Kirchensteuer von der Bank einbehalten und an das zuständige Finanzamt abgeführt. Dazu muss er der Bank seine Konfession und den entsprechenden Kirchensteuersatz offen legen. Der Antrag auf Einbehalt der Kirchensteuer durch die Bank kann widerrufen werden. Bei der Festsetzung der Kirchensteuer auf Kapitalerträge über die Steuererklärung muss der Anleger die Bescheinigung über die einbehaltene Abgeltungsteuer im Original der Steuererklärung beilegen. Das Finanzamt setzt dann die Höhe der Kirchensteuer fest.

Die Welt der Anlageformen

In den vorangegangenen Kapiteln haben Sie ermittelt, wo Sie sich im Rahmen Ihrer Vermögensplanung befinden, welche Ziele Sie haben und welche Rolle Faktoren wie Risiko oder Sicherheit bei Ihnen spielen. Das Ziel dieser ausführlichen Bestandsaufnahme: Sie sollen sich darüber klar werden, wie Sie Ihre wahren Ziele realistisch erreichen und wodurch diese Ziele gefährdet sein könnten.

Um den Vermögensaufbau professionell zu gestalten, gibt es eine Vielzahl von Finanzprodukten, die zur jeweiligen Lebensphase und zum persönlichen Ziel passen. Immer wieder wurde in den vorangegangenen Kapiteln gezeigt, welche Vor- und Nachteile bestimmte Finanzprodukte haben – und für wen sie sich eignen.

In diesem letzten Teil des Buches werden die verschiedenen Anlageformen nun detailliert dargestellt. Sie erfahren auf den folgenden Seiten, wie Fonds funktionieren und welche Spielarten es gibt. Sie erfahren, wann Immobilien lohnen und wann nicht. Kurzum: Es wird en détail gezeigt, wie die verschiedenen Investments funktionieren.

Lesen Sie auch dieses Kapitel genau. Sie werden sehen, dass Sie mit dem detaillierten Wissen über die verschiedenen Finanzprodukte eine noch konkretere Vorstellung davon erhalten, mit welchen „Baumaterialien" Sie Ihr Vermögenshaus tatsächlich auf- und ausbauen wollen bzw. können. Und um wieder mit unserem Bild zu sprechen: Bei der Wahl des Bodenbelages in einem richtigen Haus können Sie auch zwischen Fliesen, Parkett oder Laminat wählen. Doch nur wer weiß, dass es Kirschparkett oder sardische Marmorfliesen gibt, kann sich auch bewusst für diese entscheiden.

Das zweigeteilte Universum

Das ganze Universum der Anlageformen lässt sich in nur zwei Grundformen unterteilen: In Geldwertanlagen und in Sachwertanlagen. Das macht die Vielfalt der Angebote gleich deutlich übersichtlicher.

Bei **Geldwertanlagen** tritt der Anleger quasi als Kreditgeber auf. Er „verleiht" sein Geld über einen festgelegten Zeitraum an Banken, Sparkassen, Unternehmen oder den Staat und kassiert dafür Zinsen auf sein verliehenes Kapital. Am Ende der Laufzeit erhält der Anleger sein Geld wieder zurück.

Ein Festgeld ist ein Beispiel für eine solche Anlage. Der Anleger leiht einer Bank für eine feste Laufzeit Geld. Während der Laufzeit kann die Bank mit dem Geld arbeiten. Dafür bekommt der Anleger auf sein eingesetztes Kapital einen festen Zins.

Geldwertanlagen sind Anlage- und Sparformen, hinter denen keine „reale Sache" steckt. Sie unterliegen der Kaufkraftveränderung, der Inflation, bieten dafür aber eine feste Verzinsung.

Geldwertanlagen bieten meist eine sehr schnelle Umwandlungsmöglichkeit in Bargeld. Zu ihnen zählen unter anderem Spareinlagen, Tages- und Festgelder, festverzinsliche Wertpapiere, Geldmarktfonds, Rentenfonds, Bausparverträge und Versicherungsverträge. Die Erträge aus diesen Anlagen, typischerweise Zinsen, gehören zu den Einkünften aus Kapitalvermögen.

Bei **Sachwertanlagen** hingegen wird der Anleger Eigentümer an einer Sache. Sachwertanlagen sind Investitionen in Anlageformen, die einen Sachwert verbriefen. Im Gegensatz zu Geldwertanlagen steckt also hinter einer Sachwertanlage immer ein körperliches, sachlich greifbares Gut, angefangen von Immobilien, über Unternehmen bis hin zu Edelmetallen.

Als Eigentümer trägt der Anleger alle Chancen und Risiken mit, die sich aus der Anlageform ergeben. Eine fest kalkulierbare Rendite bringt eine Sachwertanlage im Allgemeinen nicht mit sich. Ausgeschüttete Erträge sind meist niedriger als bei Geldwertanlagen. Bezahlt machen sich dafür aber vor allem die möglichen Wachstumchancen: Der Wert der Anlage kann deutlich steigen. Auf der anderen Seite kann der Wert auch sinken oder ganz verloren gehen, wenn zum Beispiel das Unternehmen, an dem ein Anleger sich beteiligt hat, in Konkurs geht. Sachwertanlagen bieten jedoch einen gewissen Schutz vor Kaufkraftverlusten infolge inflationärer Entwicklung.

Zur den Sachwertanlagen zählen unter anderem: Aktien und Aktienfonds, Immobilien, auch Immobilienfonds, Beteiligungen wie zum Beispiel Schiffsfonds oder Private-Equity-Fonds.

Die wichtigsten Anlageformen im Überblick

In diesem Kapitel erfahren Sie mehr über die einzelnen Anlageformen. Die Darstellung der Anlagen erfolgt in ihren jeweiligen Kategorien Geldwertanlagen und Sachwertanlagen. Ausgenommen werden in den ersten Betrachtungen die Investmentfonds. Ihnen ist ein eigenes Kapitel gewidmet.

Diese Geldwertanlagen sollten Sie kennen

Tagesgeldkonten und Festgeldkonten

Tagesgeld- oder Geldmarktkonten sind verzinste Konten, über deren Guthaben grundsätzlich täglich verfügt werden kann. Der Zinssatz orientiert sich an einem Referenzzinssatz (festgelegter Geldmarktzins) oder wird von der Bank in Abhängigkeit des angelegten Betrages bestimmt. Er kann sich jederzeit ändern.

Festgeldkonten oder Termineinlagen sind grundsätzlich für einen vorgegebenen Zeitraum fest vereinbarte Anlagen, deren Zins gleichfalls fest ist. Dieser orientiert sich an der Anlagesumme, dem Anlagezeitraum und dem Referenzzinssatz der Europäischen Zentralbank. Die Zinsen sind für den gewählten Anlagezeitraum fest und werden nach Ablauf gutgeschrieben. Festgelder werden für mindestens einen Monat, können aber auch für zwei, drei oder mehr Monate angelegt werden. Eine vorzeitige Verfügung über Termineinlagen ist in der Regel nicht möglich.

> **Tipp!**
>
> Tagesgeld- und Festgeldkonten eignen sich zum kurzfristigen Parken für Rücklagen, die schnell verfügbar sein müssen, oder für Gelder, die vorübergehend untergebracht werden sollen. Als längerfristige Anlage zur Kapitalbildung eignen sich die Anlagen auf Konten eher nicht.

Bedarf an kurzfristigen Anlagemöglichkeiten besteht immer. Vor allem in Zeiten unsicherer Börsenentwicklungen steigt die Nachfrage nach sicheren Anlagehäfen deutlich an. Das wissen natürlich auch die *Kurzfristige* Banken und bieten oft gute Konditionen, um neue Kunden zu *Anlage* gewinnen. Es lohnt sich, die Angebote genau zu studieren. Banken sind keine Wohlfahrtsinstitute. Anlagekonten mit hohen Zinsen sind für sie auf Dauer unrentabel. Oft entpuppen sich daher die Offerten als reine Lockangebote, die aber nur kurze Zeit gültig sind und nur für bestimmte Anlagesummen gelten. Oder die Anlage auf einem hochverzinsten Tagesgeldkonto ist verbunden mit dem gleichzeitigen Ankauf eines hauseigenen Investmentfonds, dessen Ausgabeaufschlag die Rendite nahezu wieder aufzehrt. Denken Sie auch daran, dass Sie für jedes neue Konto, das Sie eröffnen, Ihre persönlichen Daten hergeben müssen und Einblick in Ihre Schufa-Datei genommen wird. Und mit jeder neuen Verbindung erhalten Sie auch wieder neue Geheimnummern, Pins und Tan-Nummern.

Vor allem ausländische Banken drängen mit Spitzenkonditionen auf den deutschen Markt. Oft sind diese Institute bzw. die dort angelegten Gelder nicht durch den Einlagensicherungsfonds des Bundesverbandes deutscher Banken gedeckt, sondern bieten allenfalls eine Mindestsicherung von 20.000 Euro pro Kunde. Der Anleger muss aber einen Selbstbehalt von 10 Prozent tragen. Von 20.000 Euro würden für den Fall einer Bankenpleite nur 18.000 Euro zurückgezahlt werden.

Tipp!

Konditionenvergleiche und Informationen zu den Anbietern können vielfach über das Internet abgefragt werden. Eine gute Webseite mit vielen Informationen und Vergleichen zu den verschiedensten Finanzthemen finden Sie beispielsweise auf www.biallo.de.

Spareinlagen

Spareinlagen sind Gelder, die nicht für den Zahlungsverkehr bestimmt sind und für einen bestimmten Zeitraum fest verzinst angelegt werden In der Regel wird für Spareinlagen eine Urkunde ausgegeben.

Das Sparbuch ist sicher noch eine der bekanntesten Formen der Geldanlage – und nach wie vor eine der am stärksten verbreiteten, auch wenn die durchschnittliche Rendite nicht einmal ausreicht, um mit der Inflation Schritt zu halten. Bis zu einer Summe von 2.000 Euro im Monat kann über die auf einem Sparbuch befindlichen Spareinlagen täglich verfügt werden. Darüber hinausgehende Guthaben unterliegen einer vierteljährlichen Kündigungsfrist. Einige Kreditinstitute bieten jedoch gegen Abschlagszins (also den Verzicht auf einen Teil der erwirtschafteten Zinsen) auch die sofortige Auszahlung an.

Mittlerweile verliert das Sparbuch gegenüber Anlagen auf dem Tagesgeldkonto, das bei gleicher Sicherheit mehr Rendite und höhere Liquidität bietet, an Interessenten. Häufig wird es jedoch noch als Mietkautionskonto verwendet.

Sparpläne

Gerne offerieren die Banken heute Sparangebote, die unter kreativen Namen wie Bonussparen, Wachstumssparen, Kombisparen, Zielsparen, Super-Sparen und ähnlichen auf den Markt bzw. an den Banktresen gebracht werden. Oft scheinen die Produkte sehr attraktiv zu sein, bei näherer Betrachtung wird jedoch meist der Haken an der Sache deutlich.

Das Muster der Angebote ist oft ähnlich: Die Bank zahlt nur einen niedrigen Basiszins und peppt die Spareinlage mit einem vermeintlich hohen Bonus auf. Diesen zahlt sie jedoch nur auf eine im Verhältnis zum Sparkapital geringe Summe, etwa auf die Zinsen am Laufzeitende oder auf den erstmalig investierten Beitrag. Die tatsächliche Rendite des Sparplans erhöht sich dadurch allerdings meist nur um wenige Prozentpunkte – und oft wird die tatsächliche Rendite gar nicht angegeben. Stattdessen wird mit einer „durchschnittlichen Wertsteigerung" oder „jährlichen Entwicklung" geworben, die die wahre Rendite von Einmalanlagen mit Zinsansammlung nicht darstellen.

Achtung!

Die Angebote sind von Bank zu Bank so unterschiedlich und für den Sparer so unübersichtlich, dass man sie praktisch nicht vergleichen kann. Hier hilft nur ein genaues Lesen des Kleingedruckten. Eine mögliche Unterstützung bieten auch spezielle Renditerechner, wie sie beispielsweise von der Stiftung Warentest zur Verfügung gestellt werden. Außerdem werden in der Zeitschrift Finanztest regelmäßig Angebote verschiedener Banken unter die Lupe genommen und gegenübergestellt. Oft stellt sich heraus, dass die tatsächlichen Renditen eher weniger attraktiv sind.

Einlagen auf Konten, etwa die Sichtguthaben auf Girokonten, Tages- und Festgelder und Spareinlagen, sind in Deutschland gegen eine Insolvenz des kontoführenden Instituts geschützt. Diese Einlagensicherung steht auf zwei Beinen: Zunächst gibt es die gesetzliche Einlagensicherung, der jedes private Kreditinstitut angehören muss, sofern es nicht Mitglied in einer weiteren Institutssicherung ist. Die gesetzliche Einlagensicherung garantiert dem Kunden, dass für den Fall einer Insolvenz 90 Prozent seiner Einlagen geschützt sind – bis maximal 20.000 Euro. Daneben bestehen über die gesetzliche Einlagensicherung hinausgehende freiwillige Einlagensicherungseinrichtungen der Bankenverbände. Durch den Einlagensicherungsfonds des Bundesverbandes deutscher Banken sind die Guthaben jedes einzelnen Kunden bei den privaten Banken bis zur Höhe von 30 Prozent des maßgeblichen haftenden Eigenkapitals der jeweiligen Bank zum Zeitpunkt des letzten veröffentlichten Jahresabschlusses voll gesichert.

Sichtguthaben

Wie und in welcher Höhe das Geld bei einer Bank abgesichert ist, erfahren Sie meistens im Preisaushang oder in den allgemeinen Geschäftsbedingungen der Bank. Steht darin, dass die Bank nur der „Entschädigungseinrichtung der deutschen Banken GmbH" angehört, besteht hier nur der gesetzliche Schutz. Auch unter www.bankenverband.de kann die Höhe der Einlagensicherung nachgefragt werden.

Bausparen

Ein Bausparvertrag beginnt mit einer Sparphase, in der Eigenkapital angespart wird. Das Ziel besteht darin, nach Erreichen bestimmter Voraussetzungen die Zuteilung der Bausparsumme zu erhalten. Die Bausparsumme setzt sich zusammen aus dem angesparten Guthaben und einem zinsgünstigen Darlehen. Nach der Auszahlung folgt die Tilgungsphase, in der das Darlehen zurückgezahlt wird.

Die Konditionen sind bereits mit Vertragsabschluss festgeschrieben und garantiert, obwohl das Darlehen erst nach mehreren Jahren in Anspruch genommen wird. Der Anleger sichert sich so ein zinsgünstiges Darlehen in der Zukunft, das von einer möglichen Hochzinsphase nicht betroffen wird. Dafür erhält er in der Ansparphase auf das eingezahlte Kapitel einen meist niedrigeren Guthabenzins. Um die Zuteilung des Darlehens zu erhalten, muss in der Regel ein Mindestsparguthaben in Prozent der Bausparsumme und eine bestimmte Sparzeit erreicht werden.

Durch unterschiedliche Bauspartarife wird in den letzten Jahren immer flexibler auf unterschiedliche Ansprüche der Anleger eingegangen. Es gibt Tarife für niedrige Zinsen, für niedrige Zuteilungszeiten oder auch für die höchsten Guthabenzinsen. Außerdem gibt es Tarife für Bausparer, die noch kein festes Objekt oder keine konkrete Planung haben und innerhalb ihres Vertrages zwischen alternativen Varianten wählen können. Auch hier lohnt ein Vergleich der einzelnen Anbieter untereinander und eine genaue Prüfung der Vertragsbedingungen. Im Online-Angebot der Stiftung Warentest finden sich Rechner, die beispielsweise die Effektivverzinsung eines Bauspardarlehens transparent machen können.

Vielseitige Verwendung Aufgrund ihrer gestiegenen Flexibilität und vielseitigen Verwendungsmöglichkeiten haben Bausparverträge nach wie vor ihre Daseinsberechtigung. Die Grundidee des Bausparens beruht zwar darauf, dass mit dem Darlehen ein Haus oder eine Wohnung gekauft wird. Das Darlehen kann aber durchaus auch für andere Ausgaben verwendet werden, die mit dem Eigenheim oder sogar einer Mietwohnung zu tun haben, beispielsweise zur Begleichung von Gebühren und Steuern, die beim Kauf von Wohneigentum anfallen. Eine wohnwirtschaftliche Verwendung kann auch eine Modernisierung am Haus selbst, der Umbau des Badezimmers, eine Küchenrenovierung oder der Einbau eines neuen Warmwasserboilers sein. Sogar zur Auszahlung von Erben kann ein Bausparvertrag verwendet werden, wenn es sich bei der Erbschaft um ein Haus handelt.

Tipp!

Manchmal gewähren Bausparkassen bei rückwirkendem Verzicht auf das Darlehen einen interessanten Guthabenszins, der im Nachhinein einmalig für jedes Jahr ausgezahlt wird. Können in der Sparphase noch staatliche Förderungen in Anspruch genommen werden, kann trotz Wartezeiten und Mindestguthaben eine durchaus attraktive Rendite erreicht werden.

Anleihen, festverzinsliche Wertpapiere, Rentenpapiere

Der Käufer einer Anleihe „leiht" quasi dem Herausgeber der Anleihe dieses Geld für eine festgelegte Laufzeit und bekommt dafür Zinszahlungen. Die Anleihen lauten auf einen bestimmten Nennwert, der 100, 1000 oder ein Vielfaches davon betragen kann. Auf den Nennwert – und nicht auf den Kaufpreis – werden Zinsen bezahlt. Nach Ablauf der Laufzeit wird das Geld zu 100 Prozent des Nennwertes wieder zurückgezahlt.

Bei festverzinslichen Anleihen bleibt der Zinssatz während der gesamten Laufzeit der Anleihe konstant. Bei variabel verzinslichen Anleihen werden die Zinsen periodisch gemäß den vereinbarten Bedingungen angepasst.

Schuldner einer Anleihe können Staaten, Länder, Gemeinden, Banken und Unternehmen sein. Nach der Handelsart unterscheidet man börsennotierte (zum Beispiel Staats- und Unternehmensanleihen) und nicht börsennotierte Anleihen (zum Beispiel Bundesschatzbriefe). Die nicht börsennotierten Wertpapiere – Bundesschatzbrief und Finanzierungsschätze – dienen dem Bund zur Beschaffung von Geldern für eine mittelfristige Zeit.

Die Zinsen von Bundesschatzbriefen steigen jedes Jahr in einem festgesetzten Ausmaß an. Der Bundesschatzbrief Typ A hat eine Laufzeit von sechs Jahren, die Zinsen werden jährlich nachträglich gezahlt. Typ B hat eine Laufzeit von sieben Jahren. Die gesamten angesammelten Zinsen mit Zinseszinsen werden dem Nennwert erst bei der Rückzahlung zugeschlagen.

Finanzierungsschätze haben eine Laufzeit von einem oder zwei Jahren. Sie sind abgezinste Wertpapiere – das heißt, die Zinsen werden beim Kauf des Papiers vom Nennwert abgezogen. Am Ende der Laufzeit wird der volle Nennwert zurückgezahlt.

Alle Bundeswertpapiere können bei der Bundeswertpapierverwaltung kostenfrei deponiert werden. Bundesschatzbriefe können nach dem ersten Laufzeitenjahr bis zu 5.000 Euro pro Monat an den Bund wieder zurück verkauft werden, Finanzierungsschätze können während der Laufzeit nicht verkauft werden.

Beispiel

Tina Schuster möchte 20.000 Euro kurzfristig anlegen. Sie überlegt, dafür Bundesschatzbriefe zu kaufen. Ihre Beraterin rät ihr jedoch davon ab. Bei Bundesschatzbriefen liegt das Geld für ein Jahr fest, anschließend ist ein Verkauf von jeweils 5.000 Euro alle 30 Tage möglich. Für eine kurzfristige Geldanlage sind Festgeld- oder Tagesgeldkonten besser geeignet.

Zerobonds

Zerobonds, oder auch kurz Zeros, sind eine besondere Art von festverzinslichen Wertpapieren. Zeros haben während der gesamten Laufzeit keine Zinszahlungen. Der Zinsertrag ergibt sich aus dem Unterschied zwischen dem Anlagebetrag und dem Rückzahlungsbetrag (ähnlich wie bei dem Bundesschatzbrief Typ B) und fließt am Ende der Laufzeit zu. Auch für den Zerobond wird der nominelle Zinssatz zum Zeitpunkt der Ausgabe festgelegt. Zinsschwankungen am Kapitalmarkt schlagen sich somit stärker als bei Anleihen mit laufender Zinszahlung im Kurs nieder.

Tipp!

Mit Zerobonds können Zinszuflüsse nach persönlichem Bedarf gestaltet werden. Während der Laufzeit muss sich der Anleger nicht um die Wiederanlage der Erträge kümmern, ein Zinseszinseffekt wird optimal ausgenutzt. Der spätere Zufluss der gesamten Zinsen kann in eine steuerlich günstigere Phase gelegt werden.

Anlegen in Geldwertanlagen: Das sollten Sie wissen

Bei einer Geldwertanlage sind Sie der Kapitalgeber und geben dem Schuldner – einer Bank, einem Unternehmen, einem Land oder Staat – sozusagen Geld zur Leihe. Wichtigstes Auswahlkriterium sollte daher die Qualität Ihres Partners sein, also seine Bonität oder Kreditwürdigkeit. Hier zählen die Fragen nach der Einlagensicherung für Tagesgelder oder auch Bausparkassen dazu genauso wie die Überprüfung der Qualität der Herausgeber von Anleihen, die Emittentenbonität. Wenn Sie eine Anleihe mit wohlklingende Namen und verlockenden Zinsen vor sich haben, stellen Sie sich oder dem Berater folgende Fragen:

- Wie finanzstark und zuverlässig ist der Schuldner?
- In welcher politischen, wirtschaftlichen und finanziellen Situation befindet er sich?
- Wie sicher ist die Rückzahlung einer Anleihe?
- Wie sicher sind regelmäßige Zinszahlungen?
- Wie hoch ist das Risiko, dass der Schuldner einmal ausfallen könnte?

Diese Fragen betreffen sowohl Unternehmen als auch ausländische Staaten und Länder. Je schlechter die Bonität zu beurteilen ist, desto höhere Zinsen wird ein Emittent bezahlen müssen, um für seine Anleihen Käufer zu finden. Aber auch während der Laufzeit kann sich die Zahlungsfähigkeit eines Schuldners verschlechtern. Eine Verschlechterung der Bonität führt meist zu einem deutlichen Kursabschlag des betreffenden Wertpapiers. Im schlimmsten Fall kann der Schuldner zahlungsunfähig werden und Zins- und/oder Tilgungsleistungen nicht fristgerecht erbringen. Das Bonitätsrisiko spielt eine umso größere Rolle, je länger die Laufzeit der betreffenden Schuldverschreibungen währt.

Beispiel

Wie so viele seiner Kollegen hatte auch Henning Hoffmann vor zehn Jahren Argentinienanleihen in seinem Depot. Ende der 90er Jahre und Anfang 2000 waren die hochverzinslichen Argentinienanleihen in aller Munde und in jeder Anlegerzeitschrift. Zinsen von bis über 10 Prozent pro Jahr ließen viele Anleger zugreifen. Alle Rating-Agenturen haben die argentinische Wirtschaft trotz Rezession als aufstrebend und stabil bezeichnet. Der Schock kam 2002: Über Nacht brach das argentinische Finanzsystem zusammen und der Staat stellte sämtliche Zinszahlungen und Tilgungszahlungen für argentinische Staatsanleihen inklusive Anleihen der Provinz Buenos Aires ein. Die Anleihen liegen seitdem quasi wertlos in Hennings Depot – wie auch in den Depots vieler weiterer Anleger. Noch heute warten Tausende von Gläubigern auf die zumindest teilweise Rückerstattung des investierten Geldes, von ausstehenden Zinszahlungen ganz zu schweigen. Trotz einer wirtschaftlichen Erholung weigert sich die argentinische Regierung nach wie vor, säumiges Geld zurückzuzahlen und gibt weiterhin Insolvenz als Hinderungsgrund an.

In den vergangenen Jahren hat das Interesse an Unternehmensanleihen stark zugenommen. Wie Auslandsanleihen bieten auch Unternehmensanleihen höhere Zinsen als Anleihen des Bundes. Die höheren Zinsen sind quasi Entschädigung für eingegangene höhere Risiken – im Vergleich zu risikoneutralen Bundespapieren. Im Gegensatz zum Bund können Unternehmen pleite gehen oder ausländische Länder ihren Zahlungsverpflichtungen nicht nachkommen.

Eine erste Hilfe zur Beurteilung der Bonität der einzelnen Emittenten bieten Analyseunternehmen, sogenannte Rating-Agenturen. Weltweit führend sind die beiden amerikanischen Rating-Agenturen *Standard & Poors (S&P)* und *Moody's*. Das Rating gibt Aufschluss darüber, wie kreditwürdig ein Unternehmen oder ein Staat ist. Ein dreifaches A (englisch: Triple A) bedeutet, dass es sich bei dem Emittenten um einen Schuldner erstklassiger Bonität handelt. Als erstklassig eingestuft werden Emittenten wie zum Beispiel die Bundesrepublik Deutschland. Unternehmen erhalten in der Regel kein Triple-A-Rating. Ein D deutet auf Zahlungsschwierigkeiten des Schuldners, wie zum Beispiel auf eine bereits notleidende Rückzahlung, hin.

Achtung!

Grundsätzlich gilt: Je niedriger das Rating, desto höher ist das Unternehmen verschuldet. Die Aussichten von Anleihen sind gut, solange ein Unternehmen die Schulden tilgen kann. Gerät ein Unternehmen in Zahlungsschwierigkeiten, können Zahlungsausfälle die Folge sein. Dann werden Zinsen verspätet oder gar nicht gezahlt. Auch die Rückzahlung der Anleihen kann gefährdet sein.

Ein gutes Rating ist allerdings auch keine Garantie für die Qualität einer Anleihe. Immer wieder stehen die Agenturen aufgrund der nicht immer verlässlichen Bewertungsmethoden im Kreuzfeuer der Kritik. Ratings beruhen auf Daten der Vergangenheit und geben Beurteilungen der momentanen Situation des Schuldners zum Zeitpunkt der Ratingvergabe wieder. Eine Gewährleistung für die Zukunft kann darauf nicht begründet werden.

Geldwertanlagen haben in erster Linie einen höheren Sicherheitsaspekt als Sachwertanlagen. Wenn Sie nicht gerade hochriskante Unternehmensanleihen im Depot halten, schwanken Geldwertanlagen deutlich weniger im Kurs als beispielsweise Aktien. Dennoch können Zinspapiere während ihrer Laufzeit auch Kursänderungen unterliegen. Dieser preisbestimmende Faktor wird durch das generelle Zinsumfeld gebildet. Da bei festverzinslichen Wertpapieren die Zinsen während der Laufzeit nicht variiert werden können, unterliegt der Kurs der Papiere den allgemeinen Zinsänderungsrisiken am Markt. Steigen die Zinsen am Markt, gehen die Kurse bereits am Markt befindlicher Rentenpapiere zurück, sinken die Zinsen am Markt, steigen die Kursnotierungen an. Grundsätzlich passen sich die Kurse immer an das Marktzinsniveau an.

Angebot und Nachfrage Am einfachsten lässt sich dieses Prinzip über die Wirkungsweise von Angebot und Nachfrage beschreiben: Ein festverzinsliches Wertpapier wird zum Kurs von 100 Euro emittiert und zahlt einen Zins von 4 Prozent. Der allgemeine Marktzins für ein Jahr beträgt gleichfalls 4 Prozent. Nun wird der Zins am Markt auf 3 Prozent gesenkt. Verständlicherweise ist das Wertpapier, das nach wie vor 4 Prozent zahlt (der Zins kann nicht verändert werden) stark gefragt. Aufgrund der starken Nachfrage steigt der Preis auf 101 Euro. Zieht man nun von den gezahlten 4 Prozent den einen Euro Mehrpreis wieder ab, ergibt sich wieder genau das Marktniveau von 3 Prozent. Genau gegengerichtet funktioniert diese Wirkungsweise bei steigenden Marktzinsen.

Eine andere Veranschaulichung folgt dem Prinzip funktionierender Märkte, auf denen eine 100-prozentige Transparenz dafür sorgt, dass es keine oder nur kurzzeitig vorhandene Möglichkeiten zur Arbitrage, also das Ausnutzen von Preisunterschieden gibt. Im obigen Beispiel würden alle Anleger einen Kredit mit 3 Prozent aufnehmen, um damit den Kauf der Anleihe zu 4 Prozent zu finanzieren, und hätten nach Rückzahlung des Kredites 1 Prozent Gewinn gemacht. Auch hier wirkt das Prinzip von Angebot und Nachfrage selbstregulierend – und der Kurs der Anleihe steigt auf 101 Euro.

Beim Kauf einer Anleihe werden die bis zu dem Tag angelaufenen anteiligen Zinsen als Stückzinsen dem Tageskurs hinzu geschlagen. Ist beispielsweise der Termin der Zinszahlung am 1. März und das Kaufdatum am 8. August, so werden alle Zinsen, die pro Tag seit dem 1. März bis zum 8. August aufgelaufen sind, dem Kaufpreis hinzugerechnet. Auf diese Weise bekommt der Besitzer einer Anleihe zum Zinstermin genau den Betrag, der seiner Haltedauer entspricht: Der gesamte Zinsertrag, gemindert um die gezahlten Stückzinsen, ergibt den Zinsbetrag, der dem Anleger zusteht.

Geldwertanlagen sind als Fundament Ihres Vermögenshauses bestens geeignet. Sie fungieren als Risikopuffer und zur Sicherstellung der benötigten Liquidität. Sie dienen der Umsetzung kurzfristiger Ziele und befriedigen die Bedürfnisse eher risikoscheuer und sicherheitsbewusster Anleger. Auf lange Sicht ist aber bei Berücksichtigung der Inflation mit Geldwertanlagen keine Kapitalvermehrung möglich, sondern allenfalls ein Kapitalerhalt. Die meisten Geldwertanlagen sind keine geeignete Alternative, um langfristig für das Alter vorzusorgen.

Diese Sachwertanlagen sollten Sie kennen

Aktien

Eine Aktie ist: auch nur ein Wertpapier. Sie verbrieft die Beteiligung seines Inhabers – des Aktionärs – am Grundkapital eines Unternehmens, der Aktiengesellschaft. Der Inhaber einer Aktie ist zu einem Bruchteil Miteigentümer an einem Unternehmen

Die Idee einer Aktiengesellschaft ist im Grunde ganz simpel: Aktien finanzieren Aktiengesellschaften. Viele Personen bringen das Kapital auf, das für Betrieb und Weiterleben eines Unternehmens notwendig ist. Diese Personen, die Aktionäre werden – wie Unternehmer – an der wirtschaftlichen Entwicklung des Unternehmens beteiligt und teilen sich die Chancen, aber auch die Risiken des Unternehmens. Im Fall eines Konkurses sind die Aktien nichts mehr wert und der Aktionär verliert seinen Kapitaleinsatz.

Aktien werden entweder als Nennwertaktie mit einem festen Nennwert oder als Quoten- oder Stückaktie ohne festen Nennwert ausgegeben. Der Nennwert einer Aktie ist der Anteil am Grundkapital des Unternehmens.

Die häufigste Form einer Aktie ist die Stammaktie. Ein Aktionär dieser Aktie besitzt entsprechend seines Anteils am Grundkapital des Unternehmens weitere Rechte, wie zum Beispiel Stimmrechte in der Hauptversammlung und Anspruch auf die Dividende, die in der Hauptversammlung zur Ausschüttung beschlossen wird.

Anders als bei festverzinslichen Wertpapieren ist der Ausschüttungsbetrag nicht festgelegt, sondern wird jedes Jahr neu bestimmt. Erwirtschaftet ein Unternehmen Gewinn, wird dieser üblicherweise aufgeteilt: Ein Teil verbleibt im Unternehmen für Rücklagen, Anschaffungen oder Investitionen, ein anderer Teil wird als Dividende an die Aktionäre ausgeschüttet. Macht das Unternehmen in einem Jahr Verluste, kann eine Dividende auch herabgesetzt werden oder ganz ausfallen.

Neben den gezahlten Dividenden bestimmt sich der „Ertrag" einer Aktie maßgeblich aus ihrer Kursentwicklung. Für viele Anleger ist die Dividende eher zweitrangig, nur aus der Kursentwicklung bestimmt sich für sie der Erfolg einer Aktienanlage. Kosten für Erwerb, Veräußerung und die Depotführung müssen bei der Rendite gleichfalls mit ins Kalkül gezogen werden.

Gekauft und verkauft werden die Aktien nicht zu ihrem Nennwert, sondern zum Kurswert –der Preis, den Sie als Anleger beim Kauf von Aktien zahlen müssen oder beim Verkauf erhalten.

Den Marktplatz für den Aktienhandel – die Börse – stellen sich viele Leute gerne als großen Saal vor, mit Aktienkurven auf flimmernden Bildschirmen, elektronischen Anzeigetafeln, auf denen laufend Zahlen durchrattern, und vielen hektischen Menschen, die lauthals durcheinander schreien und nervöse Handzeichen durch die Luft geben. Dieses Bild wird auch oft in den Medien gezeigt und kann in der Tat noch genauso angetroffen werden – man spricht hier vom Parkett oder Börsensaal. Einer der bekanntesten Börsenplätze in Deutschland ist die Börse in Frankfurt. Das Parkett wird jedoch zunehmend von dem elektronischen Handel abgelöst, die Aufgabe der Börsenhändler übernimmt ein Computersystem (das sogenannte XETRA-System).

Von den vielen tausend Aktienunternehmen in Deutschland ist nur eine relativ geringe Zahl an der Börse notiert. Die nicht börsennotierten Unternehmen sind zum Großteil familiengeführt oder im Privatbesitz einiger weniger Aktionäre.

Achtung!

Aktie ist nicht gleich Aktie. Man spricht von Blue Chips oder auch Standardwerten, wenn Aktien großer und bekannter Unternehmen mit hoher Marktkapitalisierung gemeint sind. Aktien kleinerer Unternehmen, deren Eigenkapital und Marktkapitalisierung eher gering sind, werden als Nebenwerte oder auch Small Caps bezeichnet, Aktien von Unternehmen mittlerer Größe gelten entsprechend als Mid Caps.

Die Wertentwicklung einer bestimmten Anzahl von Aktien wird zu einem Durchschnittswert zusammengefasst, einem Aktienindex. Die darin vertretenen Aktien können entweder aus einem Aktiensegment stammen, der gleichen Branche (sogenannte Branchenindizes) oder einen Querschnitt aus verschiedenen Branchen darstellen.

Aktienindex

Der Blick auf einen Index spiegelt die Grundtendenz an einem Kapitalmarkt wider oder zeigt den Kursverlauf eines Landes oder einer Branche. Indizes dienen als Indikatoren für das Marktgeschehen, als Maßstab („Benchmark") für Investoren oder als Basis für andere Produkte wie zum Beispiel Termingeschäfte.

Die Zusammenstellung der Aktienindizes fällt sehr unterschiedlich aus. In den meisten Fällen sind die Einzelaktien nach ihrer Marktkapitalisierung gewichtet, so zum Beispiel im größten deutschen Aktienindex, dem DAX. Die Marktkapitalisierung, auch Börsenkapitalisierung oder Börsenwert genannt, einer Aktiengesellschaft ergibt sich aus der Multiplikation von Aktienkurs und der gesamten Anzahl der ausgegebenen Aktien des Unternehmens.

NAME	Gewichtung im DAX in Prozent	Marktkapitalisierung in Mio. Euro
ADIDAS AG O.N.	1,19	5.252,01
ALLIANZ SE VNA O.N.	7,68	33.978,75
BASF SE O.N.	5,76	25.487,20
BAY.MOTOREN WERKE AG ST	1,57	6.935,16
BAYER AG O.N.	7,18	31.758,41
BEIERSDORF AG O.N.	0,77	3.423,92
COMMERZBANK AG O.N.	1,00	4.413,93
DAIMLER AG NA O.N.	5,38	23.798,98
DEUTSCHE BANK AG NA O.N.	3,59	15.887,01
DEUTSCHE BOERSE NA O.N.	2,24	9.906,00
DEUTSCHE POST AG NA O.N.	2,26	10.007,57
DEUTSCHE POSTBANK AG NA	0,29	1.276,86
DT.TELEKOM AG NA	7,24	32.021,90
E.ON AG NA	10,38	45.920,87
FRESEN.MED.CARE KGAA ST	1,41	6.238,94
HENKEL AG+CO.KGAA VZO	0,91	4.024,70
INFINEON TECH.AG NA O.N.	0,16	719,75
K+S AG O.N.	1,18	5.227,90
LINDE AG O.N.	2,28	10.084,10
LUFTHANSA AG VNA O.N.	1,16	5.124,32
MAN AG ST O.N.	0,86	3.826,43
MERCK KGAA O.N.	0,94	4.168,71
METRO AG ST O.N.	0,71	3.160,37
MUENCH.RUECKVERS.VNA O.N.	5,18	22.910,82
RWE AG ST O.N.	5,86	25.942,55
SALZGITTER AG O.N.	0,47	2.099,55
SAP AG O.N.	4,98	22.055,88
SIEMENS AG NA	9,72	43.021,54
THYSSENKRUPP AG O.N.	1,43	6.334,71
VOLKSWAGEN AG ST O.N.	6,22	27.515,73

Deutsche Börse, Stand 30.12.2008

Der größte weltweite Index, der MSCI Welt, der ungefähr 1.400 Unternehmen aus etwa 24 Ländern umfasst, und die globale Entwicklung der Aktienmärkte misst, wurde vom US-Investmenthaus Morgan Stanley entwickelt.

Anlegen in Aktien: Das sollten Sie wissen!

Die meisten von Ihnen kennen sicherlich die Skulpturen „Bulle und Bär" vor der Frankfurter Börse. Die Skulpturen stehen für die Entwicklung an der Börse: Der Bär symbolisiert fallende Kurse, während der Bulle mit steigenden Kursen rechnet. Das Bild wurde aus dem Angriffsverhalten der Tiere entlehnt: Der Bulle stößt mit seinen Hörnern von unten nach oben, während der Bär mit seiner Tatze von oben nach unten schlägt. Auf die Aktienmärkte übertragen heißt das: Der Bär drückt mit seiner Tatze die Kurse nach unten, während der Bulle mit seinen Hörnern die Kurse nach oben stößt.

Der Markplatz unterliegt strengen Anforderungen und wird durch Aufsichtsorgane kontinuierlich kontrolliert. Ein Anleger kann dort jedoch nicht persönlich seine Wertpapiere kaufen oder verkaufen. An den deutschen Börsen dürfen nur amtlich bestellte und vereidigte Kursmakler sowie Vertreter von Banken handeln. Die Börse nimmt eine Art Vermittler- oder auch Maklerrolle zwischen Käufern und Verkäufern ein. Hierbei wird der Preis eines Wertpapiers festgelegt, der sogenannte Kurs, der sich aus Angebot und Nachfrage nach einer Aktie ergibt.

Angebot und Nachfrage werden von den Erwartungen der Anleger bestimmt. Die Erwartungen der Anleger wiederum werden von einer Vielzahl von Faktoren beeinflusst, die in ihrer Gesamtheit und Bedeutung für den Einzelnen oft unübersichtlich und in der Regel auch nicht ersichtlich sind.

Positive oder negative Nachrichten über das Unternehmen beeinflussen die Einschätzung der Anleger und bestimmen so den Kursverlauf. Eine positive Entwicklung des Unternehmens schlägt sich in der Regel in steigenden Aktienkursen nieder, negative Nachrichten lösen in aller Regel Kursverluste aus. Die Einschätzungen über die zukünftige Entwicklung eines Unternehmens werden durch das wirtschaftliche Umfeld beeinflusst, von der Situation der Konkurrenten am Markt, durch politische Rahmenbedingungen und Veränderungen derselben, durch rechtliche Bestimmungen und Vorschriften, durch die generelle Lage der Weltwirtschaft sowie durch die Entwicklung von Währungen und Rohstoffpreisen. Aber auch wetter- und saisonbedingte Einflüsse können wichtig sein, genauso Naturkatastrophen und exogene, geopolitische Ereignisse, die niemand voraussagen kann.

Den größten Einfluss auf die Kursentwicklung haben aber die Emotionen der Anleger selbst. Angst und Gier, Hoffnung und Panik, irrationale Aktionen und Trendverhalten überlagern oft die fundamentalen Rahmenbedingungen und bestimmen

Einfluss durch Anleger-emotion

221

die Entwicklung einer Aktie. Emotionen und Stimmungen der einzelnen Marktteilnehmer können an der Börse dazu führen, dass es zu Kursübertreibungen nach oben oder unten kommt. Die Psychologie spielt daher für die Wertentwicklung von Aktienmärkten zumindest kurzfristig eine nicht zu unterschätzende Rolle. Fazit: Die Kursentwicklung einer Aktie dauerhaft richtig vorherzusagen, ist daher schlichtweg unmöglich.

Sehr oft wird im Zusammenhang mit Aktien von Risiken gesprochen – und viele Menschen scheuen die Anlage in Aktien aufgrund der „vielen Risiken" und der Unübersichtlichkeit der Informationsflut. Doch welches Risiko haben Aktien eigentlich?

Das Risiko besteht im schlechtesten Fall im Totalverlust des investierten Kapitals. Auch wenn durchaus Unternehmen Konkurs gehen, kommt dieser Fall dennoch weitaus seltener vor als generell befürchtet.

Das viel größere Risiko ist das Schwankungsrisiko – und zwar das nach unten: Just in dem Moment, in dem man Geld braucht, befindet sich die Anlage im Verlust – oder der Zeithorizont, innerhalb dessen der Anleger sein Geld wieder braucht, ist zu kurz, um einen Verlust wieder auszugleichen und gar Gewinne zu machen. Die zum Teil heftigen Kurseinbrüche in den vergangenen Jahren tragen viel zu der Zurückhaltung vieler Anleger gegenüber Aktien bei.

Aktienkurse schwanken – und dennoch sind Aktien als langfristige Anlagen nach wie vor eine der rentabelsten und sichersten Vermögensanlagen. Historisch gesehen war die Anlage am Aktienmarkt im langfristigen Vergleich meist erfolgreicher als andere Anlageformen. Noch deutlicher wird der Renditevorsprung der Aktie, wenn man die Durchschnittsrenditen nach Abzug der Steuern und unter Berücksichtigung der Geldentwertung betrachtet. Für eine langfristig höhere Rendite müssen dafür oft kurzfristig deutlich höhere Schwankungen in Kauf genommen werden als beispielsweise bei einem festverzinslichen Wertpapier.

Als Spekulationsobjekt zur raschen Geldvermehrung sind Aktien eher unzweckmäßig. Kurzfristiges Handeln – Trading – mag für diejenigen Anlieger gut sein, die täglich das Börsengeschehen verfolgen sowie den Kick und das Herzklopfen brauchen, durch geschicktes Kaufen und Verkaufen Gewinne zu machen. Auf Dauer ist damit noch niemand reich geworden. Das Risiko, kurzfristig in einen Kurseinbruch zu geraten, ist viel zu groß. Sicher mag in dem einen oder anderen Fall die Strategie erfolgreich sein, für die meisten Anleger bedeutet sie jedoch nur Mehrkosten an Provisionen und Gebühren. Ob die neu erworbene Aktie tatsächlich eine höhere Rendite bietet als die verkaufte, ist meist unsicher –die Kosten der Umschichtung hingegen sind sicher. Die erwirtschafteten Spekulationsgewinne müssen so groß sein, dass die Mehrkosten übertroffen werden, damit tatsächlich ein Gewinn für den Anleger verbleibt. Viele Studien zeigen jedoch, dass langfristig ausgerichtete Anlagestrategien nicht nur bei Berücksichtigung von Kosten fast immer deutlich besser abschneiden als kurzfristiges Trading.

Eine Langfriststrategie berücksichtigt einen ausreichenden Anlagehorizont, in dem trotz kurzfristiger Schwankungen die langfristige Kursentwicklung einer Aktienanlage reifen kann. Kurzfristige Störfaktoren und Kursschwankungen rücken hinter nachhaltigen wirtschaftlichen Fakten in den Hintergrund. Das wichtigste Kriterium für den Kauf oder Verkauf einer Aktie ist die langfristige zukünftige Entwicklung. Kommt es zu Kursrückschlägen, muss man sich immer die folgenden Fragen stellen:

• Hat sich an den grundsätzlichen Aussichten etwas verändert?

• Stimmen die Rahmenbedingungen für den zukünftigen Fortschritt des Unternehmens noch?

• Würde man die Aktie, wäre sie nicht schon im Depot, zum jetzigen Kurs kaufen?

Wie schwierig die Prognose und Einschätzung künftiger Kursentwicklungen sind, sollen Ihnen nachfolgend die verschiedenen Charts anschaulich illustrieren. Antworten Sie ganz spontan auf die jeweiligen Fragen, ohne weitere Kenntnisse des Unternehmens oder des Börsenumfeldes zu dem jeweiligen Zeitpunkt.

Wären Sie gern in dieser Aktie investiert gewesen?

Nach dem ersten Anstieg ganz schön langweilig.....oder?

223

Aber so sieht es doch schon besser aus:

Was meinen Sie? Hier wären Sie sicherlich gerne dabei gewesen, nicht wahr?

Aber dann – wären Sie immer noch gerne investiert gewesen?

Betrachten wir den Zeitraum von 1998 bis 2003, war eine Anlage nicht lohnenswert. Insgesamt gesehen – also bis 2008 – wäre aber ein Verweilen mit der Aktie doch nicht so schlecht gewesen: Die drei Grafiken zeigten den Kurs der Mc Donald´s-Aktie seit 1970. Nachfolgend sehen Sie noch einmal den gesamten Zeitraum von 1970 bis 2008 in einem Chart zusammengefasst.

Verlauf Mc Donald's 1970 - 2008

Tipp!
Don't put all your eggs into one basket! Erinnern Sie sich noch an die Grundsätze der Diversifikation? Der Kauf einer einzelnen Aktie stellt selbst für eine langfristig ausgerichtete Anlage keine vernünftige Investition dar.

Beispiel

Dieter Röll hatte richtig Glück – damals. Bei allen drei Börsengängen der Telekom war er zum Zuge gekommen. Und das war gar nicht so selbstverständlich, die Nachfrage war riesig und die Emissionen jeweils mehrfach überzeichnet. Tatsächlich war die Telekomaktie zu ihrem Börsengang 1996 so etwas wie eine Einstiegsdroge. Mit groß angelegten Werbekampagnen sollte das Unternehmen besonders auf Kleinanleger verteilt werden, was auch gelang. Viele Anleger kauften zum ersten Mal in ihrem Leben Aktien – die Anzahl von Aktionären stieg sogar beim zweiten und beim dritten Börsengang der Telekom. Und Herr Röll war jedes Mal dabei. Kostete die erste Aktie noch 28,50 DM (rund 14,57 Euro), waren es beim zweiten Mal schon 39,50 Euro und beim dritten Börsengang sogar 65 Euro. Die rasante Kursentwicklung lockte immer mehr Anleger in die Aktie, selbst als diese schon über 100 Euro kostete. Seitdem ist die Aktie um etwa 90 Prozent gefallen und dümpelt seit 2000 unter ihrem ersten Ausgabepreis in Dieter Rölls Depot.

Kursverlauf der Telekomaktie seit dem 18. November 1996

Ein sehr häufig zu beobachtendes Anlageverhalten ist, dass Menschen Verluste offensichtlich schwerer bewerten als Gewinne in gleicher Höhe. Ein Verlust von 1.000 Euro schmerzt deutlich mehr, als ein Gewinn von 1.000 Euro glücklich stimmt. Das führt dazu, dass Anleger Verluste bis zum bitteren Ende aussitzen, weil sie sie nicht realisieren wollen, und Gewinner-Aktien viel zu früh verkaufen. Daniel Kahneman, Psychologe und Wirtschafts-Nobelpreisträger, hat herausgefunden, dass der Mensch weniger riskieren will, wenn er sich auf der Gewinnerseite befindet. Hofft er dagegen, einen Verlust wettzumachen, geht er eher Risiken ein. Das ist genau die falsche Strategie.

Don't put all your egg into one basket

Um das Risiko einer einzelnen Aktie zu mildern, sollten Chancen und Risiken auf unterschiedliche Aktien aus verschiedenen Ländern und Branchen gestreut werden. So lassen sich Verluste aus einem Sektor durch Gewinne in einem anderen zum Teil ausgleichen.

Tipps für eine ausgewogene Anlagestreuung gibt es viele – und zum Teil widersprüchliche. In zahlreichen Fachzeitschriften, Newslettern und im Internet finden sich unzählige Empfehlungen bis hin zu mathematisch ausgeklügelten Strategien für die richtige Depotstrukturierung. Dabei gibt es einige wenige Grundregeln, die ein Anleger beherzigen sollte. Eine davon ist, den vielen Strategien und Anlagetipps von Experten oder auch „Börsen-Gurus" mit Vorsicht zu begegnen. Informieren Sie sich immer über mehrere Quellen und folgen Sie nicht blind einzelnen Empfehlungen. So viele Informationen wie möglich sollen ein klares Bild über das Unternehmen und seine möglichen Entwicklungen liefern. Wenn der Unternehmenszweck und die Ziele eines Unternehmens nicht eindeutig zu verstehen sind, hat die Aktie dieses Unternehmens im Depot nichts zu suchen.

Eine Streuung sollte über mehrere Länder erfolgen, sodass der Anlageerfolg nicht von der wirtschaftlichen Entwicklung eines einzigen Landes abhängig ist. Wählen Sie außerdem Aktien verschiedener Branchen. Innerhalb eines Konjunkturzyklus verhalten sich die einzelnen Branchen unterschiedlich. Gerät eine der Branchen in Turbulenzen, ist so nur ein Teil der Aktien betroffen.

Tipp!

Eine konsequente Streuung berücksichtigt neben den Aktien auch ausreichend liquide Mittel und weniger schwankungsanfällige Rentenpapiere. So können unvorhergesehene Ausgaben getätigt werden, ohne Aktien unter Wert verkaufen zu müssen. Für die Anlage in Aktien dürfen nur die Gelder in Frage kommen, über die Sie nicht kurzfristig verfügen wollen oder müssen.

Zertifikate

Ein Zertifikat ist ein Finanzinstrument, über das sich der Inhaber an der Kursentwicklung des dem Zertifikat zugrunde liegenden Wertpapiers oder Finanzinstrumentes beteiligen kann. Dies kann zum Beispiel eine Aktie, ein Index, ein Aktienkorb, eine bestimmte Menge eines Rohstoffes, ein Zins-Future oder auch ein Währungswechselkurs sein. Zertifikate können grundsätzlich als „strukturiert" bezeichnet werden, da sie von den Emittenten aus verschiedenen Instrumenten zusammengesetzt werden und neue, gezielt erzeugte Eigenschaften aufweisen.

Vom Grundsatz her sind Zertifikate Inhaberschuldverschreibungen, die von Emittenten begeben werden und mit begrenzter oder unbegrenzter Laufzeit ausgestattet sein können. Anders als Aktien oder Investmentfonds, die Sondervermögen darstellen und von den Depotbanken nur verwaltet werden, hängt die Rückzahlung von Zertifikaten von der Bonität des Emittenten ab. Im Konkursfall sind Zertifikate nicht geschützt.

Wäre im Frühjahr 2008 die vom Konkurs bedrohte amerikanische Bank Bear Stearns nicht von einer anderen Bank, der Investmentbank JP Morgan, aufgefangen und übernommen worden, wären bei einer Insolvenz auch alle von Bear Stearns herausgegebenen Zertifikate wertlos gewesen. Allein in Deutschland vertrieb Bear Stearns über 300 Zertifikate. Im September 2008, nach dem Zusammenbruch von Lehman Brothers, standen tatsächlich viele Anleger mit wertlosen Positionen in ihren Depots da. Den meisten war gar nicht bewusst, welches Risiko hinter den Papieren steckte. Für die etwas höheren Zinsen oder besseren Renditemöglichkeiten stand ja die Bonität einer großen Bank dahinter. Zum Erliegen ist der Zertifikatehandel nicht gekommen. Das Finanzinstrument an sich ist durchaus für bestimmte Anlageziele geeignet. Leider ist es auch dazu geeignet, die echten Kosten und wirklichen zugrunde liegenden Anlagechancen zu verschleiern. So sind auch viele Bankberater mit der großen Vielfalt an Zertifikaten oft überfordert. Um die komplexe Funktionsweise zu durchblicken, werden dem Anleger mehrseitige Produktbeschreibungen überlassen, die nicht selten mit langen mathematischen Formeln die Wirkungsweise und Ausstattungsmerkmale darzustellen versuchen. Anlageprodukte, die so komplex strukturiert und mit viel Erklärungsbedarf versehen sind, sind selten für das Depot eines Privatanlegers geeignet. Anders als bei Investmentfonds gibt es bei Zertifikaten keine Verpflichtung des Emittenten zum Ausweis der voraussichtlichen oder tatsächlich anfallenden Kosten. Für die Produktgeber waren die Emission und der Handel mit Zertifikaten in den vergangenen Jahren eine der ertragreichsten Einnahmequellen.

Ein weiteres Manko bei Zertifikaten liegt in der Preisfestsetzung, die sich nicht an allgemeinen Börsenusancen, also Gepflogenheiten, wie Angebot und Nachfrage und den Zertifikaten zugrunde liegenden Werten orientiert, sondern durch den Emittenten selbst bestimmt wird – und auch ausgesetzt werden kann. An den schwarzen Börsentagen in 2008 setzten viele deutsche Emittenten angesichts der Kursabstürze an den Börsen kurzerhand den Handel mit den eigenen Produkten aus und machten damit viele Zertifikatsbesitzer mit diesen Papieren quasi illiquide.

Sicher ist in manchen Fällen der Einsatz von Zertifikaten durchaus sinnvoll. Eine sorgfältige Überprüfung und vorausgehende Beratung ist in jedem Fall zu empfehlen. In den meisten Fällen finden Sie aber bessere Alternativen.

REITs – Real Estate Investment Trusts

REITs stellen eine Anlage nach angelsächsischem Vorbild dar und sind in Deutschland erst seit 2007 zugelassen. Deutsche REITs sind börsennotierte Immobiliengesellschaften, die ihre Erlöse primär aus der Bewirtschaftung von Immobilien erzielen und nur eingeschränkt aus dem Handel mit Immobilien. Die Ergebnisse müssen zu mindestens 90 Prozent an die Anleger ausgeschüttet werden. Mit der Einführung von REITs in Deutschland sollte deutschen Unternehmen die steuerbegünstigte Nutzung und Mobilisierung ihres Immobilienbestandes ermöglicht werden.

Die Alternative: Investmentfonds

Viele Anleger haben meist keine Zeit oder nicht die Möglichkeit, sich selbst über Wertpapiere ausgiebig zu informieren und sich ständig um ihre Geldanlage zu kümmern. Auch ist eine sinnvolle Streuung im Sinne einer optimalen Diversifizierung oft nicht möglich, da der finanzielle Aufwand und der Überwachungsaufwand viel zu hoch sind. Wollte man für eine zweckmäßige Risikostreuung Aktien von 20 verschiedenen Gesellschaften kaufen, müsste man viele Tausend Euro investieren.

Hier kommt der Gedanke des Investmentfonds in Spiel, ein Anlageinstrument, das sich optimal und auf vielfältige Art und Weise für eine nachhaltig betriebene Vermögensanlage eignet und dem Anleger viel Arbeit und Kosten erspart.

Die Idee des Investmentfonds

Schon Ende des 19. Jahrhunderts entstand in England die Investmentidee, das Geld von vielen Kleinanlegern zu sammeln und in fachmännischer Verwaltung auf viele unterschiedliche Anlagewerte aufzuteilen. Die Anleger sollten von dem Fachwissen des Fondsmanagements profitieren und von der Tatsache, dass bei der Anlage größerer Geldbeträge höhere Renditen erzielt werden können, gleichzeitig aber das Anlagerisiko durch die breite Streuung der Gelder reduziert werden kann. Denn dass alle Aktiengesellschaften oder alle Emittenten verzinslicher Wertpapiere gleichzeitig in Konkurs gehen, ist unwahrscheinlich.

Ein Investmentfonds besteht also aus einer Vielzahl von Einzelanlagen. Die Unternehmen, die das Geld sammeln, in einem Investmentfonds bündeln und in unterschiedliche Anlagebereiche anlegen, sind Kapitalanlagegesellschaften (KAGs) oder Investmentgesellschaften. Das Geld wird nach vorab im Fondsprospekt festgelegten Anlagezielen in Aktien, festverzinslichen Wertpapieren, am Geldmarkt, in anderen Finanzinstrumenten oder auch in Immobilien angelegt.

Für die Tätigkeit der Kapitalanlagegesellschaften sowie für die organisatorische und rechtliche Sicherheit von Investmentfonds gibt es eigene gesetzliche Vorschriften und Bestimmungen, die die Arbeit der deutschen und den Vertrieb ausländischer Investmentgesellschaften in Deutschland regeln. Die in Deutschland zugelassenen Investmentfonds unterliegen der Aufsicht der Bundesanstalt für Finanzdienstleistungsaufsicht (Ba-Fin). Die genauen gesetzlichen Vorschriften zu Investmentfonds sind im Investmentgesetz (InvG) zu finden.

Die Anlegergelder liegen nicht bei der Kapitalanlagegesellschaft selbst. Die Fondsgesellschaft ist nur Treuhänder ohne direkten Zugriff auf das Kapital. Hier kommt die Depotbank ins Spiel. Ihre Aufgabe ist es, das Fondsvermögen zu verwahren, den Anteilspreis börsentäglich zu berechnen sowie die Einhaltung der Anlagerichtlinien zu überwachen.

Das von der Investmentgesellschaft verwaltete Geld der Anleger und die damit angeschafften Vermögenswerte müssen nach deutschem Recht als **Sondervermögen** ausgewiesen werden. Das heißt, die Einlagen der Anleger müssen strikt getrennt von den Geldern der Gesellschaft gehalten werden. Das ist wichtig im Fall eines Konkurses der Kapitalanlagegesellschaft: Durch die konsequente Trennung ist das Geld der Anleger ungefährdet und fließt nicht in die Konkursmasse.

Die Anleger bekommen für ihr Geld Anteile am gesamten Fondstopf. Jeder noch so kleine Anteil spiegelt das Anlagespektrum des gesamten Fonds wider und nimmt stets im gleichen Maß am Anlageerfolg teil. Wie in einem Stück Kuchen, das vor Ihnen auf dem Teller liegt – Sie haben von allen Zutaten ein bisschen etwas.

Der Investmentfonds wächst durch neue Gelder von Anlegern und durch Kurs-, Dividenden- und/oder Zinsgewinne – und schrumpft, wenn Anleger ihre Anteile wieder verkaufen oder wenn im Fonds Verluste anfallen. Unabhängig davon, ob ein Anleger für 100 Euro Fondsanteile kauft oder für 100.000 Euro – die relative Wertentwicklung ist immer dieselbe.

Die Möglichkeiten sich zu beteiligen sind vielfältig, Einmalzahlungen sind ebenso möglich wie Sparplansparen. Auch kleinere Beträge können investiert werden. Ein Verkauf bzw. eine Rückgabe der Anteile ist grundsätzlich jederzeit möglich.

Diese Kosten fallen bei Investmentfonds an

Die laufenden Geschäfte im Fondsvermögen, also der Kauf und Verkauf von Aktien, verzinslichen Wertpapieren oder Immobilien usw. führt das Fondsmanagement durch und erstattet darüber regelmäßig Bericht. Dafür fällt eine Verwaltungsgebühr an, die jährlich dem Fondsvermögen entnommen wird.

Fondsanteile können über Banken, Discountbroker, Fondsplattformen oder auch direkt bei der Fondsgesellschaft bezogen werden, wobei auch in letzterem Fall die Fondsanteile immer durch eine Bank verwahrt werden. Beim Kauf von Fondsanteilen fällt ein Ausgabeaufschlag an, der sich nach Art des Fonds bestimmt. Der Ausgabeaufschlag ist eine Gebühr, die zur Deckung der Vertriebskosten dient. Sie hängt prinzipiell von der Art des Fonds und seinem Anlageschwerpunkt ab und kann zwischen 0 und 6 Prozent liegen. Oft gewähren Direktbanken oder Fondsplattformen bei einem Erwerb über das Internet bis zu 100 Prozent Rabatt auf den Ausgabeaufschlag bei Eröffnung eines Depots.

Alle im Fonds verrechneten Kosten werden mit dem Kürzel TER für Total Expense Ratio dargestellt. Die Total Expense Ratio nennt die jährlichen, zusätzlich zum einmaligen Ausgabeaufschlag anfallenden Management- und Verwaltungskosten eines Investmentfonds. Außer den Managementgebühren beinhaltet die TER zusätzlich die Kosten für Werbung und Wirtschaftsprüfer, Anwaltskosten, Druckkosten und dergleichen.

Der Kauf und Verkauf von Investmentfonds

Fondsanteile können in der Regel börsentäglich erworben werden. Einmal am Tag berechnet die Depotbank den Wert eines Fondsanteils. Nur bei einigen wenigen Fonds erfolgt die Preisfeststellung wöchentlich. Dafür werden die aktuellen Kurse für alle im Fonds enthaltenen Wertpapiere festgestellt und aufsummiert. Zusammen mit der Barreserve und abzüglich aufgelaufener Kosten im Fonds ergibt sich so der Nettoinventarwert, der manchmal auch als NAV (net asset value) bezeichnet wird. Der Nettoinventarwert wird durch die Anzahl der ausgegeben Fondsanteile geteilt – und schon hat man den Rücknahmepreis des Fondsanteils.

> **Tipp!**
> Ausgabe- und Rücknahmepreise werden börsentäglich veröffentlicht und können in den Tageszeitungen, auf den Webseiten der Anlagegesellschaften oder in anderen Medien verfolgt werden.

Fondsanteile können direkt über das Bankdepot erworben, verkauft oder getauscht werden. Die Bank wickelt den Auftrag zumeist über eine Investmentgesellschaft ab, sodass hier ein (manchmal reduzierter) Ausgabeaufschlag fällig wird. Auch bei einem Fondsdepot, das direkt bei einer Investmentgesellschaft eröffnet wird, fällt in der Regel ein Ausgabeaufschlag an.

Seit 2006 können Fonds auch an der Frankfurter Fondsbörse ohne Ausgabeaufschlag fortlaufend wie Aktien gehandelt werden. Neben der üblichen Ordergebühr (vergleichbar mit einer Aktienorder) der Bank fällt nur noch eine geringe Maklercourtage an.

Diese Arten von Investmentfonds sind zu unterscheiden

Investmentfonds ist ein Oberbegriff für viele verschiedene Fondsarten. Unterschieden werden Publikumsfonds, die von jedermann erworben werden können, und Spezialfonds, die vor allem für institutionelle Anleger gedacht sind. Spezialfonds richten sich an institutionelle Investoren wie Versicherungsgesellschaften, Stiftungen, Kommunen oder Pensionskassen. Oft wird die Bezeichnung Spezialfonds irreführend für Spezialitätenfonds verwandt, die in sehr ausgesuchten Werten anlegen.

Je nach Form und Anlageziel werden offene und geschlossene Fonds unterschieden. Hinsichtlich der Ertragsverwendung teilen sich Fonds in ausschüttende Fonds mit jährlicher Ausschüttung der Erträge und Gewinne oder in thesaurierende Fonds mit Wiederanlage der Erträge innerhalb des Fondsvermögens auf. Nach Art des Managements werden passiv gemanagte Fonds (Indexfonds oder indexnahe Fonds) und aktiv gemanagte Fonds unterschieden, die unabhängig von einem Index anlegen.

Tipp!
Es gibt ungefähr 5.500 Publikumsfonds in Deutschland und noch einmal etwa 4.000 Spezialfonds. Jeder Anlagewunsch und jede Investmentidee kann mit Fonds erfüllt werden.

Anteilscheine von Publikumsfonds können von jedermann erworben werden. Publikumsfonds werden unter anderem in folgende Fondsarten unterteilt: Aktien-, Renten-, Misch-, Geldmarkt-, Dach- und Hedgefonds sowie offene Immobilienfonds.

Publikumsfonds - Aufteilung nach Fondsarten (Stand 31.03.2008)

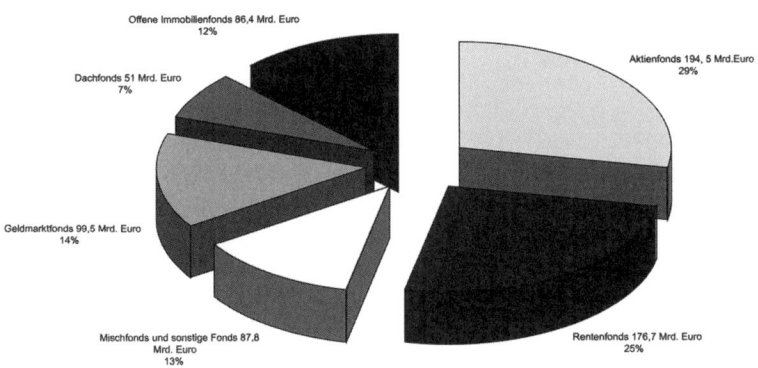

Publikumsfonds nach Fondsarten (Quelle: BVI), Stand März 2008

Das sind die wichtigsten Fondsarten

Die folgende Aufzählung von Fondsarten ist keinesfalls vollständig. Dieser Anspruch wäre auch nicht realistisch, da durch die sich ständig ändernden Kapitalmärkte auch ein fortwährender Wandel in der Investmentbranche stattfindet.

Geldmarktfonds

Diese orientieren sich direkt am Geldmarkt und legen die ihnen zufließenden Gelder in Anlagen mit kurzer Laufzeit an. Die Rendite ist mit der von Tagesgeldkonten zu vergleichen. Geldmarktfonds stellen eine Alternative zu Festgeldern oder Tagesgeldkonten dar. Eigentlich sollte es bei Geldmarktfonds keine Risiken geben. Dennoch lohnt sich auch vor dem Kauf eines Geldmarktfonds eine genaue Nachfrage. Infolge der amerikanischen Immobilienkrise wiesen beispielsweise etliche als sicher geltende Geldmarktfonds Verluste aus. Bei diesen Fonds hatten die Fondsmanager versucht, mit Finanzinstrumenten, die direkt oder indirekt am amerikanischen Hypothekenmarkt beteiligt waren, die Rendite der Geldmarktfonds aufzupeppen. In gut gehenden Börsenzeiten kein Problem, doch Anfang 2008 zeigte sich die Kehrseite der Medaille und die Fonds verloren an Wert. Ein Hinweis auf mögliche Risiken geben Namensbezeichnungen, wie zum Beispiel der Zusatz „Plus" im Fondsnamen. Das sind Fonds, die einen höheren Ertrag erwirtschaften als „normale" Geldmarktfonds. Ein Blick in die

Verkaufsprospekte, Rechenschaftsberichte und Fonds-Übersichtsblätter verrät, welche Papiere im Fonds stecken. Wenn ein Fonds mit einem Zinssatz lockt, der weit über dem aktuellen Zinssatz am Markt liegt, sollten die Inhalte des Fonds ebenfalls genauer unter die Lupe genommen werden.

Rentenfonds

Rentenfonds investieren überwiegend in verzinsliche Wertpapiere. Auch hier gibt es eine Fülle unterschiedlicher Rentenfonds, je nach Zusammensetzung des Fondsvermögens. Es gibt geldmarktnahe Fonds oder Kurzläuferfonds für kurzfristigere Anlagen sowie Fonds, die laufzeitorientiert die Wertpapiere im Portfolio anlegen. Weiterhin gibt es Fonds mit deutschen, europäischen oder mit internationalen Rentenwerten, mit speziellen Rentenwerten wie Unternehmensanleihen oder ausländischen festverzinslichen Papieren sowie Fonds, die sich auf Spezialitäten wie Wandel- oder Optionsanleihen oder Zero-Bonds konzentrieren. High-Yield-Fonds kaufen Anleihen von Emittenten mit geringer Bonität. Genauso wie bei Auslandsanleihen besteht die Gefahr, dass ein Schuldner das Geld nicht zurückzahlen kann. Das höhere Risiko wird dafür gut verzinst. Durch die Streuung auf verschiedene Emittenten wird das Risiko gegenüber einer Einzelanlage deutlich gemildert. Auf der anderen Seite steht die Möglichkeit, bei verbesserter Kreditwürdigkeit eines Schuldners kräftige Kursgewinne einzustreichen. Die wichtigste Ertragskomponente bei Rentenfonds sind Zinseinnahmen. Aber auch Wechselkurse spielen – insbesondere bei speziellen Währungsfonds und weltweit anlegenden Fonds – eine wichtige Rolle. Rentenfonds sind für Sparer mit mittelfristigen Anlagehorizont und mittleren Renditechancen interessant. Sie haben meist ein geringeres Risiko als Aktienfonds, jedoch größere Schwankungen als Geldmarkt- oder Immobilienfonds.

Aktienfonds

Das, was alle Aktienfonds gemeinsam haben, ist die überwiegende Anlage in Aktien. Wie bei der Anlage mit Einzelaktien auch, sind die Anlageideen und Schwerpunkte der Gestaltung für Aktienfonds schier unerschöpflich. Zwar muss sich der Fondsmanager mit seinen Anlagen an die im Fondsprospekt veröffentlichten Beschränkungen auf bestimmte Länder, Regionen, Branchen oder Themen halten. Doch das zur Verfügung stehende Anlageuniversum ist riesengroß. Weltweit anlegenden Aktienfonds steht das größte Anlagespektrum offen, sie können global in Aktiengesellschaften investieren. Regionen- oder Länderfonds legen hingegen nur in Aktien einer bestimmten Region oder eines bestimmten Landes an, wie beispielsweise im Euroland, im gesamten asiatischen Raum oder nur in China oder Indien. Aktienfonds, die in Schwellenländern investieren, sind spezielle Regionen- und Länderfonds. Sie legen ihre Gelder in den Emerging Markets an, also in Ländern, die sich auf dem Weg vom Status eines Entwicklungslandes in Richtung Industrialisierung befinden. Branchenfonds suchen sich ein spezielles wirtschaftliches Thema aus und legen beispielsweise nur in Technologiewerten oder Rohstoffwerten an. Innerhalb dieser Kategorien gibt es außerdem Unterscheidungen zwischen Aktientypen – ob zum Beispiel ein Fonds überwiegend in Standardwerte oder Aktien mittlerer und kleinerer Unternehmen investiert. Auch innerhalb eines gut gestreuten Aktienfondsportfolios sind die Auswahl und die Zusammensetzung der Fonds sowie die Qualität der Fondsmanager von entscheidender Bedeutung. Nur der Erwerb gleichgerichtete Fonds, die alle dasselbe Anlageziel verfolgen, führt zur Bildung sogenannter Klumpenrisiken und wirkt dem Gedanken einer Streuung und Risikoreduzierung entgegen. Ein sehr gut gemanagter internationaler Fonds eignet sich hervorragend als Basis eines Fondsportfolios.

Tipp!
Wer kein Währungsrisiko eingehen will, kauft Fonds, die nur in Euroland-Aktien anlegen. Sie eignen sich für Anleger, die eine Region übergewichten wollen, ohne sich mit der Auswahl einzelner Titel zu beschäftigen. Länder oder Regionenfonds sollten in einem gut gestreuten Fondsdepot nur als Beimischung eingesetzt werden, wenn der Anleger den jeweiligen Bereich gut kennt und eine spezielle Betonung dieses Marktes wünscht. Das gleiche gilt für Branchenfonds, die zielgerichtet bestimmte Wachstumstrends in einem Depot verfolgen können.

Mischfonds

Gemischte Fonds können verschiedene Anlageklassen enthalten und in Aktien, Anleihen, Geldmarkttitel oder andere Fonds investieren. Im Gegensatz zu reinen Aktienfonds hat in diesem Fall der Fondsmanager größeren Spielraum, auf Marktbewegungen zu reagieren. Das Verhältnis der einzelnen Anlageklassen untereinander kann von Fonds zu Fonds verschieden sein: Defensiv ausgerichtete Fonds haben einen höheren Renten- oder Geldmarktanteil, sodass das Risiko geringer ist. Chancenorientierte Fonds weisen einen höheren Aktienanteil auf. Ausgewogene Fonds teilen das Fondsvermögen einigermaßen ausgeglichen zwischen den Anlageklassen auf. Der Fondsmanager darf die Verteilung der Anlagen je nach Marktlage in gewissem Rahmen variieren. Mischfonds sind als Einmalanlage für Anleger gut geeignet, die für einen mittelfristigen Zeitraum einmalig Geld anlegen und sich dann um nichts mehr kümmern wollen.

Garantiefonds

Für Anleger, die zwar an der Rendite der Aktienmärkte teilhaben wollen, die aber das Kursrisiko nach unten scheuen, wurden in der Vergangenheit verstärkt Garantiefonds aufgelegt. Sie sind meist befristete Investmentfonds, die am Ende der festgesetzten Fondslaufzeit entweder die Rückzahlung des ursprünglich eingezahlten Anlagebetrages (meist ohne Agio) oder eines bestimmten Prozentsatzes davon garantieren. Für diese Sicherheit muss jedoch ein Preis gezahlt werden. So nehmen Garantiefonds oft nur zu einem geringeren Teil an den positiven Gewinnen des Fonds teil. Der Kurs des Fonds kann dabei während der Laufzeit auch unter den Ausgabekurs fallen. Die garantierte Rückzahlung gilt nur zum Ende der Laufzeit des Fonds. Höchststandsgarantiefonds garantieren dem Anleger zum Laufzeitende den höchsten, während der Laufzeit erreichten Kurs. Je nach Kursentwicklung wird in der Regel einmal im Monat (zum Beispiel am ersten Handelstag) bei steigenden Kursen ein neuer garantierter Höchststand festgeschrieben oder bei sinkenden Kursen der alte Garantiewert über dem aktuellen Kurswert fortgeführt. Der Sinn eines solchen Garantieprodukts liegt darin, das Kursrisiko der Märkte durch die Anwendung entsprechender Options- oder Absicherungsstrategien zu begrenzen. Diese Sicherheit wird durch eine geringere Rendite gegenüber einem Direktinvestment erkauft.

Nachhaltigkeitsfonds

Der Begriff «Nachhaltigkeit» (häufig wird auch die englische Übersetzung «Sustainability» verwendet) stammt ursprünglich aus der Forstwirtschaft. Er bedeutet, dass nicht mehr Holz geschlagen werden soll als nachwächst. Nachhaltigkeitsfonds verfolgen Anlageentscheidungen nicht nur auf wirtschaftlicher Basis, sondern vor dem Hintergrund einer ökologischen, sozialen oder ethischen Verantwortung. Es werden nur solche Unternehmen ausgewählt, die nachhaltig wirtschaften. Die Auswahl der Wertpapiere, in die der Fonds anlegt, erfolgt nach einer im Fondsprospekt festgeschriebenen Methode.

Ausschlusskriterien: Das meistverwendete Prinzip ist das der Ausschlusskriterien. Eine Investition in Unternehmen aus bestimmten Branchen, Hersteller von bestimmten Produkten oder Nutzer bestimmter Produktionsverfahren ist dem Fonds nicht erlaubt. Ausschlusskriterien für nachhaltiges Investieren sind zum Beispiel

Kernkraft, Chlorchemie, Gen-/Bio-Technologie, Tierversuche sowie ethische Kriterien wie Kinderarbeit, Rüstung und Menschenrechtsverletzungen.

Positivauswahl: Eine Investition darf lediglich in Unternehmen erfolgen, die bestimmte Produkte und Dienstleistungen anbieten oder bestimmte Produktionsverfahren nutzen.

„Best in class"-Ansatz: Hier bestehen keine Ausschlusskriterien bezüglich Branche und Produkten. Die Fondsgelder werden die Unternehmen investiert, die innerhalb ihrer Branche die beste Erfüllung ökologischer oder ethischer Standards umsetzen.

Themenfonds

Manche Fonds präsentieren sich auch als ethische oder ökologisch ausgerichtete Themenfonds. Solche Themenfonds sind zum Beispiel Fonds zu den Themenbereichen Wasser, Solarenergie oder Abfallentsorgung. Die Bezeichnungen nachhaltig, Umwelt, öko, grün oder sustainable in Zusammenhang mit Investmentfonds sind gesetzlich nicht geschützt und entsprechen nicht immer dem, was der Anleger unter ihnen versteht. Oft werden diese Begriffe zu reinen Marketingzwecken verwendet. Wenn Sie sicher gehen wollen, in was Ihre Gelder angelegt werden, lesen Sie unbedingt den Verkaufsprospekt und die Anlagerichtlinien des Fonds.

Total Return Fonds oder Absolute Return Fonds

Diese Fonds orientieren sich nicht an einem Markt oder einer Benchmark, sondern versuchen, unabhängig von der Börsenentwicklung eine positive Entwicklung zu erzielen. Viele der Total Return Fonds investieren in verschiedene Anlageklassen, die untereinander eine möglichst niedrige Korrelation aufweisen. Eine positive Rendite können die Fonds allerdings nicht garantieren.

Hedgefonds

Das Investmentgesetz gibt den Hedgefonds eine weite, nicht klar begrenzte Definition mit: „Hedgefonds sind Sondervermögen mit zusätzlichen Risiken." Welche diese zusätzlichen Risiken sind oder sein können, wird nicht weiter erläutert. Es gibt keine allgemein akzeptierte Definition für Hedge-Fonds. Der Begriff erklärt sich daraus, dass diese Fonds ursprünglich zur Risikoabsicherung von Wertpapierpositionen und zur Erzielung von Gewinnen unabhängig von allgemeinen Marktbewegungen entwickelt wurden. Der Ursprung des Begriffs Hedgefonds kommt aus dem Englischen, das Verb „to hedge" bezeichnet das Absichern einer Kapitalanlage gegen negative

Entwicklungen. Analog dem Versicherungsprinzip werden Finanzinstrumente eingesetzt, die einen Verlust von Wertpapieren absichern. Tritt der Verlust ein, wird dafür die abgesicherte Summe bezahlt. Der Preis für den Kauf des Finanzinstrumentes kann analog der Prämie gesehen werden, die für eine Versicherung aufgebracht werden muss. Heute zeichnen sich diese Fonds vor allem dadurch aus, dass sie im Gegensatz zu anderen Fonds keinerlei rechtlichen Beschränkungen und Anlagerichtlinien unterliegen. Im Rahmen ihrer Investitionsstrategien können sie alle Arten von Wertpapieren, Immobilien Devisen, Waren und derivativen Finanzinstrumenten einsetzen, in großem Umfang Leerverkäufe tätigen und durch Kreditaufnahme die Hebelwirkung, also die Eigenkapitalrendite, ihrer Investitionen vergrößern. Erlaubt ist, was gefällt und der Erhöhung der Rendite dienlich ist. Aufgrund der großen Hebelwirkung der derivativen Produkte haben Hedgefonds im Vergleich zu anderen Fonds ein erheblich höheres Risiko und können sehr hohe Kursschwankungen aufweisen. Als grundsätzliche Anlageidee im Sinne einer Absicherung oder einer Unabhängigkeit von den Schwankungen auf den Kapitalmärkten hat die Hedgeidee durchaus ihre Berechtigung. Hedgefonds können einen positiven und ausgleichenden Einfluss auf das Marktgeschehen haben. Aufgrund der positiven Ergebnisse, die Hedgefonds nach dem Platzen der dot.com-Blase erzielen konnten, kam es auch hier zu massiven Übertreibungen bei den Hedgefonds, die wiederum der ganzen Branche geschadet haben. Viele vermeintliche Experten fühlten sich zu Hedgefondsmanagern berufen. Immense Geldzuflüsse in Hedgefonds führten dazu, dass wie meist in einem Finanzmarktboom die realistische Einschätzung von Risiken leiden musste und oft alle Vorsicht vergessen wurde. Über nationale Grenzen hinweg und mit irrsinnigen Volumina trugen Hedgefonds vielmehr dazu bei, dass über die Finanzmärkte Aufschwünge und Abschwünge verstärkt und Bewertungen irrational verzerrt wurden. Während der US-Immobilienkrise gingen milliardenschwere und zum Teil renommierte Hedgefonds pleite und gefährdeten das internationale Finanzsystem.

Achtung!

Hedgefonds sind nur für erfahrene Anleger mit großer Risikobereitschaft geeignet. Eine Investition sollte nur nach ausführlicher Beratung und vollständigem Verstehen der Anlage erfolgen.

Offene Immobilienfonds

Die Idee eines offenen Immobilienfonds bietet die Vorteile von Immobilienbesitz als langfristige Anlage ohne den damit verbundenen Aufwand und hohen Geldbedarf. Beim offenen Immobilienfonds ist der Kreis der Anleger als auch die Anzahl der Objekte offen – im Gegensatz zum geschlossenen Immobilienfonds, bei dem eine kleine, fest stehende Investorengruppe in wenige, ausgesuchte Objekte investiert. Offene Immobilienfonds investieren in Grundstücke und Gebäude, hierbei handelt es sich überwiegend um Gewerbeimmobilien. Immobilienfonds halten in ihrem Bestand mindestens zehn, oft aber auch bis zu 100 verschiedene Immobilien aus unterschiedlichen Lagen und Branchen. Es gibt Immobilienfonds, die in ausländischen Immobilienmärkten wie den Niederlande, Großbritannien oder USA investieren. Die Rendite eines Immobilienfonds ergibt sich durch Mieterträge und Wertsteigerungen der Objekte. In einem offenen Immobilienfonds können Anleger Anteile jederzeit kaufen, aber auch wieder verkaufen. Daher benötigt der Fonds eine ständige Reserve liquider Mittel, um Anleger auszahlen zu können. Ein Teil des Geldes in einem offenen Immobilienfonds ist daher stets in Zinspapiere oder ähnliche schnell verfügbare Anlagen angelegt. Rechtliche Bestimmungen sehen vor, dass die Liquiditätsreserve eines Fonds mindestens 5 Prozent des Fondsvermögens betragen muss, aber höchstens auf 49 Prozent steigen darf. Fließen dem Fonds sehr viele Gelder zu, so muss der Fonds Immobilien zukaufen, was zulasten von Qualität und Kaufpreis gehen kann. Auf der anderen Seite ist eine Kapitalanlagegesellschaft verpflichtet, einen Fonds zeitweilig zu schließen, wenn die Liquiditätsreserve weniger als 5 Prozent des Fondsvermögens ausmacht. Wenn mehr Fondsanteile zurückgegeben werden als liquide Mittel vorhanden sind, kann das Management Fremdkapital aufnehmen, was die Rendite belastet, oder muss Immobilien verkaufen. Verkaufsdruck ist immer schlecht für den erzielbaren Preis eines Objektes. Sinkt der erreichbare Verkaufspreis unter den vom Gutachter festgestellten Wert, ist ein Verkauf nicht mehr zulässig. Oft können dann nur die ertragsstarken Objekte veräußert werden, was die Rendite des Fonds weiter belastet. Sehr lange Zeit galten offene Immobilienfonds mit einer relativ stabilen Wertentwicklung und unter steuerlichen Gesichtspunkten als sehr gute Geldanlage für eher konservativ orientierte Kapitalanleger. Auch zählen offene Immobilienfonds zu „mündelsicheren" Anlagen. Das sind Geldanlagen, die vom Gesetzgeber als besonders sicher eingestuft werden. In den Zeiten sinkender Zinsen nach dem Zusammenbruch der Internet- und New-Economy-Märkte Anfang 2000 entdeckten sehr viele Anleger diese Fondsgattung als kursstabile Alternative. Mehrere Milliarden Kundengelder flossen innerhalb kurzer Zeit in Immobilienfonds und bereiteten diesen große Schwierigkeiten. Der Grund: Im Vergleich zu Aktien- oder Rentenmärkten, an denen in der Regel jederzeit weitere Papiere gekauft werden können, sind Immobilienmärkte vergleichsweise illiquide. Jedes Gebäude ist in Bezug auf Lage, Größe und Ausstattung ein Unikat. So schnell wie die Gelder in die Fonds eingezahlt wurden, konnten keine Immobilien gefunden oder gekauft werden. Infolgedessen entwickelten sich viele Fonds zu verkappten Geldmarkt- oder Rentenfonds mit Immobilienanteil, denn mehr als die Hälfte des Fondsvermögens konnte nur im festverzinslichen Bereich angelegt werden – Erträge und Wertsteigerungen ergaben sich überwiegend aus zu versteuernden Zinseinnahmen. Ein weiterer Nachteil gegenüber Aktien- und Rentenfonds liegt in der Bewertung des Fondsvermögens. Während in den Wertpapierfonds das Vermögen börsentäglich über den Wert der Einzelanlagen festgestellt wird, ist eine tägliche und verlässliche Bewertung von Immobilien deutlich schwieriger – und schwammiger. Tatsächlich wurde 2005 und 2006 für drei Immobilienfonds in Deutschland die Anteilrücknahme vorübergehend ausgesetzt – die Fondsgesellschaften befürchteten aufgrund anstehender Neubewertungen mit erheblichem Korrekturbedarf massive Verkäufe von Fondsanteilen. Der Schock und die Folgen für die gesamte Branche waren gravierend – nur langsam haben sich das Ansehen und der Geldzufluss in die Fonds wieder erholt, wenn auch die Wahrnehmung des Risikos ein anderes geworden ist.

Dachfonds

Ein Dachfonds investiert nicht direkt in Aktien, Renten oder Immobilien, sondern in andere Investmentfonds (Fonds-im-Fonds-Prinzip). Dadurch können die Erfahrungen einzelner Fondsmanager und verschiedener Investmentstile gebündelt werden. In einen einzelnen Fonds darf nicht mehr als 10 Prozent des gesamten Dachfondsvermögens investiert sein. Ein Dachfonds muss in mindestens fünf Zielfonds investieren, meistens sind es jedoch mehr. Dachfonds ermöglichen eine standardisierte Vermögensverwaltung schon für geringe Beträge. Die Auswahl der entsprechenden Fonds trifft das Fondsmanagement. Die Qualität eines Dachfondsmanagers und der Erfolg eines Dachfonds lassen sich erst im langfristigen Vergleich beurteilen. Es gibt viele gute, aber auch etliche weniger gute Dachfonds. Wichtiger als die Konstruktion ist der Anlageerfolg. Dachfonds haben meist höhere Verwaltungskosten als ein einzelner Fonds, da auf zwei Ebenen Verwaltungskosten gezahlt werden. Neben dem Management für den Fonds selbst müssen indirekt auch die Manager der gekauften Fonds finanziert werden. Die Summen addieren sich aber nicht auf – der Dachfonds erhält meist bessere Konditionen bei den Zielfonds.

Exchange Traded Funds – börsengehandelte Indexfonds

Börsengehandelte Indexfonds – oder einfach ETFs – sind Investmentfonds, die passiv gemanagt werden und einen Index und seine Entwicklung genau nachbilden. Sie können Aktienindizes oder auch Rentenindizes als Basis haben. ETFs können jederzeit wie Aktien an der Börse zu den für Aktien üblichen Spesen (ohne Ausgabeaufschlag, nur Transaktionskosten) gehandelt werden. Sie haben eine niedrigere Kostenstruktur als aktiv gemanagte Investmentfonds, da kein Ausgabeaufschlag und nur geringe Fondsverwaltungskosten anfallen.

Sicher Anlegen mit Investmentfonds

Investmentfonds sind sehr flexibel und individuell einsetzbare Anlageinstrumente. Schon mit kleinen Beträgen können sich Anleger an einem großen, breit gestreuten Vermögen beteiligen und von Anlagen, Konditionen und einer Risikoreduzierung profitieren, wie sie sonst nur Großanleger erreichen können. Jeder Anleger kann mit Fonds seine individuell passende Geldanlage für seine persönlichen Anlageziele gestalten. Er kann die höchste Sicherheitsstufe wählen und geringere Renditen in Kauf nehmen. Er kann aber auch höchste Renditen erzielen, wenn er mögliche Schwankungen ertragen kann.

Investmentfonds sind aber kein Zaubermittel für eine schnelle Geldvermehrung. Auch sie können für Enttäuschungen im Depot sorgen. Einige Fonds sind teuer, andere weisen eine schlechte Wertentwicklung auf. Manche Fonds vereinen sogar beides – sie sind teuer und zeichnen sich gleichzeitig durch eine schlechte relative Wertentwicklung aus.

Achten Sie darauf, den oder die passenden Fonds für Ihre jeweiligen Ziele zu finden. Welche Fonds eignen sich am besten, um Ihre ganz persönlichen Vorstellungen und Wünsche zu erfüllen? Und wie finden Sie die richtigen Fonds, wer kann Sie beraten?

Vielen Anlegern fehlt die Möglichkeit, aus der Vielzahl der angebotenen Fonds den oder die richtigen heraus zu filtern. Banken oder Produktanbieter beraten und vertreiben meist nur hauseigene Produkte. Diese müssen nicht schlecht sein, doch keine Fondsgesellschaft ist in allen Bereichen gut. Am besten, Sie lassen sich von einem unabhängigen Berater bei der Anlage in Fonds unterstützen und begleiten.

Fondsratings & Fondsrankings

In vielen Medien werden Fondslisten mit Rankings veröffentlicht, also Ranglisten, in denen die Fonds zum Beispiel nach der Wertentwicklung in einem bestimmten Zeitraum sortiert werden. Oftmals werden diese Hitlisten als Kauf- und Verkaufsentscheidung herangezogen. Die häufige Folge: Der langweilige Fonds wird aus dem Depot genommen und der als Nummer eins gelistete Fonds soll von nun an für sprudelnde Gewinne sorgen. Doch die Liste der Top-Fonds kann nur eine erste Übersicht liefern, darüber hinaus gibt sie nur wenige Hinweise über die echte Qualität des Fonds. Und was nützt einem der Fonds, der just in dieser Woche an erster Stelle rangiert, davor aber jahrelang nur unter „ferner liefen" zu finden war? Außerdem erfolgen weder Hinweise, mit welchem Risiko die Wertentwicklung erreicht wurde, noch über die Größe des Fondsvolumens oder die Kosten im Fonds.

Verschiedene Rating-Agenturen durchleuchten die Struktur der Fonds sowie die Qualität des Managements und versuchen herauszufinden, ob diese auch in Zukunft erfolgreich sein können. Aus diesen qualitativen Betrachtungen erstellen sie Ratings, also Beurteilungen. Diese sollen Qualität und Eigenschaften eines Investmentfonds zusammenfassen. Das geschieht über eine Note in Form von Sternen, Ziffern oder Buchstaben. Die wichtigsten Agenturen sind:

- Standard & Poor's Fund Management Rating

  Für ein Rating berücksichtigt Standard & Poor's nur diejenigen Fonds, die mindestens drei Jahre am Markt sind und zu den 20 Prozent der Fonds mit der besten Wertentwicklung gehören. Die Bewertungsstufen reichen von AAA für extrem gut, über AA für sehr gut bis A für gut. Die Bestnote können allerdings nur solche Fonds bekommen, deren Management über eine mindestens fünfjährige Berufserfahrung verfügt.

- Feri Trust Fonds Rating

  Feri Trust überprüft Fonds, die schon mindestens fünf Jahre auf dem Markt sind, anhand bestimmter Kriterien und vergleicht ihre Leistung mit der ihrer Mitbewerber. Danach wird jeder Fonds im Fondsrating in eine von fünf Kategorien – von (A) bis (E) – eingeordnet. (A = sehr gut, B = gut, C = durchschnittlich, D = unterdurchschnittlich, E = schwach). Ein A- oder B-Rating zeigt an, dass dieser Fonds über einen mittleren Zeithorizont von fünf Jahren eine gleichbleibend stabile, überdurchschnittliche Performance mit relativ geringem Risiko aufweist.

- Morningstar
Die Fondsspezialisten von Morningstar werten europaweit und länderspezifisch Fondsdaten aus. Fonds, die mindestens drei Jahre alt sind, werden einer Anlagekategorie zugeordnet und innerhalb dieser bewertet. Befindet sich ein Fonds unter den ersten 10 Prozent der Vergleichsgruppe, erhält er fünf Sterne. Liegt er im Bereich der folgenden 22,5 Prozent, wird er mit vier Sternen benotet, von 32,6 bis 67,5 Prozent sind es drei Sterne, zwei Sterne für den Bereich 67,7 bis 90 Prozent und einen Stern für den Fonds, der zu den schlechtesten 10 Prozent seiner Kategorie zählt. Die Bewertungen werden monatlich überprüft. Das Ergebnis kann jedoch nur bei der Entscheidung helfen, welchen Fonds ein Anleger aus dem Gesamtangebot einer bestimmten Fondskategorie wählen soll.

Kennzahlen zum Vergleich von Investmentfonds

Neben den Ratings können weitere Kennzahlen herangezogen werden, um verschiedene Investmentfonds einer Anlageklasse miteinander zu vergleichen:

Die **Volatilität** (Standardabweichung) gibt die Schwankungsbreite von Investmentfondspreisen innerhalb eines bestimmten Zeitraums wieder. Sie stellt damit die mathematische Größe für das Maß des Risikos einer Kapitalanlage dar. Für einen bestimmten Zeitraum wird die durchschnittliche Kursentwicklung des Fonds festgestellt. Anschließend wird der Kursverlauf des Fonds während der Zeit gemessen und festgestellt, wie weit sich der Fondspreis von dem Durchschnittswert entfernt hat. Je größer die Schwankungsbreite ausfällt, desto volatiler und risikoreicher ist ein Fonds.

Der **Maximale Verlust** bezeichnet den stärksten Wertrückgang, den ein Fonds während eines bestimmten Zeitraums (meist sechs oder zwölf Monate) innerhalb der letzten drei, fünf oder zehn Jahre verzeichnet hat. Aussagekräftig wird diese Betrachtung im Vergleich zu den Fonds, die den gleichen Anlageschwerpunkt haben.

Eine der wichtigsten Kennzahlen ist das **Sharpe-Ratio**. Damit wird das Risiko-Ertrags-Verhältnis eines Fonds gemessen: Wie hoch ist der Erfolg des Fonds im Verhältnis zu dem eingegangenen Risiko? Vergleichsgrundlagen sind die risikolose Geldanlage wie der Geldmarkt. Vom erwirtschafteten Ergebnis des Fonds wird die risikolose Rendite abgezogen. Übrig bleibt der mit mehr Risiko erwirtschaftete Ertrag des Fonds. Dieser Wert wird ins Verhältnis gesetzt zum Risiko des Fonds. Maßeinheit für das Risiko ist die Volatilität.

$$\text{Sharpe Ratio} = \frac{\text{mit Risiko erwirtschafteter Ertrag}}{\text{Volatilität}}$$

Je höher das Sharpe-Ratio ausfällt, desto besser schneidet der Investmentfonds im Verhältnis zu seinem Risiko ab. Liegt das Sharpe-Ratio über eins (>1), konnte eine risikoadäquate Überrendite erzielt werden. Bei Werten zwischen 0 und 1 wurde bezogen auf den Geldmarkt zwar eine höhere Rendite erzielt, diese entsprach jedoch nicht dem eingegangenen Risiko. Fällt das Verhältnis sogar negativ aus (<0), wurde noch nicht einmal der risikolose Geldmarktzins erwirtschaftet.

Beispiel

Auf einem risikolosen Geldmarktkonto konnten 3 Prozent Erträge erzielt werden. Ein Investmentfonds hat im gleichen Zeitraum 10 Prozent erwirtschaftet. Seine Volatilität wurde mit 4 gemessen. Der Risiko-Mehr-Ertrag beträgt 7, das Sharpe Ratio entsprechend 1,75.

Ein weiterer Fonds konnte 4 Prozent Rendite bei 0,1 Prozent Volatilität erzielen. Das Sharpe Ratio dieser Anlage beträgt 10, obwohl die Rendite von dem ersten Investmentfonds 6 Prozentpunkte höher liegt.

Informieren Sie sich gründlich!

Viele interessante Informationen zu Investmentfonds, ihrer Entwicklung und der Vergleich zu Benchmarks und ihrer Vergleichsgruppe (Peer Group) finden Sie auf folgenden Seiten:

- Fondsweb (www.fondsweb.de)
- Standard & Poor's (www.fonds-sp.de)
- Morningstar (www.morningstar.de)
- Feritrust (www.feritrust.de)
- Fitch Ratings (www.fitchratings.com)
- Der Fonds (www.derfonds.de)
- Finanztest (www.stiftung-warentest.de)
- VWD Group (www.vwd.de)

Vor einer Investition in Fonds sollten Sie sich unbedingt ausführlich informieren. Lesen Sie auf jeden Fall den verbindlichen Verkaufsprospekt des Fonds. Er beschreibt den Fonds und sein Anlageziel, die Wertpapiere, in die er investiert, sowie alle anfallenden Gebühren. Letztendlich finden Sie hier auch Angaben zur Mindestanlage oder über die Möglichkeit, den Fonds als Sparplan einzusetzen.

Über die Jahres- und Halbjahresberichte erhalten Sie regelmäßig einen Überblick über die Veränderungen der Wertpapiere im Portfolio und einen Kommentar des Fondsmanagements. Meist sind alle Unterlagen per Internet auf den jeweiligen Seiten der KAGs erhältlich.

Der Rechenschaftsbericht und der Halbjahresbericht geben zudem einen Überblick über alle Papiere, in die der Fonds zum jeweiligen Stichtag investiert ist. Die monatlichen und vierteljährlichen Berichte weisen oft auch die aktuellen fünf oder zehn größten Positionen aus.

Tipp!

Die deutschen Gesellschaften müssen darüber hinaus im Rechenschaftsbericht aufführen, welche Wertpapiere sie im Laufe des Jahres für den Fonds ge- und verkauft haben und welche nicht mehr im Portefeuille enthalten sind. So können Anleger feststellen, ob der Fondsmanager zwischenzeitlich Aktien gehalten hat, die sich nicht gut entwickelt haben.

In diesen Unterlagen finden Sie Angaben über die Größe eines Fonds und über sein Auflagedatum. Zu klein sollte das Fondsvolumen nicht sein, da der Fonds sonst Gefahr läuft, aufgrund von Anteilsrückgaben Wertpapiere auflösen zu müssen, und dann in guten Börsentagen nur durch Kapitalabfluss an Wert verliert. Auch ein gewisses Alter ist vorteilhaft für die Bewertung eines Fonds, da somit eine „track record", also eine Erfolgsgeschichte, vorliegt. Auf diese Weise können Sie leicht die Beständigkeit und Stetigkeit – vor allem im Vergleich mit Indizes oder Vergleichsfonds mit ähnlicher Ausrichtung – prüfen. Eine langfristige grafische Darstellung zeigt den Verlauf eines Fonds in der Vergangenheit – aktuelle Zahlen sagen meist nichts über historische Verlustphasen.

Tipp!

Oft sind auf den Internetseiten der Fondsgesellschaften aktuelle Kommentare der Fondsmanager veröffentlicht. Sie erklären die relative Entwicklung ihres Fonds zum allgemeinen Geschehen auf den Kapitalmärkten oder im Vergleich zum ausgewählten Anlageuniversum. Die Ergebnisse eines Fonds sind letztendlich die Ergebnisse eines Menschen oder eines Teams – schauen Sie daher auf das Fondsmanagement. Seit wann betreut ein Fondsmanager den Fonds? Ist es noch der gleiche oder hat ein Wechsel stattgefunden?

Ein einmal ausgewählter Fonds muss sich wie alle anderen Anlagen auch einer kontinuierlichen Überprüfung stellen. Ergeben sich gravierende Änderungen in der Qualität des Fonds oder ändern sich die persönlichen Parameter und Anlageziele, kann die Geldanlage mit Investmentfonds jederzeit an die aktuelle Lebenssituation angepasst werden.

Wichtig: Ein Fonds muss investiert bleiben

Über Fonds können Anleger an solchen Märkten investieren, die ihnen aufgrund hoher Mindestanlagesummen, mangels Informationen oder hohem Aufwand (Kosten) direkt nur sehr schwer zugänglich wären. Dabei reduzieren Fonds durch Risikostreuung das mit einer Einzelanlage verbundene Risiko. Risikolos oder ein Garant für stetige Gewinne ist damit die Anlage in einem Fonds keinesfalls. Die Wertentwicklung von Fonds bestimmt sich vornehmlich durch die Entwicklung der im Fonds befindlichen Papiere. Laufen die Papiere schlecht, so verzeichnet der Fonds ebenfalls Verluste.

Sich mittels besonderer Anlagepolitik gegen den Markt zu stemmen, ist dem Fondsmanager nicht möglich. Es ist gesetzlich vorgeschrieben, dass nur ein kleiner Teil des Fondsvermögens liquide gehalten werden darf. Diese Barreserven sollen vor allem dazu dienen, Rückgaben von Fondsanteilen sofort abzuwickeln, ohne bestehende Wertpapiere im Fonds verkaufen zu müssen. Außerdem braucht ein Fonds immer liquide Mittel für den Wertpapierhandel. Ein Fonds ist folglich immer nahezu vollständig investiert. Daher muss er eine längere negative Entwicklung, zum Beispiel des Aktienmarktes, in dem der Fonds anlegt, zwangsläufig mitmachen.

Alternative Anlagen: Immobilien und Beteiligungen

Die bisher betrachteten traditionellen Anlagen stellen die Standardanlagen eines jeden Anlegers dar. Neben der Palette der klassischen Anlageformen gibt es eine Reihe anderer, „alternativer" Anlageangebote auf dem Kapitalmarkt, die sich im Hinblick auf Chancen und Risiken von den klassischen Anlagen unterscheiden.

Alternative Anlagen besitzen oftmals eine geringere Liquidierbarkeit und investieren meist in andere Wirtschaftsgüter, als dies über die herkömmlichen Anlagen möglich ist. Der größte Nutzen von alternativen Anlagen liegt darin, dass sie das Ziel einer marktunabhängigen Rendite verfolgen. Dadurch ist ihre Wertentwicklung relativ unabhängig vom Kursverlauf und von der Wertentwicklung klassischer Wertpapierportfolios. Diese niedrige Wechselbeziehung führt dazu, dass sich durch die Beimischung von alternativen Anlagen zu traditionellen Portfolios gute Diversifizierungseffekte erzielen lassen. Die erzielbaren Renditen – insbesondere im Verhältnis zu den eingegangenen Risiken – können bei einer breiten Risikostreuung innerhalb der alternativen Anlagen überdurchschnittlich sein.

Wegen dieser Eigenschaften können sorgfältig ausgewählte alternative Investitionen nicht nur zur Diversifikation beitragen, sondern ebenso zur Renditeverbesserung eines Portfolios. Dies geschieht, indem sie den potenziellen Verlust bei starken Marktbewegungen absichern oder wie Immobilienfonds Schutz vor drohender Inflation bzw. Deflation bieten. Mit alternativen Anlagen diversifizierte Portfolios sind erfahrungsgemäß deutlich besser vor Kursverlusten geschützt und tendieren zu einem ausgeglichenen und beständigeren Wachstum als jene Portfolios, die nur aus Anleihen und Aktien bestehen.

Darüber hinaus eröffnet vor allem der Markt der geschlossenen Fonds für Anleger Wege und Möglichkeiten, Investitionen zu tätigen, die ihnen sonst aufgrund des mangelnden Zugangs und des hohen Kapitaleinsatzes nicht offen stünden.

In der Vergangenheit waren Beteiligung vor allem aufgrund steuerlicher Besonderheiten beliebte Anlageobjekte. So konnten beispielsweise mit Medienfonds oder auch geschlossenen Immobilienfonds hohe steuerliche Verlustzuweisungen mit anderen Einkommen verrechnet und die gesamte persönliche Steuerlast reduziert werden. Jedoch war kaum eine dieser Anlagen im Gesamtergebnis für den Investor wirtschaftlich attraktiv oder die steuerlichen Vorteile wurden noch während der Laufzeit einer Beteiligung gekippt. Mittlerweile sind Renditeaspekte und die oben beschriebenen Vorteile die Hauptgründe für eine Beteiligungsanlage.

Immobilien – Kaufentscheidung mit Gewicht

Immobilien spielen für viele Anleger eine große Rolle. Es muss aber nicht notwendigerweise das eigene Haus sein. Neben dem Eigenheim kann eine vermietete Immobilie als Kapitalanlage einen wichtigen Vermögensbaustein darstellen. Daneben stehen offene oder geschlossene Immobilienfonds bis hin zu Anteilen an börsennotierten Immobilienaktiengesellschaften (Reits) als Anlageformen zur Verfügung.

Immobilien sind immer langfristige Anlageformen, die viele Verpflichtungen und Folgekosten mit sich bringen. Für die meisten Anleger ist die Entscheidung, eine Immobilie zu kaufen, eine der gewichtigsten und weitreichendsten Entscheidungen im Leben.

Welche Rolle spielt für Sie Immobilienbesitz? Möchten Sie selbst darin wohnen oder sehen Sie ihn primär als Geldanlage?

Das Eigenheim – Wunsch oder Wirklichkeit?

Eine eigengenutzte Immobilie ist immer und in erster Linie eine Investition in die Lebensqualität. Renditegedanken spielen hier eine untergeordnete Rolle. Die persönlichen Wünsche und Vorstellungen über Art, Größe und Lage sowie die individuellen Gestaltungsmöglichkeiten der Immobilie stehen meist im Vordergrund. Und Gefühle lassen sich in Geld nicht bewerten. Dies schließt aber eine gründliche Kalkulation vor dem Kauf einer Immobilie keineswegs aus, im Gegenteil. Genaues Rechnen und ein Abwägen der Vor- und Nachteile sind vor dem Kauf einer Immobilie unabdingbar.

Achtung!

Die Vorstellung, „dann zahl ich halt die Miete in die eigene Tasche" trifft für lange Zeit nicht zu. Üblicherweise müssen Sie beim Erwerb einer Immobilie ein Darlehen über einen langen Zeitraum tilgen und bauen sich Ihr Eigentum so nur allmählich auf. Beim Vergleich zwischen Miete und Eigenheim sollten Sie mit spitzem Bleistift rechnen. Viele Kosten werden bei der Überlegung gerne übersehen.

In den meisten Fällen muss der Kauf oder der Bau einer Immobilie finanziert werden. In der Regel verlangen die Banken einen Eigenkapitaleinsatz von mindestens 20 Prozent des gesamten Kaufpreises. Dieses Geld muss vorhanden sein und darf nicht die eiserne Reserve ausschöpfen. Ein ausreichender Puffer für unvorhergesehene Ausgaben sollte immer vorhanden sein.

Die entgangenen Zinsen auf diese Anlage müssen fairerweise dem Immobilienkauf angerechnet werden. Je höher der Eigenkapitaleinsatz, desto weniger Kredit brauchen Sie und desto günstiger wird meist auch der Kredit. Die Banken tragen so weniger Risiko und honorieren dies über bessere Zinskonditionen.

Nebenkosten wie Makler, Notar- und Grundbuchamtskosten sowie Grunderwerbsteuer müssen bei einigen Banken selbst getragen und dürfen nicht finanziert werden. Hier können noch einmal zusätzliche Kosten von bis zu 10 Prozent des Kaufpreises anfallen.

Neben dem Aufwand für Zins und Tilgung fallen für den Eigenheimbesitzer noch weitere Kosten an: die Wohnnebenkosten (zum Beispiel Strom, Heizung, Wasser) sowie Rücklagen für Instandhaltung und mögliche Renovierungsmaßnahmen in der Zukunft. All diese Kosten sind in eine Waagschale zu werfen, während in die zweite Schale Miete, Nebenkosten und Zinsen auf das nicht eingesetzte Kapital gebracht werden. Die Höhe der Zinsen gegenüber einer tatsächlichen vergleichbaren Miete ist entscheidend. Die Gesamtkosten müssen auf lange Sicht in angemessenem Verhältnis zur ersparten Miete stehen und zudem auch tatsächlich bestritten werden können.

Beispiel

Das Ehepaar Groß überlegt, eine Eigentumswohnung mit Balkon im Dachgeschoss zu kaufen. Die Wohnung kostet 300.000 Euro. 100.000 Euro sollen als Eigenkapital eingebracht werden, der Makler verlangt noch einmal 9.000 Euro, Notar, Grundbuch und Grunderwerbsteuer schlagen mit 13.000 Euro zu Buche.

Das Paar informiert sich ausführlich über eine geeignete Immobilienfinanzierung – der Berater rechnet ihnen vor: Bei einem zehnjährigen Annuitätendarlehen beträgt der Zinssatz 5,14 Prozent, die anfängliche Tilgung 2 Prozent. Die Gesamtleistung – die Annuität – ergibt 7,14 Prozent (Zins plus Tilgung), die monatliche Rate beträgt 1.190 Euro. Nach zehn Jahren stünde noch eine Restschuld von 147.850 Euro aus. Zinsen wären bis dahin über 90.000 Euro gezahlt, echtes Eigentum wäre über die Tilgungsleistungen in Höhe von 52.150 Euro entstanden. Die Wohnung „gehört" aber nach wie vor der Bank. Bliebe der Zins auch nach zehn Jahren gleich, wäre die Wohnung nach 24 Jahren und zehn Monaten abbezahlt. Bis dahin hätte das Paar neben den 300.000 Euro mehr als 154.000 Euro an Zinsen gezahlt. Stiegen hingegen die Zinsen an, würde sich der monatliche Aufwand erheblich erhöhen.

Der Gesamtaufwand von Herrn und Frau Groß sieht folgendermaßen aus:

	300.000 Euro Kaufpreis
+	22.000 Euro Nebenkosten beim Erwerb
+	154.500 Euro Zinsen

=	**476.500 Euro Ausgaben**
+	Wohnnebenkosten
+	Rücklagen für Instandhaltung und Renovierung und Reparaturen.

Auf der anderen Seite überlegt das Ehepaar Groß, die Wohnung zu mieten. Die Miete beläuft sich auf 850 Euro. Der Betrag von 122.000 Euro, der beim Kauf für Eigenkapital, Makler, Notar und Grundbuch anfallen würde, wird mit 4,5 Prozent langfristig angelegt. Die Differenz zwischen den Annuitätsraten von 1.190 Euro und der Miete von 850 Euro wird in einen Aktienfondssparplan gesteckt, der sich mit durchschnittlich 6 Prozent entwickelt. Während der Laufzeit wird der Fondssparplan unverändert beibehalten. Vorausgesetzt, die Miete bleibt die ganze Zeit gleich, sieht die Rechnung nach 24 Jahren und zehn Monaten folgendermaßen aus:

-	253.300 Euro Miete
+	Wohnnebenkosten
+	363.900 Euro Einmalanlage
+	227.657 Euro Aktienfondssparplan
=	**338.257 Euro liquider Vermögensaufbau**

Familie Groß weiß, dass sie für den Fall des Immobilienkaufs auf jeden Fall weiteres Geld auf die Seite legen müsste. Denn sonst haben sie im Alter zwar eine eigene Immobilie, aber keine anderweitigen Reserven auf der Seite. Relativiert wird diese Betrachtung dadurch, dass die Immobilie nach 24 Jahren wahrscheinlich an Wert gewonnen haben wird, sodass bei einem Verkauf ein höherer Preis erzielbar wäre als beim Kauf bezahlt wurde. Auf der anderen Seite kann man sicher davon ausgehen, dass in 24 Jahren auch die Miete erhöht wurde. Im Moment erscheint Herr und Frau Groß der Mehraufwand, den sie bei einem Kauf tragen müssten, im Vergleich zu ihrer günstigen Miete zu hoch. Sie werden noch etwas abwarten und bis dahin weiteres Eigenkapital ansparen.

Damit der Traum von der eigenen Immobilie Realität werden kann, müssen Sie im Vorfeld die wichtigste Frage klären: Wie viel Immobilie können und wollen Sie sich leisten. Vor dem Kauf oder Bau einer Immobilie sollten Sie folgende Fragen genau überdenken:

• Wie viel Geld an Eigenkapital können Sie aufbringen?

• Wie viel Geld wird Ihnen für eine Finanzierung der Immobilie höchstens geliehen?

• Wie hoch wäre die monatliche Belastbarkeit, um die Zinsen und Tilgungsraten für die Kredite abzuzahlen?

Steht neben der momentan gezahlten Miete inklusive der Nebenkosten ein weiterer Betrag zur Verfügung, ohne dass Sie sich dafür krumm legen müssen, entspricht dies dem Betrag, den Sie für die Finanzierung Ihrer Immobilie ausgeben können. Nehmen wir noch einmal das Beispiel oben: Wenn neben der Miete von 850 Euro noch weitere 340 Euro übrig sind, können Zins und Tilgung bestritten werden. Rücklagen und Liquidität für die Lebenshaltung sollten auf jeden Fall gewährleistet bleiben.

> **Tipp!**
> Eine weitere Faustformel lautet: Wenn die monatlichen Ausgaben für das Darlehen mehr als 30 bis 40 Prozent der monatlichen Nettoeinnahmen ausmachen, sollte vom Immobilienerwerb Abstand genommen werden.

Besonders für die Altersvorsorge kann die eigene Immobilie ein wertvoller Baustein im Gesamtvermögen sein. Sie wohnen mietfrei in der dann meist abbezahlten Immobilie. Auf den finanziellen Vorteil der eingesparten Miete fallen keine Steuern an. Bei allen anderen Anlageformen beginnt ab einer bestimmten Höhe des Gesamteinkommens die Steuerpflicht.

Die acht wichtigsten Tipps für Ihre Eigenheimfinanzierung

Jetzt mit hoher Tilgung beginnen

Bei den historisch gesehen derzeitigen nach wie vor günstigen Zinsen lohnt es sich, mit einer relativ hohen Anfangstilgung zu beginnen. Zwei Prozent, sofern möglich, sollten es schon sein. Dank der niedrigen Zinsen besteht ein finanzieller Spielraum, der für die schnellere Entschuldung genutzt werden sollte. Mit einer geringeren Restschuld fällt am Ende der Zinsbindung das Risiko steigender Zinsen weniger ins Gewicht und die vollständige Entschuldung der Immobilie kann früher erreicht werden.

Sondertilgung für mehr Individualität

Wenn Sie dagegen die monatliche Belastung niedriger halten wollen und zum Beispiel einmal jährlich Bonuszahlungen erhalten, erzielen Sie einen ähnlichen Effekt, wenn Sie jährliche Sondertilgungen vereinbaren. Achten Sie aber auf die Vertragsbedingungen, damit Sie darauf keinen höheren Zins zahlen müssen. Viele Finanzierungspartner bieten die Option einer Sondertilgung mittlerweile ohne Zinsaufschlag an. Die Möglichkeit der Sondertilgung kann bis zur vereinbarten Summe wahrgenommen werden, muss es aber nicht. Allerdings kann eine nicht bezahlte Sondertilgung nicht im folgenden Jahr zusätzlich nachgeholt werden. Immer öfter bieten Kreditgeber heute auch Darlehen mit Tilgungsanpassungen an. Auch diese Option sollte kostenlos sein. Sie hilft, die Tilgung den veränderten Lebensumständen anzupassen. Bei Nachwuchs kann durch eine Tilgungsanpassung die monatliche Belastung leicht gesenkt werden. Bei einer Gehalterhöhung lässt sich das Tempo der Entschuldung steigern.

Durch Förderprogramme Geld sparen

Erkundigen Sie sich nach öffentlichen Förderprogrammen durch den Staat, die Länder oder die Kommunen. So unterstützt zum Beispiel die Kreditanstalt für Wiederaufbau (KfW) den Erwerb von Immobilieneigentum und ökologisches Bauen. Fragen Sie bei der zuständigen Gemeinde nach, da es häufig auch ergänzende kommunale Programme gibt.

Der richtige Finanzierungsplan

Um langfristig kalkulieren zu können, vereinbaren Sie eine langfristige Zinsbindung, gerade in Niedrigzinsphasen. Auch wenn Sie wenig oder kein Eigenkapital eingebracht haben, sollte die Zinsbindung mindestens zehn Jahre betragen. Achtung: Wer wenig Eigenkapital einsetzt und nach fünf Jahren eine Anschlussfinanzierung zu höheren Zinsen vornehmen muss, kann oftmals die Anschlussfinanzierung über die hohe Restschuld nicht stemmen und es kommt zur Zwangsversteigerung.

Tipp!

Grundsätzlich kann man sagen, dass die Zinsen dann niedrig sind, wenn sie unter dem 30-jährigen Durchschnitt liegen. Sind die Konditionen historisch niedrig, lohnen Zinsbindungen von 15 oder 20 Jahren, die oft nur wenig mehr kosten als eine zehnjährige Zinsbindung. Der Vorteil: Auch bei langen Zinsbindungen haben Sie nach zehn Jahren ein Kündigungsrecht, wenn die Zinsen niedriger als der vereinbarte Zinssatz sein sollten – ohne dass die Bank Vorfälligkeitsentschädigung verlangen darf.

Wenn Sie mit mehr Flexibilität vorangehen wollen, staffeln Sie Ihren Finanzierungsplan mit mehreren Darlehen unterschiedlicher Laufzeit und Tilgungshöhen. Etwa die Hälfte des Kreditbedarfes kann über ein langjähriges Darlehen finanziert werden, das über einen langen Zeitraum die Zinsen sichert. Die andere Hälfte kann beispielsweise über ein gefördertes Darlehen und ein kürzer laufendes Darlehen abgedeckt werden. Damit profitieren Sie von den meist niedrigeren kurzfristigen Zinsen.

Vorsicht bei Fremdwährungskrediten

Häufig werben Banken mit Superzinskonditionen für die Immobilienfinanzierung mittels eines Fremdwährungskredites. Ein Kredit in Schweizer Franken oder ein Kredit in Yen hat deutlich niedrige Zinsen als in Euro. So verlockend diese günstigen Zinsen aber auch scheinen, die damit verbundenen Risiken sind hoch. Zum einen können sich die Zinsen in dem entsprechenden Land ändern, zum anderen kann die Währung sich ungünstig entwickeln. Steigt zum Beispiel während der Laufzeit der Schweizer Franken an, so müssen Sie am Ende der Laufzeit erheblich mehr Geld zurückzahlen als die ursprüngliche aufgenommene Kreditsumme. Umgekehrt entsteht natürlich ein Gewinn, wenn der Schweizer Franken gegenüber dem Euro schwächer wird. Prognosen über die Entwicklung von Währungen sind sehr spekulativ zu betrachten. Fremdwährungskredite eignen sich daher für die meisten Häuslebauer nicht.

Rechtzeitig Anschlussdarlehen sichern

Kümmern Sie sich rechtzeitig vor dem Ende der Zinsbindung um die Verlängerung Ihres Darlehens. Oft werden die Verlängerungsangebote der Bank ohne Prüfung einfach akzeptiert. Dabei ist das Ende einer Zinsbindung der beste Moment, preiswertere Angebote und einen Wechsel zu einem günstigeren Anbieter zu überprüfen. Auch können Sie zu dem Zeitpunkt eine separate hohe Sondertilgung leisten und die Gesamtschuld deutlich reduzieren.

Wer in den zwei oder drei Jahren vor Ende einer Zinsbindung mit steigenden Zinsen rechnet, kann sich bei den meisten Banken mit einem sogenannten Forward-Darlehen die heutigen Konditionen sichern. Dabei wird auf aktueller Basis mit geringem Aufschlag ein Darlehen für die zukünftige weitere Finanzierung fest vereinbart. Das Darlehen wird nicht sofort ausgezahlt, sondern erst zu einem fest vereinbarten Termin in der Zukunft, an dem das bestehende Darlehen abläuft.

Risiko-Absicherung – ein Muss!

Eine Absicherung mindestens in Höhe der Darlehenssumme gegen den Todesfall des Hauptverdieners ist ein elementar wichtiger Baustein in einem gesamten Finanzierungskonzept. Wer eine Familie zu versorgen hat und nicht über großes Vermögen verfügt, muss diese absichern! Das geht am besten über eine Risiko-Lebensversicherung. Alternativ kann auch eine Restschuldversicherung abgeschlossen werden, bei der sich die Versicherungssumme jedes Jahr im gleichen Verhältnis wie die Tilgung des Darlehens reduziert.

Kredit verkauft?

Seit einigen Monaten hört man Schreckensnachrichten von Immobilienfinanzierern in den Medien, die sich ohne eigenes Zutun neuen Darlehensgeber gegenüber sahen, die neue Konditionen forderten, das Darlehen kündigten und auch vor Zwangsversteigerungen nicht Halt machten. Der Hintergrund: Deutsche Banken haben milliardenschwere Kredite –

vor allem für Immobilien – verkauft, um ihre Bilanzen zu sanieren. Dies ist international üblich und gilt grundsätzlich als sinnvoll, weil Banken sich auf diese Weise günstig refinanzieren und sich dies letztlich in niedrigeren Zinsen niederschlägt. Eine Übertragung ist ohne die Zustimmung der Kunden möglich, wenn vertraglich nichts anderes vereinbart ist. In der Regel merkt der Kunde von den Refinanzierungen nichts, da der Kredit weiter von der Bank verwaltet wird. Es gibt aber auch Fälle, in denen Kunden plötzlich mit neuen Gläubigern konfrontiert wurden. Denn einige der neuen Besitzer wollten billig erworbene Kreditpakete nicht bloß verwalten, sondern schnell profitabel verwerten.

Tipp!

Darlehensnehmer, die ihren Kredit pünktlich bedienen und die vereinbarten Zins- und Tilgungsleistungen laufend erbringen, haben nach derzeitiger Rechtslage nichts zu befürchten. Der Käufer des Kredites hat keine Möglichkeit, den Kredit vorzeitig zu kündigen. Sollte er es doch versuchen, können Kunden sofort rechtliche Gegenmaßnahmen ergreifen. Lassen Sie sich daher nie dazu bewegen, aus einem laufenden Darlehensvertrag auszusteigen, egal wie dringlich die Bitte um Einwilligung zur Beendigung des Vertrages sein mag. Bestehen Sie auf unveränderter Fortführung Ihres Vertrages und kümmern Sie sich rechtzeitig vor Ablauf der Zinsbindung um eine Anschlussfinanzierung.

Auch bei Neuabschlüssen müssen Sie einige Punkte beachten: Mittlerweile gibt es einige wenige Institute, die im Vertrag ausdrücklich auf einen Verkauf des Kredites nebst Sicherheiten verzichten. Meist muss das mit einem Zinsaufschlag bezahlt werden. Lassen Sie sich den Abtretungsverzicht ins Grundbuch eintragen. Vereinbaren Sie schriftlich mit der Bank, mindestens sechs Monate vor Ende der Zinsbindung einen Vorschlag für die Anschlussfinanzierung zu erhalten. Wird der Kredit dann verkauft, gehen diese Pflichten ebenfalls mit über und Sie haben ausreichend Zeit, mit anderen Anbietern zu sprechen. Achten Sie darauf, dass die Vollstreckungsunterwerfung, also die Eintragung der Grundschuld in das Grundbuch für die Bank, nur für die finanzierende Bank gilt und nicht auf einen Käufer übertragen werden kann.

Darlehensnehmer, die mit der Bedienung ihres Kredites in Zahlungsschwierigkeiten sind, haben weniger gute Karten. Grundsätzlich kann ein Gläubiger in diesem Fall die Zwangsvollstreckung einleiten. Sprechen Sie umgehend mit der Bank, um Alternativen verhandeln zu können, oder überlegen Sie frühzeitig, die Immobilie selbst zu verkaufen, um eine Zwangsvollstreckung zu vermeiden.

Die vermietete Immobilie als Kapitalanlage

Bei vermieteten Immobilien stehen die Einkünfte aus Mieteinnahmen, Steuervorteile und ein Wertzuwachs im Vordergrund. Jeder Erwerber muss sich aber auch über den Aufwand im Klaren sein, der mit einer Vermietung auf ihn zukommt. Selbst die Verlagerung auf eine Hausverwaltung führt zu Kosten, mit denen er rechnen muss.

Als ein Vermögensbaustein kann die vermietete Immobilie einen wichtigen Beitrag vor allem für die Altersvorsorge leisten. Als langfristiger Sachwert ist sie unabhängig von der Geldentwertung und bietet einen Inflationsschutz. Im Alter können die Mietzahlungen zur Rente beitragen. Nach zehn Jahren kann die Immobilie in der Regel steuerfrei veräußert werden. Zu berücksichtigen ist aber, dass für den Erwerb der Immobilie meist ein hoher Kapitaleinsatz erforderlich ist und Folgekosten für Instandhaltungsmaßnahmen, Reparaturen und Renovierung anfallen. Hinzu kommt der Verwaltungsaufwand, der für die Vermietung der Immobilie erforderlich ist. Von einer gesicherten Rendite darf nicht auf jeden Fall ausgegangen werden. Bei Leerstand der Immobilie oder säumigen Mietern kann die Miete ganz ausfallen oder sich aufgrund sinkender Mietpreise reduzieren.

Wie bei jeder anderen Anlage auch müssen schließlich Qualität, Aufwand und Kosten stimmen. Die drei „L" als Qualitätskriterium einer Immobilie – Lage, Lage, Lage – und der Zustand der Immobilie sind wichtige Parameter für den Kauf. Vergleichen Sie den Preis der Immobilie mit ähnlichen Immobilien und prüfen Sie die Ausstattung. Besteht Renovierungsstau? Gibt es Feuchtigkeit im Keller oder anderen Räumen? Wie ist der Zustand der sanitären Anlagen? Ist die Immobilie sicher zu vermieten? Prüfen Sie die Sozialstruktur im Umfeld und sprechen Sie mit den Nachbarn über mögliche Probleme. Am wichtigsten jedoch: Besichtigen Sie die Immobilie selbst. Am besten an verschiedenen Tagen und zu verschiedenen Zeiten.

Tipp!

Im Gegensatz zur selbst genutzten Immobilie werden fremd genutzte Immobilien steuerlich begünstigt. Ein Vermieter kann höhere Anschaffungs- und Herstellungskosten abschreiben, weitere Werbungskosten absetzen und diese gegen die Mieteinnahmen aufrechnen.

Auch die Zinsen für eine Finanzierung können bei dem Vermietungsobjekt steuerlich geltend gemacht werden. Daher ist es für den Kapitalanleger sinnvoll, ein Darlehen nicht oder möglichst gering zu tilgen. Die Zinsen beziehen sich auf die gesamte Darlehensschuld, sie sollten so hoch wie möglich bleiben. Durch die gleich bleibenden Zinsbeträge kann ein Vermieter ständig hohe Werbungskosten geltend machen.

Sinnvoll kann auch ein Festdarlehen mit Tilgungsaussetzung sein, das bei Fälligkeit in einem Schlag oder zum großen Teil zurückgezahlt wird. Anstelle der monatlichen Tilgung wird der Betrag in einen Sparplan investiert, der bei Auslauf des Kredites für die Rückzahlung zur Verfügung steht.

Achtung!

Die beste Finanzierung und die lukrativsten Steuervorteile können aber nicht über das Risiko einer schlechten oder überteuerten Immobilie hinweghelfen. Mietausfall und drastische Kaufpreisverluste haben aus so mancher wohlklingenden Investition ganz schnell ein schwarzes Loch der Geldvernichtung gemacht. In diesem Fall wurde im wahrsten Sinne des Wortes nur Leer-Geld gezahlt.

Beteiligungen über geschlossene Fonds

Mit einer Beteiligung an einem geschlossenen Fonds wird der Anleger meist zum Unternehmer mit allen Risiken und Chancen. Bei geschlossenen Fonds werden die benötigten Gelder für ein genau bestimmtes Projekt durch den Verkauf einer von vornherein festgelegten und begrenzten Zahl von Anteilen aufgebracht. Investitionen sind nur für eine bestimmte Zeitspanne – im Platzierungszeitraum – oder bis das kalkulierte Volumen erreicht ist, möglich. Anschließend wird der Fonds geschlossen, es werden keine neuen Anteile mehr ausgegeben. Die Höhe des Fondskapitals ist also direkt zu Beginn bereits fest definiert und die Anlegerzahl begrenzt. Anlagegesellschaften nutzen die Möglichkeit der geschlossenen Fonds zur Finanzierung bestimmter Investitionsprojekte. Investoren haben bei einem geschlossenen Fond keinen Anspruch auf eine Rücknahme des Anteils. Der Verkauf der Anteile kann bei geschlossenen Beteiligungen nur an Dritte, möglicherweise über eine der sogenannten Fondsbörsen, erfolgen. Der Kurswert eines Anteils richtet sich nicht nach dem realen, anteiligen Wert am Fondsvermögen, sondern ist der freien Preisbildung unterworfen. Der Verkauf der Anteile kann bei geschlossenen Fonds nur an Dritte erfolgen, entweder direkt oder über eine der Zweitmarktplattformen oder Fondsbörsen erfolgen.

Um Ihnen einen Überblick über die verschiedenen Arten geschlossener Fonds sowie ihrer jeweiligen Besonderheiten zu geben, finden Sie auf den nachfolgenden Seiten umfangreiche Informationen über die wesentlichen Typen geschlossener Fonds:

Geschlossene Immobilienfonds

Geschlossene Immobilienfonds investieren in genau bestimmte Immobilien. Es handelt sich in der Regel um gewerblich genutzte Objekte, zum Teil auch Wohnimmobilien. Im Gegensatz zu offenen Immobilienfonds ist die Anzahl der Anteile beim geschlossenen Fonds begrenzt. Sobald das Kontingent verkauft ist, wird der Fonds geschlossen. Das heißt: Danach ist ein Zukauf bzw. Verkauf von Anteilen nicht mehr möglich.

Tipp!
Mittlerweile gibt es einen sehr gut funktionierenden Zweitmarkt, über den gute und prospektgemäß laufende Beteiligungen vor Ende ihrer Laufzeit veräußert werden können.

Die Beteiligung an einem geschlossenen Immobilienfonds, also der Kauf bzw. die Zeichnung von Anteilen, kann mit einem Direkterwerb einer Immobilie verglichen werden. Die Fonds haben eine Laufzeit von etwa 15 bis 20 Jahren. Anschließend werden die Immobilien veräußert und das eingesetzte Kapital wird an die Fondszeichner zurückgezahlt. Während der Fondslaufzeit werden Einkünfte aus Vermietung und Verpachtung erzielt.

Geschlossene Immobilienfonds eignen sich vor allem für Anleger, die Gelder langfristig investieren möchten und Immobilienvermögen ohne großen Eigenaufwand aufbauen wollen. Risiken können sich vor allem durch Leerstand der Immobilien ergeben. Achten Sie daher auf die Lage und das Nutzungskonzept der Immobilien, auf die Langfristigkeit der Mietverträge und die Bonität der Mieter.

Neben den inländischen Immobilienfonds gibt es auch immer mehr Fondsangebote, die in ausländische Immobilien investieren, wie zum Beispiel Gewerbeimmobilien in Holland, in Frankreich oder in den USA.

Auslandsimmobilienfonds können eine interessante Alternative zu einem deutschen Fonds sein, denn ein Anleger profitiert aufgrund von Doppelbesteuerungsabkommen von einer vergleichsweise günstigeren Besteuerung der Einkünfte aus dem ausländischen Objekt. Nach Ausschöpfung der Freibeträge gelten die landesbezogenen Steuersätze, die meistens unter den vergleichbaren deutschen Steuersätzen liegen. Die Einkünfte unterliegen in Deutschland lediglich dem Progressionsvorbehalt.

Die ausländischen Immobilienanlagen unterliegen gegenüber inländischen Immobilien zusätzlichen Risiken und Chancen: So sind zum Beispiel die ausländischen Immobilienmärkte von hier schwieriger zu beobachten. Liegt das Anlageland nicht im Euroraum, können außerdem Währungsschwankungen auftreten. Dafür erwirtschaften gute Immobilienfonds in der Regel höhere Ausschüttungen als vergleichbare inländische Fonds. Außerdem profitieren die Anleger zusätzlich regelmäßig von Steuerersparnissen durch die verschiedenen Doppelbesteuerungsabkommen oder Pauschalsteuerregelungen.

Private Equity-Fonds

Private Equity hat sich als Oberbegriff für alle Formen des privaten Beteiligungskapitals etabliert. „Private Equity" bedeutet „privates Kapital" oder „private Beteiligung". Es handelt sich dabei um die Beteiligung am Eigenkapital nicht börsennotierter Unternehmen. Kapitalgeber sind hauptsächlich institutionelle Investoren sowie vermögende Privatpersonen.

Die Investoren sind anteilig am Gewinn beteiligt, haften nur mit ihrer Einlage und sitzen oft in der Geschäftsführung. Eine laufende Verzinsung oder regelmäßige Dividenden sind bei dieser Anlageform nebensächlich. Ein Private Equity-Investor erwirtschaftet seine Erträge vielmehr über die Wertsteigerung der Beteiligung bis zur Wiederveräußerung. Ziel der Investoren ist es daher, sich möglichst früh und günstig an einem oder mehreren erfolgsversprechenden Unternehmen zu beteiligen.

Je nach Reifegrad der Unternehmen, in die sie investieren, lassen sich Venture Capital-Gesellschaften und Private Equity-Gesellschaften unterscheiden. Erstere beteiligen sich an jungen Unternehmen in der Gründungs- und Wachstumsphase, letztere in späteren Phasen der Unternehmensentwicklung, beispielsweise zur Finanzierung einer Expansions- und Wachstumsstrategie oder an sanierungsbedürftigen Unternehmen. Investitionsobjekte sind öffentliche Firmen, die privatisiert werden, mittelständische Unternehmen, die Nachfolger suchen, Tochterfirmen eines Unternehmens, die ausgegliedert werden oder Unternehmen in der Gründungsphase mit einer aussichtsreichen Geschäftsidee.

Und so gehen Private-Equity-Gesellschaften vor

Zunächst wird ein Fonds aufgelegt, um finanzielle Mittel zu erlangen. Sobald das Geld für das gesamte Investitionsvolumen zusammen ist, wird der Fonds für weitere Gelder und neue Anleger geschlossen. Dann wird mit dem Geld aus dem Fonds und weiteren Krediten die Mehrheit an mehreren Unternehmen erworben. Zurückgezahlt werden die Kredite aus dem Cash Flow der gekauften Unternehmen.

Private Anleger können auf unterschiedlichen Wegen im Bereich Private Equity investieren:

* Direktbeteiligung an einem Unternehmen

  Bei einer Direktanlage in Private Equity handelt es sich generell um eine unternehmerisch bewusst getroffene Entscheidung mit Beteiligung am oder Übernahme des Managements. Lediglich einige wenige Großinvestoren sind in der Lage, eine solche Anlagestrategie zu verfolgen. Aufgrund des hohen Aufwands ist ein solches Vorgehen für die meisten Privatanleger praktisch nicht durchführbar.

* Private Equity Fonds

  Im Sinne einer Diversifizierung erfolgt über einen Fonds die Beteiligung an 15 bis 20 Unternehmen, an denen der Fonds beteiligt ist. Oft sind aber mehrere Millionen für die Mindestzeichnungssumme die Voraussetzung.

* Private Equity Dachfonds

  Die meisten Private Equity Fonds werden nach dem Dachfondsmodell verwaltet. Die Investitionen vieler Anleger werden gesammelt in mehrere Private Equity Fonds investiert. Über die Fund of Funds-Lösung tragen im Ergebnis 200 bis 400 Unternehmen zur gesamten Entwicklung bei. Dadurch wird das eingesetzte Kapital stark diversifiziert und das Risiko sinkt. Die Mindestgrößen für eine Beteiligung sind deutlich niedriger. Private Equity-Dachfonds stellen für den Privatanleger die beste Anlagemöglichkeit für diese Anlageklasse dar.

Laufzeit und Ertrag

Die Laufzeit von Private Equity Fonds liegt je nach Konzept zwischen acht und zwölf Jahren. Der Ertrag resultiert aus der Entwicklung der Beteiligungen. Je nach Konzeption der Fonds bewegt sich der Ertragshorizont in der Regel im zweistelligen Bereich.

Das sind die Vorteile für Anleger

Investitionen im Bereich Private Equity können für Anleger, die bereits ausreichend liquides Wertpapiervermögen aufgebaut haben und über

259

weitere Assetklassen diversifizieren wollen, eine sinnvolle Alternative darstellen. Private Equity Fonds laufen im Allgemeinen nicht im Gleichschritt mit anderen Anlageklassen wie Aktien oder Renten. Dadurch kann in der privaten Vermögensstruktur eine höhere Diversifikation erreicht werden. In der Vergangenheit hat sich gezeigt, dass Private Equity Fonds neben der niedrigen Wechselbeziehung mit anderen Anlageformen auch sehr gute Renditen erwirtschaften konnten. Mehr als 10 Prozent des liquiden Vermögens sollte nicht in dem Bereich angelegt werden. Und es sollten nur Gelder investiert werden, die während der Laufzeit des Fonds nicht benötigt werden.

Ein optimiertes Private Equity-Portfolio wird in kleinen Schritten über mehrere Jahre in unterschiedlichen Ländern und Branchen aufgebaut.

Chance und Risiko

Hohe Renditen sind natürlich mit einem höheren Risiko verbunden. Werden die Unternehmen, in die investiert wird, mit ausreichender Sorgfalt ausgewählt, dann sind hohe Gewinne möglich. Auf der anderen Seite ist jedoch trotz aller Sorgfalt auch der Totalverlust einer einzelnen Beteiligung möglich. Das Risiko, dass eines oder mehrere der Unternehmen, die im Fonds enthalten sind, insolvent werden, wird durch eine Dachfondslösung deutlich abgefangen. Statistisch betrachtet, liegt das Risiko eines Totalausfalles bei einem Dachfonds bei Null.

Achtung!

Wenn Sie an Private Equity Beteiligungen interessiert sind, sollten Sie sich unbedingt persönlich beraten lassen. Es gehört eine Menge Expertise dazu, herauszufinden, welches Angebot hinsichtlich Anlagezielen und -inhalten, Sicherheit, Rentabilität und Kosten das für Sie am besten geeignete ist.

Schiffsfonds

Die Wurzeln von Schiffsbeteiligungen reichen zurück bis ins 14. Jahrhundert. Die historische Gesellschaftsform der Partenreederei ist noch heute Bestandteil des deutschen Gesellschaftsrechts.

FRIEDRICH DER GROSSE, GRÜNDUNGSPATENT DER PREUSSISCHEN SEEHANDLUNGS-SOCIETÄT 1772

„Indem Wir unablässig bemühet sind für das Glück und den Wohlstand Unserer Untertanen zu sorgen, so bemerken Wir, wie vorteilhaft es Ihnen sein würde, unmittelbar und unter Unserer Flagge von Unseren Häfen die Häfen von Spanien und alle anderen Plätze zu beschiffen, wo sich vernünftige und sichere Aussichten zu einem tüchtigen Gewinn von Aus- und Einfuhr für Unsere Staaten vorfinden möchten." Eine Schiffsbeteiligung ist eine unternehmerische Investition mit Chancen und Risiken. Früher waren es vor allem Reedereien, die als Kapitalgeber für Schiffe fungierten. Heute kann sich über Schiffsfonds jeder Anleger an dieser Anlageklasse beteiligen. Mittlerweile werden Schiffsneubauten für deutsche Reedereien überwiegend über Fonds finanziert, die meisten Containerschiffe unter deutscher Flagge sind so entstanden.

Schiffsbeteiligungen sind meist geschlossene Fonds in der Rechtsform einer Kommanditgesellschaft. Sie sammeln Anlegergelder ein, nehmen zusätzliche Kredite auf und erwerben damit ein oder mehrere Schiffe. Der Anleger tritt nur während eines bestimmten Zeitraumes, dem Platzierungszeitraum, der Schiffsgesellschaft bei. Sobald dem Schiffsfonds ausreichend Anleger beigetreten sind und das erforderliche Eigenkapital erreicht ist, wird der Fonds geschlossen. Jeder Anleger haftet nur mit seiner Einlage.

Der Vertragsreeder übernimmt das technische und wirtschaftliche Management des Schiffes, dafür wird er aus dem Fondsvermögen entlohnt. Aus dem Betrieb oder der Vercharterung der Schiffe werden laufend Erträge erzielt. Als Investor in einem Schiffsfonds werden Sie Miteigentümer des oder der Schiffe und profitieren von den Ausschüttungen, die meist nur zu sehr geringem Anteil steuerpflichtig sind. Dieses Ergebnis wird durch die Anwendung der Tonnagesteuer ermöglicht. Die Tonnagesteuer ist eine pauschale Gewinnermittlung für Seeschiffe, die im internationalen Verkehr eingesetzt werden. Sie ermöglicht es unter bestimmten Voraussetzungen, für Schiffsfonds eine pauschale Gewinnermittlung zu wählen, die sich nach der Größe des Schiffes richtet. Ein Schiff muss so nicht seinen tatsächlichen Gewinn aus Schiffsbetrieb versteuern, sondern führt nur einen pauschalen Betrag ab. Damit wird dann lediglich der auf diese Weise ermittelte Pauschalgewinn versteuert, der vom tatsächlichen Betriebsergebnis der Gesellschaft unabhängig ist.

Tipp!

Dieser Pauschalgewinn ist meist so niedrig, dass die Auszahlungen an die Anleger während der Betriebsphase des Schiffes weitgehend steuerfrei vereinnahmt werden können. Die Tonnagesteuer ist damit ein echtes Alleinstellungsmerkmal der Assetklasse „Schiffsbeteiligung" und ermöglicht attraktive Nachsteuerrenditen. Am Ende der Laufzeit steht der steuerfreie Verkauf des Schiffes an.

Für den wirtschaftlichen Erfolg einer Schiffsbeteiligung sind insbesondere drei Größen ausschlaggebend:

- **Einkaufspreis:** Im Einkauf liegt der Gewinn. Der Einkaufspreis eines Schiffes hat großen Einfluss auf die Rendite beim späteren Verkauf

- **Leistungsbilanz des Emissionshauses:** Sie gibt wichtige Hinweise über vergangene Beteiligungen und deren Entwicklung. Auch wenn Erfolge in der Vergangenheit kein Garant für die Erfolgsaussichten einer aktuellen Schiffsbeteiligung sein müssen, können Sie sich ein erstes Bild über Erfolg oder Misserfolg aller am Projekt Beteiligten machen.

- **Konzeption:** Realistische und wirtschaftlich nachhaltige Geschäftsmodelle sind ausschlaggebend für den Erfolg einer Schiffsbeteiligung.

Achtung!

Ein absolutes Ausschlusskriterium ist eine im Prospekt erwähnte Nachschusspflicht. Das heißt, dass Sie bei finanziellen Engpässen über Ihre Einlage hinaus weiteres Geld nachschießen müssen. Eine solche Beteiligung sollten Sie meiden.

Chancen und Risiken

Schiffe sind Transportvehikel im internationalen Warenverkehr. Die Entwicklung von Treibstoffpreisen, Währungsschwankungen und Nachfrageauslastung beeinflussen die Rentabilität einer Schiffsbeteiligung. Der spätere Verkaufserlös eines Schiffes kann höher ausfallen als erwartet, aber auch niedriger. Nach Beendigung der ursprünglich vereinbarten Charter ist die Gestaltung der Anschlussbeschäftigung wichtig für die weitere Entwicklung. Schließlich können sich auch Steuer- und Gesetzesänderungen negativ auf das Gesamtergebnis auswirken.

Tipp!

Auch hier gilt: Lassen Sie sich umfassend beraten – bis Ihnen der Geschäftszweck des Schiffes, die Prognoserechnung, die möglichen Risiken und alle Kosten klar ersichtlich und verständlich sind. Lassen Sie sich für eine konkrete Anlagesumme eine Berechnung für die Beteiligung erstellen. Und: Kaufen Sie nichts, was Sie nicht verstehen.

Andere unternehmerische Beteiligungen

Im Bereich der geschlossenen Fonds gibt es eine Vielzahl neuer und innovativer Fondskonzepte. Dazu zählen unter anderem Container, Flugzeuge, Triebwerke, Klimaschutz, Infrastrukturfonds oder Beteiligungen in erneuerbare Energien.

Als erneuerbare bzw. regenerative Energien bezeichnet man die Energiegewinnung aus nachwachsenden Rohstoffen oder natürlichen, unerschöpflichen Quellen – im Gegensatz zu fossilen Brennstoffen wie Erdöl oder Kohle, die endlich sind. Zu den alternativen Energiequellen gehört die traditionelle Wasserkraft, ebenso die Solarenergie, die Windenergie und neuere Formen wie Biomasse, Brennstoffzellen und geothermische Energie.

Zweifellos handelt es sich hierbei um Anlagen in Wachstumsmärkte. Bedenken Sie jedoch: Viele dieser Märkte und Entwicklungen sind noch sehr jung und unstrukturiert. Eine tatsächliche Marktreife kann daher gar nicht gewährleistet werden. Mangels empirischer Erfahrungswerte können auch keine validen Prognoserechnungen ausgestellt werden. In vielen Fällen ist zudem die Rechtslage nicht stabil.

Geschlossene Fonds – Das sollten Sie wissen

Der Absatz eines zum **öffentlichen Vertrieb zugelassenen** geschlossenen Fonds in Deutschland ist nur erlaubt, wenn die Bundesanstalt für Finanzdienstleistung, die BaFin, den Prospekt geprüft hat und den Vertrieb gestattet. Kontrollieren Sie daher bei öffentlich vertriebenen Angeboten stets, ob die Genehmigung durch die BaFin im Verkaufsprospekt enthalten ist.

Das heißt aber nicht, dass Beteiligungen über **Private Placements** schlecht sind, im Gegenteil. Sehr häufig finden sich gerade unter den nicht öffentlich abgesetzten Modellen erstklassige Anlageobjekte. Private Placements finden immer unter Ausschluss einer Börse (eines öffentlichen Handelsplatzes) statt, indem einige wenige Privatpersonen oder Institutionen direkt angesprochen werden. Oft wird der Vermögensgegenstand vom Emittenten direkt an den Investor verkauft. Privatplatzierungen entbinden teilweise von Publizitätspflichten, wie zum Beispiel dem Wertpapierprospekt bei Kapitalerhöhungen.

Bei den öffentlich vertriebenen Fonds prüft die BaFin lediglich die Vollständigkeit eines Verkaufsprospektes, ob wirklich alle Angaben, die ein Anleger wissen sollte, in dem Prospekt gefunden werden können. Ob die

Prognoserechnungen richtig sind und die Erfolgsaussichten realistisch, wird nicht überprüft. Diese Prüfung wird für etliche Fonds durch Wirtschaftsprüfer oder Experten dargestellt und veröffentlicht. Fragen Sie unbedingt nach unabhängigen Analysen. Gute Fonds müssen sich nicht verstecken und lassen sich gerne vergleichen.

Lesen Sie zusätzlich die Leistungsbilanz und hinterfragen Sie alle am Projekt beteiligten Partner:

- Ist der Vertragspartner seriös und erfahren?
- Wie sind die bisherigen Fonds des Anbieters gelaufen?
- Hat der Anbieter in der Vergangenheit seine Prognoserechnungen erfüllen können?

Tipp!

Oft erhalten Sie über das Internet weitere Informationen zum Anbieter, vor allem über unabhängige Analysehäuser, die den Markt der geschlossenen Beteiligungen beobachten und bewerten.

Werden im Prospekt Garantien dargestellt, sollte der Garantiegeber überprüft werden. Die beste Garantie ist nur so viel wert, wie der Garantiegeber finanziell zu leisten vermag. Kontrollieren Sie, für was eine Garantie gegeben wird, für welches mögliche Risiko und zu welchem Zeitpunkt. Garantien, die schon für sehr frühe Stadien des Fonds ausgesprochen werden, deuten schon darauf hin, dass die Prognosen nicht erfüllt werden können.

Überprüfen Sie außerdem die Kosten im Fonds und achten Sie darauf, dass keine Nachschusspflicht besteht. Lesen Sie alle Annahmen und Prognoserechnungen kritisch durch und prüfen Sie, ob realistische Szenarien dargestellt werden? Kaufen Sie nichts, was Sie nicht nachvollziehen, verstehen und gutheißen können. Lassen Sie sich eine konkrete Berechnung für Ihre persönlichen Parameter erstellen.

Beteiligungen sehen in der Regel höhere Anlagesummen vor. Überprüfen Sie in Ihrem Gesamtvermögen, ob eine Beteiligung von der Größe her dazu passt. Bedenken Sie, dass eine Beteiligung generell längerfristig ausgerichtet ist.

Der Aufbau eines optimierten Beteiligungsportfolios erfolgt langfristig über mehrere Jahre und folgt einer ganzheitlichen Diversifikation. Nicht eine Produktorientierung bestimmt ein Portfolio, sondern verschiedene Ansätze aus unterschiedlichen Investitionszeitpunkten, Regionen, Branchen und Investmentphasen (zum Beispiel Private Equity in der frühen Phase und in der späten reiferen Phase).

Tipp!

Sonstige Sachwerte wie Kunst, Edelmetalle, Antiquitäten oder andere Wertgegenstände sollte man nur erwerben, wenn man etwas davon versteht, wenn sie einem gefallen oder wenn man sie verschenken möchte. Als Anlageobjekte sind sie weniger bis gar nicht geeignet.

Und zum Schluss: Kapitalbildende Versicherungen

Wie kann ich Versicherungen für meine Vermögensanlage einsetzen und welche Arten von Versicherungen gibt es? Auf den folgenden Seiten erfahren Sie das Wichtigste über kapitalbildende Versicherungen, die nicht ausschließlich der Risikoabsicherung, sondern primär der Vermögensbildung dienen. In diesem Kapitel werden die privaten Versicherungen betrachtet, nicht die Versicherungsmöglichkeiten in der staatlich geförderten Altersvorsorge.

Welche Arten von Versicherungen gibt es für die Geldanlage?

Im Sprachgebrauch wird der Begriff „Lebensversicherung" für unterschiedliche Versicherungstypen verwendet und schafft oftmals Verwirrung über die tatsächliche Art und Funktionsweise der Versicherung. Man unterscheidet bei den Lebensversicherungen zwischen der

- Todesfallversicherung (auch Risiko-Lebensversicherung). Ihr Zweck dient einzig zur finanziellen Absicherung des Todesfalls.

- Kapital-Lebensversicherung (auch Todes- und Erlebensfallversicherung bzw. kapitalbildende Lebensversicherung). Sie bietet sofortigen Versicherungsschutz und Vorsorge.

- Private Rentenversicherung mit Kapitalwahlrecht. Sie dient meist dem Aufbau einer privaten Altersvorsorge.

Die klassische Form der kapitalbildenden Versicherung, die Kapital-Lebensversicherung, ist eine Lebensversicherung auf den Todes- und den Erlebensfall. Die Leistung (Versicherungssumme) wird fällig bei Tod bzw. Erleben des Ablaufs. Nach Beendigung der Laufzeit – bzw. im Todesfall – wird die Versicherungssumme mit einem Schlag ausbezahlt.

Die Kapital-Lebensversicherung ist sicher die bekannteste und am meisten verbreitete Anlageform in Deutschland. Sehr lange gab es nur wenige

Alternativen, Vermögen und Altersvorsorge anzusparen. Seit der Deregulierung des Versicherungsmarktes 1994 können Unternehmen aller EU-Länder ihre Verträge in allen Staaten der Gemeinschaft verkaufen. Das hat zu einer höheren Angebotsvielfalt und zu mehr Wettbewerb unter den Anbietern geführt.

Mittlerweile ist in den meisten Fällen die getrennte Darstellung der Bestandteile Risikoabsicherung und Kapitalbildung die bessere Vorgehensweise.

Beispiel

Als Ausgleich für die großzügige Unterstützung der Eltern beim Hauskauf des Bruders bekommt Julia Härtel von ihrem Vater monatliche Zuwendungen in Höhe von 500 Euro. Sie benötigt das Geld im Moment jedoch nicht, weil ihr Mann sehr gut verdient, und möchte das Geld daher für eine eigene Altersversorgung zurücklegen. Als Hausfrau und Mutter hat sie bislang keine eigene Vorsorge aufgebaut. Sie denkt an eine Rentenversicherung, die erst zu ihrem 60. Lebensjahr ausgezahlt wird. Eine Todesfallabsicherung für ihren Mann will sie dabei nicht abschließen. Zum einen haben sie beide vor zwei Jahren eine Risiko-Lebensversicherung abgeschlossen. Zum anderen will Frau Härtel das geschenkte Geld auch wirklich ihrer Altersvorsorge zugute kommen lassen.

Trennen Sie die beiden Ziele Risikoabsicherung und Kapitalanlage. Möchten Sie eine Altersvorsorge aufbauen, sollte Ihr Geld zur Kapitalbindung verwendet werden. Ihre Sparleistungen sollten nicht geschmälert werden, indem Sie gleichzeitig die Absicherung eines Todesfallrisikos bezahlen. Wenn Sie Ihr Leben für die Familie absichern möchten, ist es vorteilhafter, separat eine preisgünstige Risiko-Lebensversicherung abzuschließen.

Die private Rentenversicherung bezeichnet einen Versicherungsvertrag, der ab einem bestimmten Zeitpunkt eine lebenslange Rente (Leibrente) zahlt. Versichert wird sozusagen ein langes Leben, denn die Versicherungsgesellschaft muss solange die Rente zahlen, solange der Leistungsempfänger am Leben ist – und wenn er 120 Jahre alt wird. Da in dem Vertrag kein Todesfallschutz zusätzlich abgedeckt werden muss, ergeben sich im Vergleich zu den Kapital-Lebensversicherungen auch Unterschiede beim Beitrag. Dieser muss nicht aufgeteilt werden in Risikobeitrag und Anlagebeitrag, sondern fließt komplett in den Kapitalaufbau ein. Rentenversicherungen können ein Kapitalwahlrecht enthalten. Am Ende der Beitragszahlungsdauer wird anstelle der Leibrente eine einmalige Kapitalzahlung gezahlt.

Tipp!

Wie bei anderen Geldanlagen auch, haben Sie als Anleger die Wahl zwischen verschiedenen Anlageschwerpunkten: klassischer Tarif, fondsgebundener Tarif oder die Anlage über eine Britische Versicherungsgesellschaft.

Bei einer klassischen Lebens- oder Rentenversicherung fließen die Beiträge in die gesamte Kapitalanlage der Versicherungsgesellschaft und werden überwiegend in festverzinslichen Anlagen mit geringem Risiko investiert. Dafür sind bei klassischen Versicherungsprodukten die im Vertrag garantierten Leistungen höher. So beträgt zurzeit der vom Gesetzgeber vorgeschriebene garantierte Rechnungszins 2,25 Prozent. Die Entwicklung des Vertrages ergibt sich aus dem Garantiezins und der Überschussbeteiligung durch die Versicherungsgesellschaft.

Tipp!

Achten Sie auf den Unterschied zwischen garantierter Versicherungssumme und Ablaufleistung. Die garantierte Versicherungssumme ist Ihnen als Leistung für den Todesfall oder für das Erleben des Ablaufs fest zugesagt. Diese Zusage gilt für die gesamte Vertragslaufzeit und ist deshalb von dem Versicherer sehr vorsichtig kalkuliert. Entwickelt sich das Versicherungsgeschäft der Versicherungsgesellschaft besser als für die Berechnung der garantierten Leistungen angenommen, entstehen Überschüsse, an denen Sie beteiligt werden. Die zu erwartende Ablaufleistung setzt sich aus der garantierten Versicherungssumme und der hochgerechneten Überschussbeteiligung auf Basis der jeweils deklarierten Sätze zusammen. Die Ablaufleistung ist daher nicht garantiert. Gerade hier betreiben sehr viele Gesellschaften Marketing, indem sie hohe mögliche Gewinne in Aussicht stellen. Besser, Sie halten sich an die konservativere, aber zuverlässigere Berechnung.

Mit fondsgebundenen Lebens- oder Rentenversicherungen können Anleger von den Chancen der Kapitalmärkte, insbesondere den Aktienmärkten, profitieren, tragen aber auch ein entsprechend größeres Risiko bezüglich der Entwicklung ihres Guthabens. Bei einer fondsgebundenen Versicherung werden die Beiträge des Versicherungsnehmers in vorher vereinbarte Investmentfonds angelegt. Die Wertveränderungen gehen vollständig zulasten bzw. zugunsten der Versicherungsnehmer. Der Versicherer übernimmt keine Garantie über eine bestimmte Ablaufleistung. Die Höhe der Ablaufleistung bzw. der monatlichen Rentenzahlung ergibt sich aus dem Wert des Fondsguthabens und ist somit direkt abhängig von der Wertentwicklung der Fonds. Hierin unterscheidet sich die fondsgebundene Lebens- bzw. Rentenversicherung nicht von der Direktanlage in

Fonds. Inzwischen gibt es aber auch Mischformen, bei denen der Versicherer bestimmte Garantien übernimmt.

Eine britische Versicherung funktioniert vom Prinzip her wie eine klassische Lebens- bzw. Rentenversicherung. Das angesparte Geld fließt in die allgemeine Kapitalanlage des Versicherungsunternehmens und wird dort verzinst. Der Unterschied liegt in der Anlagestrategie der britischen Versicherungsunternehmen: Im Gegensatz zu deutschen Lebensversicherern, die maximal 35 Prozent ihrer Gelder in Aktien anlegen dürfen, unterliegen britische Versicherungsunternehmen keinen derartigen Einschränkungen. Aufgrund dieser Anlagepolitik haben einzelne britische Lebensversicherer relativ hohe Kapitalanlagerenditen erzielt, die im Rahmen der Überschussbeteiligung teilweise den Versicherungsnehmern zugute kommen. Doch sind die Ergebnisse einer solchen Kapitalanlage sehr volatil und nicht vorhersehbar, es gab auch Versicherer, deren Ergebnisse sogar unter den Renditen der deutschen Gesellschaften lagen. Viele britische Gesellschaften wenden das sogenannte „smoothing" an, eine Glättung der Kursschwankungen, um die Anlegergelder vor kurzfristigen Schwankungen an den Kapitalmärkten zu schützen. In guten Jahren werden nicht alle Gewinne ausgezahlt, sondern zurückbehalten, um in schlechten Zeiten die Lücken wieder aufzufüllen. Auch bieten britische Rentenversicherungen Mischformen an, indem sie den Kapitalerhalt und eine Mindestverzinsung garantieren.

Wann ist der Abschluss einer privaten Versicherung sinnvoll?

Für die langfristige Vermögensbildung und Altersvorsorge bilden kapitalbildende Versicherungen Bausteine für das Fundament Ihres Vermögenshauses. Sie eignen sich nicht für Anlagen, die kurzfristig zur Verfügung stehen sollen oder völlig flexibel gehandhabt werden können. Für Gelder, die zum Aufbau von Altersvorsorge dienen, sind Versicherungen eine sinnvolle Basis Ihrer Vermögensplanung und können darüber hinaus auch steuerliche Vorteile bieten. Vor allem durch die Abgeltungsteuer profitieren beispielsweise fondsgebundene oder britische Versicherungen gegenüber Fondssparplänen: Einzahlungen in eine private Rentenversicherung werden von der Abgeltungsteuer zunächst nicht erfasst. Im Gegensatz zu anderen Anlagen besteht bei der Versicherung der Vorteil, dass Erträge oder auch Neuanlagen innerhalb der Police vor Ablauf der Versicherung vollständig ohne Steuerabzug wieder angelegt werden können.

Wenn Sie die geförderten Wege der Altersvorsorge über die Betriebliche Altersvorsorge, der Riester-Rente oder der Rürup-Rente bereits in voller Höhe nutzen oder diese nicht ausschöpfen können und noch eine Versorgungslücke schließen möchten, ist der Abschluss einer Versicherung eine sinnvolle Verstärkung Ihres Vermögenshauses. Beginnen Sie einen Vertrag mit einem Beitrag, der gut in Ihr Budget hineinpasst und den Sie voraussichtlich lange Zeit leisten können. Haben Sie mehr Geld zur Verfügung, können Sie Zuzahlungen leisten.

Viele Anbieter haben ihre Produkte mittlerweile sehr flexibel gestaltet, sodass sie beinahe wie ein Investmentsparplan gesehen werden können. Sie haben zum Beispiel die Möglichkeit, jederzeit Zuzahlungen zu leisten oder die Einzahlungen insgesamt flexibel zu gestalten. Der Rentenbeginn kann beliebig verschoben werden und die Leistungen können eine Kombination einer Einmalzahlung und fortlaufenden Renten oder ähnliche Modelle vorsehen.

Die lange Vertragslaufzeit wirkt gewissermaßen disziplinierend auf die langfristige Entwicklung der Beiträge, denn im Gegensatz zu einem Fondssparplan kann der Anleger nicht ohne weiteres auf seine Gelder zugreifen, und wenn, nur mit großen Verlusten. Eine Kündigung der Verträge ist zwar möglich, aber immer mit erheblichen finanziellen Einbußen verbunden, die umso höher sind, je früher eine Versicherung gekündigt werden soll. Bei finanziellen Engpässen ist es besser, den Beitrag zu reduzieren oder vorübergehend bzw. ganz ruhen zu lassen.

Ob nun eine klassische, eine fondsgebundene oder eine britische Versicherung für Sie das richtige ist, hängt in erster Linie von Ihrer persönlichen Risikoneigung ab – und von der Zeit, die Sie für die Sparphase veranschlagen können.

Klassische Kapital-Lebens- und Rentenversicherungen bieten sich vor allem an, wenn Sie Ihr Vermögen systematisch ansparen und mit einer sicheren Rendite rechnen wollen. Das Gleiche gilt auch für den Fall, dass Sie eine Rentenversicherung erst später abschließen und zwölf Jahre oder weniger bis zur ersten Auszahlung verbleiben.

Tipp!

Wenn Sie eine Versicherung abschließen wollen, vergleichen Sie grundsätzlich mehrere Angebote. Achten Sie vor allem auf die garantierten Leistungen. Die Unterschiede bei den Kosten der Policen sind teilweise sehr hoch. Überprüfen Sie die finanzielle Stärke des Versicherers und schauen Sie nicht auf die versprochenen Ablaufleistungen. Bei den langlaufenden Verträgen kommen später einmal sehr hohe Summen zur Auszahlung oder Renten sollen ein Leben lang gezahlt werden. Wichtig ist daher ein Partner, der dies in Zukunft auch erfüllen kann und eine entsprechende Finanzstärke besitzt. Sonst wird aus dem Gewinnversprechen schnell ein Gewinnversprecher. Unternehmensratings wie zum Beispiel das Fitch-Rating sowie Bewertungen in diversen Wirtschaftszeitungen und bei Stiftung Warentest geben Ihnen hier erste Anhaltspunkte. Lassen Sie sich auf jeden Fall beraten und fragen Sie explizit nach der Finanzstärke, den Kapitalrücklagen und der Entwicklung der Nettoverzinsung in den vergangenen Jahren.

Für Anleger mit höheren Gewinnerwartungen und einer damit einhergehenden höheren Risikotoleranz sind fondsgebundene oder britische Versicherungen eine durchaus attraktive Rendite. Doch auch hier kommt es auf die richtige Gestaltung und die Auswahl des Partners an.

Wichtig sind die Qualität der zur Auswahl stehenden Fonds und die Gestaltungsmöglichkeiten während der Sparphase. Achten Sie bei Fondspolicen darauf, dass der angebotene Vertrag eine breite Auswahl an Fonds aus unterschiedlichen Bereichen und verschiedenen Investmentgesellschaften bietet. Die Investments sollten innerhalb der Laufzeit verändert werden können, außerdem sollte eine Umschichtung der Anlagen zum Ende der Laufzeit in sicherere Anlagen eingeplant oder automatisch im Vertrag verankert werden.

Achtung!

Ob die britischen Versicherer die erhofften hohen Erträge auch erzielen, weiß noch niemand. Bislang ist noch kein nach deutschem Recht geschlossener britischer Lebensversicherungsvertrag ausgezahlt worden. Anders als in Deutschland gibt es in Großbritannien keine über die gesamte Laufzeit garantierte Verzinsung. Außerdem ist das Geld deutscher Kunden im Insolvenzfall nicht durch eine Auffanggesellschaft wie in Deutschland geschützt. Im schlimmsten Fall gibt es am Ende also überhaupt kein Geld zurück.

Wie muss ich Versicherungen versteuern?

Vor allem die in der Vergangenheit steuerlich günstige Behandlung der Erträge verhalf der Kapital-Lebensversicherung zu großem Erfolg. Wer vor dem 1.1.2005 eine Kapital-Lebensversicherung mit einer mindestens zwölfjährigen Laufzeit und einer mindestens fünfjährigen Beitragszahlungsdauer abgeschlossen hat, muss im Leistungsfall auf die Versicherungssumme keine Steuern zahlen. Bei Vertragsbeginn ab dem 1.1.2005 sind die in Auszahlungen von Lebensversicherungen enthaltenen Kapitalerträge allerdings nicht mehr steuerfrei, sondern nur noch steuerbegünstigt. Bei einer Laufzeit von mindestens zwölf Jahren und einer Auszahlung ab dem 60. Lebensjahr werden die Erträge, das heißt die Differenz zwischen dem Auszahlungsbetrag und den eingezahlten Beiträgen, hälftig versteuert. In anderen Fällen werden die Erträge zu 100 Prozent versteuert.

Beispiel

Der 40-jährige Fritz Schmidt möchte eine Kapitalversicherung abschließen und jedes Jahr 1.800 Euro einzahlen. Das Angebot seines Versicherungsberaters geht von einer voraussichtlichen Ablaufleistung in Höhe von 86.000 Euro aus, die Herr Schmidt zum 65. Lebensjahr ausbezahlt würde. Würde diese Summe tatsächlich gezahlt, müsste er die gezahlten Beitrage von insgesamt 45.000 Euro abziehen: Die restlichen 41.000 Euro wären damit zur Hälfte steuerpflichtig (zum persönlichen Steuersatz). Angenommen, Schmidts gesamte steuerliche Belastung beliefe sich in seinem 65. Lebensjahr auf 30 Prozent, so müsste er insgesamt 6.150 Euro an das Finanzamt zahlen.

Lebenslange Rentenleistungen aus einer privaten Rentenversicherung werden unabhängig vom Versicherungsbeginn des Vertrages mit dem sogenannten „Ertragsanteil" besteuert. Die Höhe des Ertragsanteils hängt vom vollendeten Lebensjahr der versicherten Person bei Rentenbeginn ab. Bei einem Rentenbeginn mit 65 Jahren sind zum Beispiel 18 Prozent der Rente mit dem persönlichen Steuersatz zu versteuern.

Achtung!

Die Einführung der Abgeltungsteuer in 2009 macht fondsgebundene Versicherungen zu einer durchaus attraktiven Alternative: Im Gegensatz zu einer Direktanlage in Investmentfonds müssen Zins- und Dividendenerträge während der Laufzeit nicht versteuert werden.

Seit 2009 gilt: Während der Laufzeit bleiben private Lebens- und Rentenversicherungen frei von Einkommen- und Abgeltungsteuer. Eine Steuerpflicht tritt erst bei Ablauf der Versicherung ein. Dann wird auf die Differenz von Auszahlungsbetrag und eingezahlten Beiträgen Abgeltungsteuer fällig. Eine Besonderheit gibt es bei Verträgen, die eine Mindestlaufzeit von zwölf Jahren haben und nach dem 60. Lebensjahr des Steuerpflichtigen zur Auszahlung gelangen. In diesen Fällen ist nur die Hälfte des Vermögenszuwachses mit dem individuellen Einkommensteuersatz steuerpflichtig. Liegt dieser unter 25 Prozent, ist die Steuerzahlung niedriger als bei Zahlung der Abgeltungsteuer.

Tritt der Versicherungsfall ein, d. h. stirbt die versicherte Person, ist die Auszahlung an den Begünstigten der Versicherung bzw. die Erben des Verstorbenen immer ertragsteuerfrei. Gegebenenfalls fällt eine Erbschaftsteuer an.

Bei den staatlich geförderten Versicherungen einer Riester-Rente oder einer Rürup-Rente steht den Förderungen die volle Besteuerung der Leistungen in der Auszahlungsphase gegenüber. Man spricht hier von einer nachgelagerten Besteuerung. Diese ist in der Regel ein Vorteil, da Leistungen aus Riester-Rente und Rürup-Rente zum persönlichen Steuersatz zu versteuern sind, dieser ist normalerweise im Alter deutlich niedriger als im Berufsleben. Aus der Einführung der Abgeltungsteuer ergeben sich keine Veränderungen für die staatlich geförderte Altersvorsorge. Auch in der Betrieblichen Altersvorsorge werden die Leistungen mit dem persönlichen Steuersatz versteuert, die Abgeltungsteuer kommt hier nicht zum Tragen.

Zum Schluss

An dieser Stelle möchte ich Ihnen sagen: Herzlichen Glückwunsch zum Richtfest! Sieht wirklich toll aus, Ihr zukünftiges Vermögenshaus. Auch wenn noch ein ganzes Stück Arbeit vor Ihnen liegt, aber das Ergebnis wird gut, ganz sicher.

Trauen Sie sich! Sie schaffen das! Gehen Sie ganz optimistisch und entspannt auf Ihre Aufgabe zu. Sie haben für alles, was Sie wissen und entscheiden müssen, nach dem Lesen dieses Buches die notwendigen Werkzeuge und die richtigen Instrumente an der Hand. Alles, was Sie selbst dazu tun müssen, ist selbst aktiv zu werden.

Träumen Sie nicht nur, handeln Sie jetzt! Bleiben Sie dabei, selbst wenn es manchmal mühsam ist. Der Bau Ihres Vermögenshauses ist anstrengend und erfordert Ausdauer und wird Sie als kontinuierlicher, lebenslanger Prozess begleiten. Sich der eigenen Bedürfnisse immer wieder bewusst zu werden und diese zu artikulieren, fällt vielen Menschen nicht nur im privaten Alltag schwer. Doch nehmen sich viele Menschen für den Kauf eines Autos oder einer Küche deutlich mehr Zeit als für ihre eigene finanzielle Planung. Es ist in der Tat kein leichtes Unterfangen, die eigenen finanziellen Bedürfnisse wirklich zu erkennen und dann auch noch so zu konkretisieren, dass Sie konkrete Handlungsempfehlungen darauf aufbauen können. Doch es ist möglich, den bewussten und verantwortlichen Umgang mit den eigenen finanziellen Möglichkeiten zu lernen –und jetzt wissen Sie wie. Greifen Sie immer wieder zu dem Buch und holen sich die Unterstützung und das nötige Wissen für die jeweilige Situation.

Die schwierigen Marktbedingungen der vergangenen Jahre haben eines ganz klar gemacht: Information und Selbstkenntnis ist in der Geldanlage wichtiger denn je. Die Finanzmarktkrise und ihre Auswirkungen auf Ersparnisse, Anlageprodukte, Banken und Realwirtschaft haben für große Verunsicherung gesorgt. Kaum ein Tag ohne neue Hiobsbotschaften. Verschärft wird das ungute Gefühl dadurch, dass den meisten Menschen die Mechanismen dieser Krise schleierhaft sind. Die Medien bemühen sich mehr oder weniger aufgeregt, alle Informationen in den größeren Zusammenhang zu stellen – doch die meisten interessiert eigentlich nur die klare Antwort auf eine existenzielle Frage: Ist mein Geld sicher? Alle Notenbanken und Regierungen weltweit unternehmen noch nie da gewesene Anstrengungen, um den Geldmarkt zu retten und das verlorene Vertrauen der Menschen wieder aufzubauen. Selten war der Blick in die Zukunft so ungewiss und der Informationsbedarf der Menschen so groß wie zu Beginn des Jahr 2009. Doch die Finanzkrise ändert nicht die Grundregeln der Geldanlage – so wie Sie sie in diesem Buch kennen gelernt haben. Denn egal, wie lange Krisen und unsichere Zeiten dauern und wie gravierend sich die Rahmenbedingungen verändern, auch in Zukunft werden Menschen für ihr Alter vorsorgen, Kredite aufnehmen, um Häuser zu bauen, und sie werden auch weiterhin Versicherungen abschließen. Und sie werden weiterhin auf professionelle Hilfe angewiesen sein.

Geben Sie Ihre Zukunft nicht aus der Hand. Verschaffen Sie sich immer das nötige Wissen, um selbst über Ihre finanziellen Möglichkeiten und damit Ihr weiteres Leben entscheiden zu können. Die Sicherheit ist dann am größten, wenn Sie gut informiert an die Sache herangehen; das Risiko überwiegt, wenn Sie sich vorher zu wenig Gedanken darüber gemacht haben. Je geringer das Wissen über finanzielle Angelegenheiten und die Erfahrung im Umgang mit Finanzprodukten sind, desto unangenehmer ist die Beschäftigung mit diesem Thema – und desto wahrscheinlicher wird es immer wieder oder gar dauerhaft auf „morgen" verschoben.

Warten Sie nicht ab! Es gibt sicher viele Gründe, sich gerade jetzt nicht mit dem Auf- oder Ausbau Ihres Vermögenshauses zu beschäftigen. Verschieben Sie die Beschäftigung nicht weiter! Fangen Sie an. Jetzt. Ich wünsche Ihnen viel Erfolg und Freude an Ihrem Vermögenshaus.

Bedanken möchte ich mich bei meiner Familie und meinen Freunden, die mich während des Schreibens erduldet und unterstützt haben. Walter, Lilo und Felix Moll und Andreas Fette für die besten Voraussetzungen, Susa Chu, Tina Fleuchaus-Hoven und Kai Oppel für Inspiration und konstruktive Kritik, meinen Lektoren Claudia Wanzke und Stephan Kilian für Anstoß, Motivation, Geduld und Engagement. Ein besonderer Dank gilt meinen Kollegen als ständige Quelle für Know how, außergewöhnliches Sparring, Teamwork und Vertrauen. Und natürlich allen Mandanten und Kontakten der vergangenen Jahre, die meine größten Lehrmeister waren und sind.

Stichwortverzeichnis